생명의
복음

류호준 교수의 요한복음 메시지

생명의 복음

류호준 지음

아내 이영옥에게

"우리에게 향하신 여호와의 인자하심이 크시고
여호와의 진실하심이 영원함이로다. 할렐루야!"

시편 117:2

생명의 복음

예수님에 관한 좋은 소식을 담고 있는 네 복음서들 가운데, 요한복음은 다른 세 개의 공관복음(共觀福音, Synoptic Gospels)과는 다른 음조를 내고 있다는 점에서 특별합니다. 복음서를 처음 읽는 사람들이라도 이런 사실을 금방 알아차릴 것입니다. 요한복음이 가진 특색들을 몇 가지 열거하면 다음과 같습니다.

첫째, 요한복음이 제시하고 있는 예수님의 상(像)은 다른 복음서들과는 달리 매우 '고양되고 드높여진' 모습입니다. 마태나 누가는 예수님의 비천한 출생 이야기에 대한 내러티브를 담고 있지만, 요한복음은 예수님의 출생을 땅에서가 아니라 영원에서부터 시작되는 것으로 묘사하고 있습니다. 요한복음의 장엄한 서언(1:1-18)은 영원부터 상존하시는 그리스도에 관해 말하고 있습니다. 마가복음에는 '메시아의 비밀'이란 것이 있어서 사람들이 예수님의 정체에 대해 혼란과 혼선을 빚기도 합니다. 그러나 요한복음은 처음부터 예수님이 '하나님의 아들'이심을 공개적으로 천명합니다(1장 "하나님의 어린 양"). 그분은 하나님이 이 세상으로 보내신 분이기도 합니다(16장 "외국인 거주자들처럼"). 공관복음은 겟세마네 동산에서 고뇌하시며 기도하시는 예수님에 대해 묘사하고 있지만, 요한복음은 당당하게 십자가로 향하시는 예수님을 그립니다. 요한복음의 예수님께는 십자가가 끔찍한 고난의 형틀이 아니라 영광스러운 왕위로의 등극입니다. 십자가에 달리심은 대관식 장면을 떠올리게 합니다. 요한에게는 예수님의 수난이 그분의 영화롭게 되심과 동일한 사건이기 때문입니다. 예수님은 자신이 십자가에 달리게 되는 고난의 시간을 '내가 영화롭게 되는 시간'이라고 말씀하셨습니다(4장 "사람의 아들 예수").

둘째, 요한복음에는 '비유들'이 매우 적습니다.[1] 공관복음에는 하늘왕국 비유/하나님왕국 비유가 많이 있습니다. 이와는 대조적으로, 요한복음에는 예닐곱 개의 '표적'(sign, 징조)이 들어 있습니다.[2] 공관복음에서 천국 비유들이 하나님의 통치가 어떻게 작동되는지를 알려주는 표지판이라면, 요한복음에서는 예수님이 행하신 '표적'(sign)과 '이적'(wonder)이 예수님으로 말미암아 시작되는 새로운 왕국을 가리키는 표지판 역할을 합니다. 그리고 요한복음에는 각각의 표적과 이적들 다음에 예수님이 진리에 대해 말씀하시는 강론들이 뒤따릅니다.[3] 이러한 강론들 안에는 저 유명한 "나는…이다"(*ego eimi*)라는 예수님의 자기 계시 선언문들이 등장하는데, 예를 들어 "나는 생명의 떡이다", "나는 세상의 빛이다", "나는 양우리의 문이다", "나는 길이요 진리요 생명이다"와 같은 진술입니다. 이것은 예수님이 구약에서 야웨 하나님이 하셨던 자기 계시와 같은 형식을 취하심으로써, 자신이 하나님과 동등하심을 드러내는 메시아적 선언이라고 할 수 있습니다. 이로써 사람들에게 자신이 누구인지를 드러내시고, 자신이 메시아임을 믿으라고 촉구하시는 것입니다(2장 "결혼식에 나타난 예수님의 영광").

셋째, 요한복음은 다른 복음서와 달리 예수님의 공생애 마지막 주간인 수난주간에 초점을 맞추고 있습니다(12-19장). 주로 '최후의 만찬'(13-14장)과 '고별 설교'(15-17장)와 관련된 내용들입니다. 특별히 제자들에게 말씀하신 고별 설교(15-16장)와, 뒤이어 나오는 고별 기도("대제사장의 기도", 17장)는 수많은 사람의 심금을 울리는 내용들을 담고 있는 명설교이며 기도문입니다. 죽음 이후의 삶과 관련해 위로가 되는 주옥같은 말씀들이 많이 들어 있어서 기독교식 장례식에서 자주 사용되곤 합니다. 이런 부분들은 다른 복음서에는 나오지 않습니다(15장 "세상에서 너희가 환난을 당하리라").

넷째, 요한복음은 '성령'에 관한 복음서라고 해도 과언이 아

생명의 복음

닐 정도로 성령의 인격과 역할에 대해 자세하게 언급되고 있습니다(예를 들어, 7:39; 14:16, 26; 15:26; 16:7; 20:22). 성령은 진리로 예수님의 제자들을 인도하실 것이고, 예수님이 하신 말씀들을 기억나게 하십니다. 성령은 예수님이 이 세상을 떠나신 후에 남겨진 제자들을 위로하시고, 그들이 곤궁에 처할 때 그들을 대변해주실 분이십니다(13장 "성령이 하시는 일들"). 부활하신 예수님은 제자들에게 성령을 받으라고 말씀하시기도 했습니다. 이와 함께 요한복음은 아버지와 아들과 성령의 삼위일체에 관해 가장 진솔한 내용을 담고 있는 복음서이기도 합니다.

다섯째, 다른 복음서에 비해 요한복음에는 '성례전적' 색깔이 매우 짙게 깔려 있습니다. 물론 교회에 대해 직접적으로 언급하거나 성례에 관한 전문적인 용어를 사용하지는 않지만, 종종 물과 떡과 포도주를 언급하는 것을 보면 요한복음의 배경에 '사랑받고 있는 자의 공동체'(요한 공동체)가 있다는 느낌을 지울 수 없습니다.[4] 예수님의 수난을 기록하는 장면에서는 요한복음만이 예수님의 옆구리에서 물과 피가 흘러나왔다고 보고하고 있습니다. 아마도 이것은 세례와 성찬의 상호관계를 가리키고 있지 않나 하는 생각이 듭니다(6장 "그리스도의 살 중의 살, 뼈 중의 뼈").

　마지막으로, '생명'을 빼놓고는 요한복음을 생각할 수 없을 것입니다. 요한복음을 한마디로 규정한다면 '생명의 복음'이라고 할 수 있습니다. 생명, 특별히 영원한 생명에 대해 요한복음처럼 강조하는 복음서가 없기 때문입니다. 요한복음에서 영원한 생명은 죽음 이후의 생명일 뿐만 아니라, 또한 지금 여기에 도래하는 생명입니다. 이 세상이 감히 파괴할 수 없는 생명이 이미 예수님을 통해 주어졌다는 선언인 것입니다. 그러므로 누구든지 그분을 믿는 자에게는 이미 영원한 생명이 주어졌고, 사망의 영토에서 생명의 나라로 옮겨졌습니다. 이런 의미에서 요한복음은 '시작된 종말론'(inaugurated eschatology)을 강하게 역설하고 있는 복음서라고 할 수 있습니다.[5]

　요한복음이 이와 같은 내용을 담고 있는 이유는 무엇입니까? 달리 말해, 요한복음의 저술 목적이 무엇입니까? 사도 요한은 그의 저술 목적을 다음과 같이 분명한 어조로 말합니다. "오직 이것을 기록함은 너희로 예수께서 하나님의 아들 그리스도[메시아] 이심을 믿게 하려 함이요 또 너희로 믿고 그 이름을 힘입어 생명을 얻게 하려 함이니라"(20:31).

—∿—

이 책은 요한복음의 메시지에 문예-신학적 옷을 입혀 독자들에게 선보이는 요한복음 공연입니다. 각 장(章)을 한 편의 작품으로 삼아 하나씩 무대에 올려봅니다. 전달하려는 본문의 메시지가 독자들의 마음속 깊은 울림이 되기를 바라는 마음으로 독자들의 호흡에 맞추어 준비한 것입니다. 23편의 글은 모두 예수님이라는 분과 그분께 위탁된 하나님 아버지의 일들이 무엇인지 드러내는 데 초점을 맞추고 있습니다. 동시에 본문의 메시지들이 21세기를 살아가고 있는 신앙공동체와 그 구성원들에게 어떤 방식으로 무엇을 '말씀'하고 있는지도 드러내려고 노력했습니다. 그 성공 여부에 대한 판단은 독자의 몫이 될 것입니다.

이 책을 쓰면서 저는 이 책이 설교를 준비하는 목회자들이나 요한복음을 연구하려는 신학생들의 전유물이 되지 않기를 바랐고, 그런 바람은 지금도 마찬가지입니다. 왜냐하면 성경의 메시지는 궁극적으로 모든 신자의 신앙적 성숙을 위한 것이기 때문입니다. 여기에 실린 글들은 교수의 연구실에서 만들어진 것이 아니라 목사의 서재에서 흘러나온 것입니다. 제가 섬기는 지역 교회의 일반 신자들을 위해 준비했던 설교에 기초하기 때문입니다. 하나님이 설교라는 미련한 방식을 통해 자신의 뜻을 그 백성에게 드러내기를 좋아하셨다는 사실을 저는 분명히 압니다. 가능하다면 여러분의 교회에서 일반 신자들이 그룹을 만들어서 대략 6개월 정도의 기간에 걸쳐 일주일에 한 장씩 함께 읽고 묵상하고, 신앙적 토론을 하면 영적으로 유익한 결과를 얻을 수 있을 것입니다. 신학적 정보를 얻기 위해 요한복음을 공부하는 것이 아니라, 예수님을 하나님의 아들과 그리스도(메시아)로 믿어 지금 여기에서 시작하는 영원한 생명을 얻기 위해서입니다. 마음이 너그럽고 품격이 높았던 베뢰아 사람들처럼, "간절한 마음으로 말씀을 받고 이것이 그러한가 하여 날마다 성경을 자세히 살펴보는" 그리스도인들이 많아지면 좋겠습니다. 그 결과로 "그 중에 믿는 사람이 많아졌다"고 보고하고 있기 때문입니다(행 17:11-12).

한 권의 책을 만들어내기까지 옆에서 도움을 주신 분들이 있습니다. 먼저 23편의 강론을 경청해주신 무지개교회의 교우들에

생명의 복음

게 감사의 마음을 전합니다. 지상 교회가 천성을 향해 길을 떠난 순례자들을 위해 쉼과 힘을 공급하는 성소이기를 바라는 마음으로 저와 함께 걸어왔던 지난 12년간의 발자국을 돌아보면서 그들에게 고마움을 표합니다. 부디 한 사람의 낙오자도 없이 모두 마지막 강을 건널 수 있기를 기도합니다. 들쑥날쑥한 원고를 잘 다듬어준 제자 미향, 선생의 글이라고 깊은 애정을 갖고 꼼꼼하게 손질해준 한재구 전도사, 그리고 저의 저술 활동을 격려하고 출판을 담당해준 새물결플러스의 대표 김요한 목사님에게 고마움을 전합니다. 끝으로, 지난 33년간 인생길의 동반자로 저와 함께 같은 길을 걸어온 아내 이영옥에게 이 책을 헌정합니다. 한 남자의 아내로, 네 자녀의 엄마로, 노모의 며느리로, 두 외손자의 할머니로 변모해오면서도 자기 자리를 잘 지켜준 아내에게 고마운 마음을 전합니다. 모든 영광을 하나님께 돌립니다.

가을의 길목에서
류호준 목사

에베소의 요한교회 자리.
사도 요한은 여기에서 복음을 전하며 요한복음을 기록했다고 전해진다.

1 〔호칭〕 하나님의 어린 양

요한복음 1:19-36

19 유대인들이 예루살렘에서 제사장들과 레위인들을 요한에게 보내어 네가 누구냐 물을 때에 요한의 증언이 이러하니라 **20** 요한이 드러내어 말하고 숨기지 아니하니 드러내어 하는 말이 나는 그리스도가 아니라 한대 **21** 또 묻되 그러면 누구냐 네가 엘리야냐 이르되 나는 아니라 또 묻되 네가 그 선지자냐 대답하되 아니라 **22** 또 말하되 누구냐 우리를 보낸 이들에게 대답하게 하라 너는 네게 대하여 무엇이라 하느냐 **23** 이르되 나는 선지자 이사야의 말과 같이 주의 길을 곧게 하라고 광야에서 외치는 자의 소리로라 하니라 **24** 그들은 바리새인들이 보낸 자라 **25** 또 물어 이르되 네가 만일 그리스도도 아니요 엘리야도 아니요 그 선지자도 아닐진대 어찌하여 세례를 베푸느냐 **26** 요한이 대답하되 나는 물로 세례를 베풀거니와 너희 가운데 너희가 알지 못하는 한 사람이 섰으니 **27** 곧 내 뒤에 오시는 그이라 나는 그의 신발끈을 풀기도 감당하지 못하겠노라 하더라 **28** 이 일은 요한이 세례 베풀던 곳 요단 강 건너편 베다니에서 일어난 일이니라

29 이튿날 요한이 예수께서 자기에게 나아오심을 보고 이르되 보라 세상 죄를 지고 가는 하나님의 어린 양이로다 **30** 내가 전에 말하기를 내 뒤에 오는 사람이 있는데 나보다 앞선 것은 그가 나보다 먼저 계심이라 한 것이 이 사람을 가리킴이라 **31** 나도 그를 알지 못하였으나 내가 와서 물로 세례를 베푸는 것은 그를 이스라엘에 나타내려 함이라 하니라 **32** 요한이 또 증언하여 이르되 내가 보매 성령이 비둘기 같이 하늘로부터 내려와서 그의 위에 머물렀더라 **33** 나도 그를 알지 못하였으나 나를 보내어 물로 세례를 베풀라 하신 그이가 나에게 말씀하시되 성령이 내려서 누구 위에든지 머무는 것을 보거든 그가 곧 성령으로 세례를 베푸는 이인 줄 알라 하셨기에 **34** 내가 보고 그가 하나님의 아들이심을 증언하였노라 하니라

35 또 이튿날 요한이 자기 제자 중 두 사람과 함께 섰다가 **36** 예수께서 거니심을 보고 말하되 보라 하나님의 어린 양이로다

위험천만한 성탄절

교회력(敎會曆, Christian calendar)은 기독교 신앙교육과 매우 밀접한 관련이 있습니다. 교회력은 예수 그리스도를 중심으로 펼쳐지는 하나님의 구원경륜을 가르쳐주는 교회의 절기를 알려주는데, 대림절로 시작해서 성탄절, 주현절, 사순절, 수난주간, 부활절, 승천일, 성령강림절(오순절)로 이어집니다.[6] 이 가운데 그리스도인들이 3대 절기로 지키는 성탄절, 부활절, 성령강림절(오순절)이 있습니다. 여러분은 이 세 절기 중 어느 것이 가장 '위험천만한' 절기라고 생각하십니까?

가장 위험천만한 절기는 성탄절입니다. 성탄절은 가장 쉽게 길들여지는 절기이기 때문입니다. 야수(野獸)를 잡아 가축으로 길들이듯, 그렇게 길들여지는 절기가 바로 성탄절입니다. 가장 야성적이고 현란한 날이 전통과 예식이라는 우리에 갇혀 잘 길들여지고 순한 모습으로 바뀌었기 때문입니다. 게다가 성탄절은 '어린아이'와 관련이 있는 절기인데, 우리는 어른으로서 어린아이들에 대해 잘 알고 있다고 생각합니다. 친숙한 전통 안에 갇힌 성탄절은 전혀 새로울 것이 없습니다. 이런 이유 때문에, 저는 성탄절을 가장 위험천만한 절기라고 부릅니다.

그러나 부활절과 오순절은 성탄절과 많이 다릅니다. 부활절과 오순절에는 이해할 수 없는 신비로움과 생소함이 있습니다. 부활절에 예수님은 예측할 수 없는 분으로 나타나십니다. 부활절

생명의 복음

의 예수님은 어느 한 곳에 묶여 계시지 않는 분입니다. 이곳저곳에 나타나셨다가 사라지십니다. 닫힌 문을 통해 실내로 들어오시기도 합니다. 우리의 눈과 귀로는 예측할 수도, 잡을 수도 없는 분이 부활절의 예수님입니다. 또한, 오순절에 예수님의 영은 제자들의 입속으로 들어가십니다. 그리고 그들로 하여금 그들이 한 번도 배운 적이 없는 다른 나라 언어로 말하게 하십니다. 그뿐입니까? 오순절 예수님의 영은 그들을 내몰아 세상 끝까지 가도록 하십니다. 이처럼 오순절에는 환상의 세계에서나 일어날 법한 일들이 경이롭고 신비로운 방식으로 일어납니다.

그러나! 그러나 성탄절에, 예수님은 한 곳에만 계십니다. 어린 예수님은 말구유 안에 계십니다. 우리가 그분을 찾느라 애쓰지 않아도 됩니다. 그분은 안전하게 한 곳에 그대로 계시기 때문입니다. 그러므로 우리는 성탄절에 하나님이 어디에 계신지 잘 압니다. 우리는 하나님을 어디에서 찾을 수 있는지 잘 알고 있습니다.

성탄절을 축하하고 즐거워하는 일은 마치 우리가 매우 잘 알고 친숙하다고 생각하는 것을 축하하고 즐거워하는 것과 같다고 생각하게 된 것입니다. 이렇게 해서 우리는 '친숙함'이라는 이름 아래 성탄절을 서서히 길들여왔습니다. 그러니 성탄절이 우리 마음속에 열망을 심어주거나 신비롭게 다가오지 않는 것입니다. 이런 의미에서 성탄절은 그리스도인들에게 가장 위험천만한 절기가 되었습니다.

그러나 요한복음의 첫 장을 열어보면, 우리가 너무도 친숙해서 잘 알고 있다고 생각한 것이 철저하게 부정됩니다. 성탄절에 대한 우리의 '친숙함'이 산산조각이 나는 것입니다. 요한복음의 첫 장은 우리에게 말합니다. "예수님에 대해 우리가 너무도 잘 알고 있다고 생각했던 것은 존재하지 않는다." "이 세상은 그분을 알지 못했다." "그분이 자기 땅에 오셨지만, 그분의 백성은 그분을 받아들이지 않았다." "당신들은 스스로 그리스도에 대해 잘 알고 있다고 생각하겠지만, 그것은 속고 있는 것이다." "당신들은 예수님에 대해 전혀 모른다!" 그리고 세례자 요한은 "당신들이 알지 못하는 한 사람이 당신들 가운데 서 있다"(26절)고 말합니다. 이것은 동시에 우리에게도 하는 말입니다.

예수님의 이야기는 처음부터 마지막까지 '낯선 어떤 한 사람', '사람들이 알아보지 못하는 어떤 한 사람'에 관한 이야기라 할 수 있습니다. 그분이 세상에 계셨고 세상이 그분을 통해 지음을 받았지만, 세상은 그분을 알지 못했습니다. 그분이 자기의 땅에 오셨지만, 그분의 백성이 그분을 받아들이지 않았다는 것입니다.

복음(福音)은 예수님이 누구신지, 그분이 무엇을 하러 이 세상에 오셨는지 널리 알려주는 '좋은 소식'(good news)입니다. 예수님이 누구신지, 그분의 정체가 무엇인지 설명하기 위해 요한은 그의 복음서 첫 장에서 상당한 노력을 하고 있습니다. 그의 복음서 첫 장에서 요한은 최소 10가지 이상의 호칭을 사용하여 예수님이 누구신지 알려줍니다.

- 예수님은 '말씀'이다. "태초에 말씀이 계시니라."
- 예수님은 '하나님'이다. "말씀이 하나님과 함께 계셨으니 말씀은 곧 하나님이시니라."
- 예수님은 '생명'이며 '빛'이다.
- 예수님은 아버지의 유일한 '독생자'이다.
- 예수님은 하나님의 '어린 양'이다.
- 예수님은 '메시아'이다.
- 예수님은 '하나님의 아들'이다.
- 예수님은 '이스라엘의 왕'이다.
- 예수님은 '사람의 아들'(人子)이다.

잘 쓰인 소설은 종종 소설 전체의 구성과 비밀에 대한 열쇠를 첫 장에 숨겨놓기도 합니다. 요한도 그의 복음서를 기록할 때 그랬습니다. 열거된 다양한 호칭들은 제각기 예수님 생애의 비밀을 여는 열쇠 역할을 합니다.

하나님의 어린 양

지금 우리는 이러한 명칭들 가운데 하나의 호칭에 초점을 맞추려고 합니다. 바로 '하나님의 어린 양'(Agnus Dei)입니다. 세례자 요한은 예수님을 가리켜 '하나님의 어린 양'이라고 부릅니다. 곰곰이 생각해보면 참으로 이상한 명칭입니다. 매우 낯선 호칭임이 틀림없습니다.

말콤 머거리지(Malcolm Muggeridge, 1903-1990)라는 영화감독이 영화를 찍기 위해 3주간을 한 수도원에서 지냈습니다. 어느 날, 그는 산책하던 중에 수도원의 목축농(牧畜農)을 담당하는 신부를 만나게 됩니다. 그때는 마침 양을 치는 계절이었습니다. 그는 양을 치는 신부를 보는 순간 방금 전에 수도원의 작은 예배당에서 들었던 성가 "하나님의 어린 양"(Agnus Dei)이 떠올랐습니다.

훗날 머거리지는 그때 그의 마음을 휘몰아쳤던 충격을 다음과 같이 쓰고 있습니다.

제 생각에, 사람들이 처음으로 그들의 하나님을 양의 모습과 닮았다고 생각했던 순간은 아마도 인류 역사상 가장 특별한 순간입니다. 하나님의 모습이 어린 양과 같다고 생각하는 것은 매우 놀라운 발상이기 때문입니다. 하나님을, 권력이나 재물이나 아름다움의 표상들과 연결해서 묘사하는 대신에, 어린 양의 모습으로 생각했다는 것은 참으로 놀라운 일이 아닐 수 없습니다.

실제로, 예수님을 '어린 양'의 형상으로 생각한다는 것이 얼마나 생소하고 낯선 일입니까? "보라! 하나님의 어린 양이로다."

그러나 2천 년을 지나면서, 이러한 생소함과 낯설음은 더 이상 그 힘을 상실했습니다. 더 이상 사람들은 하나님을 가리켜 어린 양이라고 부르는 것에 대해 생소해하거나 낯설어하지 않게 됐습니다. 긴 세월에 걸쳐 하나님의 어린 양이라는 표상이 닳고 닳았기 때문입니다. 그렇습니다. 성경의 어떤 표상들은 마치 오래된 동전과 같습니다. 수없이 많은 사람의 손을 거치면서 그 위에 그려진 원래의 형상이 닳아서 더는 보이지 않게 된 동전 말입니다. 그렇게 '하나님의 어린 양'이신 예수님에 대한 표상 역시 닳고 닳은 동전과 같이 되어버렸습니다. 우리는 그 문구를 너무도 자주 들은 탓에, 한 번도 그 표상으로 인해 넋을 잃거나 놀라지 않게 됐습니다. 참으로 안타까운 일입니다.

그러나 "예수님은 하나님의 어린 양이시다"라고 말한 최초의 순간을 상상해보십시오. 그 순간으로 돌아가 보십시오. 요한복음 1:19(새번역)로 돌아가 보십시오.

유대 사람들이 예루살렘에서 제사장들과 레위 지파 사람들을 [요한에게] 보내어서 "당신은 누구요?" 하고 물어 보게 하였다. 그 때에 요한의 증언은 이러하였다.

성경 본문은 제사장들과 레위인들이 예루살렘의 '유대인들'로부터 보냄을 받았다고 합니다. 이것은 그들이 유대인들의 중앙 핵심부로부터 왔다는 뜻입니다. 유대인들의 최고 법정인 산헤드린으로부터 온 자들이라는 뜻입니다. 전통의 수호자들이라고 자부하는 예루살렘의 '유대인들'이 대표단을 파견하여 세례자 요한에게 보낸 것입니다. 그리고 세례자 요한에게 "당신이 누구냐?"고

묻고 있는 것입니다.

"당신이 메시아인가?"라는 물음에 요한이 "나는 메시아가 아닙니다"라고 대답합니다. "그렇다면 당신은 엘리야인가?"라고 그들이 묻습니다. 여러분도 아시다시피, 엘리야는 불 병거를 타고 하늘로 올림을 받은 인물입니다. 유대인들은 그가 '야웨의 날'이 오기 전에 하늘로부터 돌아올 것이라고 기대하고 있었습니다. 그런데 세례자 요한이 엘리야처럼 옷을 입고 엘리야처럼 설교하자, 사람들이 그에게 "당신이 엘리야인가?"라고 묻는 것입니다. "나는 엘리야가 아닙니다!"라고 단호하게 세례자 요한이 대답합니다. "그렇다면 당신은 '선지자'인가?" "모세가 토라에서 언급했던—"네 하나님 여호와께서 너희 가운데 네 형제 중에서 너를 위하여 나[모세]와 같은 선지자 하나를 일으키시리니…"(신 18:15)라고 했던—그 선지자인가?"라고 묻습니다. 다시 말해, "당신은 모세와 같은 '그' 선지자인가?"라는 물음이었습니다. 이 질문에 요한은 "나는 아닙니다. 결코 아닙니다!"라고 단호하게 대답하고 있는 것입니다.

이렇게 세례자 요한은 사람들이 생각했던 모든 명칭을 전적으로 부인합니다. "나는 약속된 메시아가 아닙니다." "나는 야웨의 날을 알리러 오는 엘리야가 아닙니다." "나는 모세와 같은 그 선지자도 아닙니다."

증언자의 사명

요한은 결코 질문을 피하려고 하지 않았습니다. 그러나 그의 정체성이 예수님의 정체성과 너무도 긴밀하게 연결되어 있었기 때문에, 그렇게 대답할 수밖에 없었던 것입니다. 그가 할 수 있는 일은 그리스도에 대해 '증언'하는 것이 전부였습니다.

그렇다면 세례자 요한은 어떻게 그들의 질문들에 답하고 있습니까? 그는 이사야 40장을 인용하여 대답합니다. "나는 광야에서 외치는 자의 '소리'일 뿐이다." "야웨의 길을 곧게 하라고 외치는 '목소리'일 뿐이다." 즉 세례자 요한이 말하는 것은 "내 소원은 '소리'가 되는 것입니다. 외치는 자의 '소리' 말입니다. 문제의 핵심은 내가 누구인가 하는 것이 아니라, 내가 말하고 있는 내용입니다. 나는 목소리일 뿐입니다"라는 것입니다.

그는 말합니다. 참된 증언자는 바로 광야에서 방황하는 사람들과 길을 찾지 못하고 헤매는 사람들에게 '길'을 가리키고, 굶주린 자들에게 그들의 허기를 채워줄 양식이 어디에서 오는지를—즉 '하늘로부터' 오는 것을—알리는 소리라는 것입니다. 이런 의미에서 모든 설교자는 증언자여야 합니다. 그들은 자신들의 이름이나 업적, 프로그램, 혹은 카리스마를 내세우는 자들이 아닙니다. 그들은 광야를 사는 사람들에게 양식이 오는 곳, 즉 저 하늘을 가리키는 손가락이어야 하며, 길이 없는 사막에서 방황하는 사람들에게 '길'을 알리는 소리여야 합니다. 예, 그뿐이어야 합니다. 그는 생명의 메시지를 외치다가 사라지는 '목소리', 그뿐이어야 합니다.

그렇습니다. 세례자 요한은 신약성경에서 '증언'(證言)이라고 불리는 것이 진정으로 무엇을 의미하는지 알게 해주는 모델입니다. 무엇이 참된 증언입니까? 누가 참된 증언자입니까? 바울은 이것에 대해 고린도후서 4:5에서 명료하게 말하고 있습니다.

우리가 증언할 때, 우리는 우리를 선포하는 것이 아닙니다. 우리는 예수 그리스도를 주님으로 선포하고, 우리 자신들을 예수를 위한 종으로 선포하는 것입니다.

요한이 맡은 유일한 사명은 '증언'하는 것입니다. 그는 사람들에게 자기 자신을 보이지 않습니다. 그는 청중에게 자신의 얼굴을 보이지 않습니다. 그는 사람들이 오직 그가 가리키는 곳만을 보게 합니다. 그는 자기 자신을 향한 관심을 버리고, 앞으로 오실 분에게 집중시키는 목소리일 뿐입니다. 그가 감히 신발 끈을 풀어드리기에도 합당치 못하다고 생각할 만큼 위대한 그분에게, 오직 그분께만 모든 관심을 집중시키는 목소리일 뿐입니다.

요한은 빛이 아닙니다. 그는 그 '빛'에 관해 증언하기 위해 왔습니다. 그의 증언은 이것이었습니다. "보라, 하나님의 어린 양이로다!"

요한은 왜 이 호칭을 선택했을까요? 어떤 이유로 세례자 요한은 예수님을 가리켜 '하나님의 어린 양'이라고 불렀을까요? 구약성경의 두 구절이 이런 질문에 대한 우리의 이해에 밝은 빛을 비춰줄 것입니다. 하나는 이사야 53장이고, 또 하나는 출애굽기 12장입니다.

예수님: 함께 고통을 겪으시는 하나님

첫째로, 요한이 선택한 '하나님의 어린 양'이라는 칭호는 이사야 53장에서 영감을 받았습니다. 여기에는 '야웨의 고난받는 종'이 어린 양으로 묘사되고 있습니다(7절).

> 그가 곤욕을 당하여 괴로울 때에도
>
> 그 입을 열지 아니하였음이여,
>
> 마치 도살장으로 끌려가는 어린 양과
>
> 털 깎는 자 앞에 잠잠한 양같이
>
> 그 입을 열지 아니하였다.

요한이 "보라, 하나님의 어린 양이로다!"라고 말했을 때, 그는 예수님을 이사야 53장에서 말하는 '야웨의 고난받는 종'으로 묘사하고 있는 것입니다. 이것은 우리에게 참으로 커다란 위안이 되는 말씀입니다. 예수님은 우리를 위해 기꺼이 고난을 받는 분이라는 말씀이기 때문입니다. 우리가 예수님을 신뢰하고 믿을 수 있는 이유는, 그분이 우리의 고난에 대해 방관자나 구경꾼이 아니기 때문입니다. 그분은 우리가 당하는 모든 고난과 슬픔을 함께 당하며, 우리의 죄를 대신 짊어지는 분이기 때문입니다. 우리가 짊어져야 하는 무거운 짐을 대신 짊어지는 분이 계시다면, 우리는 기꺼이 그런 분을 의지하고 신뢰할 것입니다.

요한은 "보라, 하나님의 어린 양이로다!"라고 말하면서 우리에게 예수님이 어떤 분인가를 분명하게 제시해주고 있는 것입니다. 예수님은 우리의 짐을 대신 짊어지는 분이고, 심지어 죽음에 이르기까지 그 짐을 짊어지는 신실하신 분이라는 것입니다. "날마다 우리 짐을 지시는 주 곧 우리의 구원이신 하나님을 찬송할지로다"(시 68:19). 그러므로 어린 양이신 예수님은 우리에게 이렇게 말씀하십니다.

수고하고 무거운 짐 진 자들아 다 내게로 오라 내가 너희를 쉬게 하리라 나는 마음이 온유하고 겸손하니 나의 멍에를 메고 내게 배우라 그러면 너희 마음이 쉼을 얻으리니 이는 내 멍에는 쉽고 내 짐은 가벼움이라(마 11:28-30).

예수님: 새로운 원년(元年)

둘째로, 세례자 요한이 예수님을 가리키는 칭호로 '하나님의 어린 양'을 선택한 것은 유월절 어린 양에 관해 말하고 있는 출애굽

생명의 복음

기 12장에서 영감을 받았기 때문입니다. 출애굽기 12장에서 야웨는 애굽에 있는 모세에게 다음과 같이 말씀하십니다.

> 너희는 이스라엘 온 회중에게 말하여 이르라 이 달 열흘에 너희 각자가 어린 양을 잡을지니 각 가족대로 그 식구를 위하여 어린 양을 취하되 그 어린 양에 대하여 식구가 너무 적으면 그 집의 이웃과 함께 사람 수를 따라서 하나를 잡고 각 사람이 먹을 수 있는 분량에 따라서 너희 어린 양을 계산할 것이며 너희 어린 양은 흠 없고 일 년 된 수컷으로 하되 양이나 염소 중에서 취하고 이 달 열나흗날까지 간직하였다가 해 질 때에 이스라엘 회중이 그 양을 잡고(12:3-6).

출애굽이 시작되던 그 밤, 야웨로부터 온 죽음의 천사들이 애굽의 장자들을 치던 밤, 그러나 문설주에 어린 양의 피를 발랐던 집에는 죽음의 사자가 넘어갔던(逾越, passover) 그 밤을 이스라엘 민족이 그들 역사의 '원년'(元年)으로 삼았던 것을 우리는 기억해야 합니다. 하나님의 구원 행동은 이스라엘 백성의 출생 원년을 결정짓는 유일한 동인이었던 것입니다. 마찬가지로, 참 이스라엘인 교회와 그에 속한 그리스도인들은 예수 그리스도의 대속(代贖)적인 죽으심을 통해 그들의 첫 생명, 첫 출생의 원년을 시작한 것입니다. 어린 양 그리스도가 없이는 우리의 출생기록도, 우리 삶의 역사도 시작될 수 없습니다. 그리스도를 떠난 우리를, 어린 양이신 예수님을 떠난 그리스도인들을 어찌 생각할 수 있겠습니까?

하이델베르크 신앙교육문답서(Heidelberg Catechism)의 제1문항이 그것을 이렇게 감동적으로 고백합니다. "우리는 우리 자신들에게 속한 것이 아니라 우리의 신실한 구세주 예수 그리스도께 속해 있습니다. 이 사실이야말로 내가 소유할 수 있는 최상의 위로이며 최고의 힘입니다."

세례자 요한은 예수님을 하나님의 어린 양이라고 부릅니다. 그가 예수님을 진정한 유월절 어린 양으로 보고 있기 때문입니다. 그뿐이 아닙니다. 요한복음 전체도 그렇게 바라보고 있습니다. 요한복음에서 예수님은 유월절 어린 양으로 죽임을 당하십니다. 유월절 어린 양의 뼈를 꺾지 않았듯이, 예수님의 뼈 역시 꺾이지 않습니다. 흥미로운 사실은, 네 복음서 중에서 요한복음만이 사실을 기록하고 있다는 것입니다. 요한복음에서, 오직 요한복음에서만, 유대인들이 빌라도에게 십자가에 못 박혀 달린 사람들의 다리를 꺾어서 시체를 처리하기를 요청합니다.

이 날은 준비일이라 유대인들은 그 안식일이 큰 날이므로 그 안식일에 시체들을 십자가에 두지 아니하려 하여 빌라도에게 그들의 다리를 꺾어 시체를 치워 달라 하니 군인들이 가서 예수와 함께 못 박힌 첫째 사람과 또 그 다른 사람의 다리를 꺾고 예수께 이르러서는 이미 죽으신 것을 보고 다리를 꺾지 아니하고 그 중 한 군인이 창으로 옆구리를 찌르니 곧 피와 물이 나오더라(요 19:31-34; 참고. 출 9:12; 민 9:12).

옆구리를 찌르는 것 역시 유월절 어린 양을 도살할 때 그렇게 하라고 가르친 율법과 일치합니다. 어린 양의 피는 다 쏟아내야 했습니다.

예수님이 십자가에 달리셨을 때, 군인들은 포도주로 적신 스펀지를 우슬초 가지 위에 달아서 그분의 입술에 가져다가 댔습니다. 이것도 예수님을 유월절 어린 양으로 묘사하는 것입니다. 왜냐하면 도살한 유월절 어린 양의 피를 우슬초에 적셔서 이스라엘 사람들의 문설주에 발랐기 때문입니다.

- 보라, 유월절 어린 양이로다!
- 보라, 도살장으로 끌려가는 어린 양이로다!
- 보라, 그분이 채찍에 맞으심으로 우리가 나음을 얻었도다!
- 보라, 세상 죄를 지고 가는 어린 양이로다!

죄를 지고 가는 어린 양

그분이 어린 양으로 이 세상에 오신 것은 우리의 죄를 없애기 위해서, 우리의 죄를 짊어지기 위해서, 바로 우리의 '죄성'(sinfulness)을 없애기 위해서입니다.

어느 날 네 명의 친구가 지붕을 뜯어내고 들것에 누워 있는 중풍병자를 아래층에 계시던 예수님께 내릴 때, 예수님이 뭐라고 말씀하셨습니까? 우리는 예수님이 "일어나 너의 침대를 들고 걸어라!" 하고 말씀하시기를 기대할 것입니다. 그러나 놀랍게도 예수님은 그렇게 말씀하시지 않았습니다. 그분은 "얘야, 네 죄가 용서받았다!"라고 말씀하셨습니다. 이 얼마나 충격적이고 파격적인 선언입니까? 그분은 그 중풍병자의 절실한 필요가 무엇인지 아셨습니다. 그분은 우리의 절실한 필요와 궁핍이 무엇인지 아십니다.

예수님이 이렇게 말씀하신 것은 그분의 본질적인 사명과 일치합니다. 그분은 '죄'를 없애기 위해, '죄'를 짊어지기 위해 이 세상에 보내심을 받은 것입니다.

아마도 '죄'라는 단어 역시 우리가 앞서 말한 닳고 닳은 동전들 중 하나일 것입니다. 너무도 오랫동안 사용했기 때문에 그 원래 이미지가 닳아버린 것입니다. 우리에게 죄는 일차적으로 부도덕한 것을 의미합니다. 예를 들어, 동혁 씨와 영순 씨가 결혼하지 않고 함께 동거한다고 할 때, 우리는 그들이 '죄' 가운데 산다고 말합니다. 이처럼 일반적으로 죄는 부도덕한 것을 의미합니다. 그러나 성경이 강조하고 있는 것은 이런 게 아닙니다. 물론 부도덕한 것은 죄악된 일입니다. 그러나 곰곰이 생각해보면, 우리가 말하는 '도덕성' 역시 죄스럽습니다. 우리가 말하는 도덕성에는 종종 자만, 교만, 자기중심성과 같은 독약들이 들어 있기 때문입니다.

대부분의 경우에 예수님의 원수들은 부도덕한 사람들이 아니었습니다. 오히려 그들은 지나치게 도덕적인 사람들이었습니다. 그런데도, 그들과 예수님 사이를 가로막고 있었던 것은 다름

생명의 복음

아닌 그들의 '도덕성'이었습니다. 그렇습니다! 죄는 본질적으로 우리가 '행하는' 그 무엇이 아닙니다. 죄는 본질적으로 '우리 자신'인 그 무엇입니다. 그렇기 때문에 죄는 우리가 볼 수 없게 숨겨진 것입니다. 이런 이유로 우리는 죄에 대해 눈이 멀어 있습니다. 마치 눈(眼)이 눈 그 자체를 볼 수 없듯이, 우리도 우리 자신의 죄된 성품 자체를 볼 수는 없습니다. 이렇게 때문에 우리는 이 죄로부터 구출을 받아야 합니다. 이 목적을 이루기 위해 예수님이 이 세상에 오셨습니다. 그분은 우리의 죄를 짊어지고 죽음 속으로 들어가셔서 그 죄를 파멸시키셨습니다. 이것이 기독교 신앙의 핵심입니다.

만일 이 이야기를 읽으면서 하품을 했다면, 아마도 여러분은 이 말씀을 너무 많이 들어서 그럴 것입니다. 그런 영혼 위에 하나님의 자비가 임하기를 바랄 뿐입니다! "보라, 세상 죄를 짊어지고 가는 하나님의 어린 양이로다!"

2 〔표적〕 결혼식에 나타난 예수님의 영광

1 사흘째 되던 날 갈릴리 가나에 혼례가 있어 예수의 어머니도 거기 계시고 2 예수와 그 제자들도 혼례에 청함을 받았더니 3 포도주가 떨어진지라 예수의 어머니가 예수에게 이르되 저들에게 포도주가 없다 하니 4 예수께서 이르시되 여자여 나와 무슨 상관이 있나이까 내 때가 아직 이르지 아니하였나이다 5 그의 어머니가 하인들에게 이르되 너희에게 무슨 말씀을 하시든지 그대로 하라 하니라 6 거기에 유대인의 정결 예식을 따라 두세 통 드는 돌항아리 여섯이 놓였는지라 7 예수께서 그들에게 이르시되 항아리에 물을 채우라 하신즉 아귀까지 채우니 8 이제는 떠서 연회장에게 갖다 주라 하시매 갖다 주었더니 9 연회장은 물로 된 포도주를 맛보고도 어디서 났는지 알지 못하되 물 떠온 하인들은 알더라 연회장이 신랑을 불러 10 말하되 사람마다 먼저 좋은 포도주를 내고 취한 후에 낮은 것을 내거늘 그대는 지금까지 좋은 포도주를 두었도다 하니라 11 예수께서 이 첫 표적을 갈릴리 가나에서 행하여 그의 영광을 나타내시매 제자들이 그를 믿으니라

본문의 단락에서 핵심적인 구절은 분명히 11절입니다. "예수께서 이 첫 표적(sign)을 갈릴리 가나에서 행하여 그 영광을 나타내시매 제자들이 그를 믿으니라." 예수님이 행하신 표적과 제자들의 믿음 사이에 어떤 관계가 있는가를 보여주는 말씀입니다.

예수님이 갈릴리 지역의 한 외진 동네에서 열린 결혼식에 참석하셨습니다. 결혼 당사자가 누구인지 우리에게 밝혀지지 않은 어떤 결혼식에 참석하신 것입니다. 그리고 그곳에서 예수님은 자신의 '영광'(榮光)을 드러내셨습니다. 생각하면 할수록, 이 사건은 참으로 신기하기도 하고 궁금하기도 한 사건입니다. 전혀 예기치

않은 사건이기도 합니다. 우리를 놀라게 할 만한 사건입니다.

예수님이 자신의 영광을 드러내실 때, 우리가 기대하는 현상들이 있습니다. 구약의 용어로 말하자면, 하나님의 영광은 천둥과 번개를 동반하거나 하늘의 태양과 달이 그 광채를 잃고 어두워지거나, 별들이 하늘에서 떨어지거나 하면서 나타나야 할 것입니다. '야웨의 날'(Day of the Lord), 다시 말해 '주님의 영광'이 나타나는 날이 그러할 것이라고 예언자들이 예언했기 때문입니다. 그러나 오늘 이 사건에는 우리가 기대하는 현상들이 전혀 발생하지 않습니다. 마치 무대 바깥에서 일어나는 일처럼, 예수님이 잔칫집의 하인들에게 조용히 말씀하신 게 전부입니다. 예수님이 조용히 말씀하시자 물이 변하여 포도주가 되었습니다.

예수님이 자신의 '영광'을 드러내시는 모습을 묘사하고 있는 본문은, 감추어져 있는 하나님의 구원 경륜과 비밀을 우리에게 드러낼(啓示) 뿐만 아니라, 무수한 상징을 담고 있는 사건이기도 합니다. 예수님의 영광이 처음으로 드러난 곳이 어디입니까? 예수님의 영광은 국가적인 공식 행사장에서 나타나지 않았습니다. 어떤 유명 인사나 권력자의 결혼식장에서 나타난 것도 아닙니다. 또한, 돈이 많은 사람의 자녀가 주인공인 결혼식장에서 나타난 것도 물론 아닙니다. 그저 보통 사람이 치르는 시골 혼례였습니다. 소박한 동네 결혼식 피로연에서 예수님의 영광이 나타났습니다.

예수님의 영광이 어떻게 드러났다는 말입니까? 결혼식 피로연이 진행되는 흥겨운 장소에서 모든 사람이 기뻐할 수 있도록

생명의 복음

포도주를 공급하심으로써, 그렇게 자신의 영광을 드러내셨습니다. 예수님은 가장 좋은 포도주를 공급해주셨습니다. 그것도 차고(滿) 넘치도록 풍성하게 주셨습니다. 놀랍게도 손이나 발을 닦을 물을 담아놓은 항아리에서 길어온 물이 포도주가 되었습니다.

결혼을 복되게 하는 '기적'을 통해 나타난 예수님의 영광

결혼은 수많은 '시작'(beginning)을 가리킵니다. 온전하게 된 인류(아담)의 '시작'을 가리킵니다. 살(肉)과 살(肉)이 만나는 인간적인 상호의존의 '시작'을 가리킵니다. 가장 '인간적인 표현'을 온전하게 나타내는 사랑의 '시작'을 가리킵니다. 생명을 낳고 기르기 위해 한 생명이 다른 생명과 연합(聯合)하는 '시작'을 가리킵니다. 하나님의 형상을 낳는, 하나님 형상의 '시작'을 가리킵니다. 하나님의 창조가 가장 온전하고 충만한 상태로 성취되는 것의 '시작'을 가리킵니다. 인간에게 부여(賦與)하신 하나님의 '본래적 축복'(original blessing)이—생육하고 번성하여 땅에 가득하고 땅을 다스리라는 축복이—성취되는 것의 '시작'을 가리킵니다.

만일 창조가 성례전적인 식사(sacramental meal)와 같다면, 결혼 잔치야말로 온전하게 된 창조를 축하하고, 성취된 축복을 기대하는 성례전적인 잔치라 할 수 있을 것입니다.

요한은 예수님이 자신의 영광을 처음 드러내신 곳이 결혼식이었다고, 그리고 그것은 제자들에게 깨어 있는 믿음을 재확인시켜

주기 위함이었다고 말합니다. 즉 예수님이 하나님의 아들이며 세
상의 구원자라는 믿음을 확인시켜주기 위함이라는 것입니다.

우리는 요한이 예수님을 "모든 것의 '시작'"(창조)과 연결시키
면서 그의 복음서를 시작하고 있다는 사실을 기억해야 합니다.

> 태초에 말씀이 계시니라 이 말씀이 하나님과 함께 계셨으니 이 말
> 씀은 곧 하나님이시니라 그가 태초에 하나님과 함께 계셨고 만물이
> 그로 말미암아 지은 바 되었으니 지은 것이 하나도 그가 없이는 된
> 것이 없느니라(요 1:1-2).

선지자 이사야의 말씀을 따라 빛이 갈릴리에 처음으로 비쳤다는
사실에 모든 복음서가 동의합니다.

> 전에 고통 받던 자들에게는 흑암이 없으리로다 옛적에는 여호와께
> 서 스불론 땅과 납달리 땅이 멸시를 당하게 하셨더니[이사야 시대에
> 북 이스라엘을 짓눌렀던 앗시리아의 침공을 가리킨다] 후에는 해변
> 길과 요단 저쪽 이방의 갈릴리를 영화롭게 하[실 것이]니라(사 9:1).

마태, 마가, 누가는 이러한 일이 예수님의 '선포'(설교)를 통해 이
루어졌다고 말합니다.

• 마태는 이 사실을 이사야 9장을 인용하면서 "흑암에 앉은

생명의 복음

백성이 큰 빛을 보았고 사망의 땅과 그늘에 앉은 자들에게 빛이 비쳤다”고 표현합니다(마 4:16).

- 누가는 이 사실을 이사야 61장을 인용하면서 예수님의 말씀이 ‘가난한 자, 갇힌 자, 눈먼 자, 억압받는 자들에게’ 선포됨으로써 그들에게 빛이 비쳤다고 말합니다(눅 4:18-19).

마태나 누가가 그렇게 기록한 것은 모두 예수님의 설교(선포)에 초점을 맞추기 위해서였습니다. 그러나 요한은 예수님의 영광이 결혼을 복되게 하셨던 ‘기적’(奇蹟)을 통해 처음 나타났다고 말하고 있습니다. 다시 말해, 예수님의 영광은 ‘창조의 성례전적 잔치’의 포도주 잔(盞)을 넘치게 채우셨던 복을 통해 나타난 것입니다.

예수님, ‘선한 창조’를 회복하시는 분

우리는 요한의 요점을 기억해야 합니다. 잃어버린 창조의 ‘좋음’(goodness), 즉 상실된 ‘선(善)한 창조’가 하나님의 아들 예수님 안에서 회복됩니다. 창조의 ‘선(善)함’을 축하하고 즐거워하는 잔치의 포도주가 하나님의 아들 예수님을 통해서만 넘치도록 다시 공급될 것이라는 것입니다.

하나님의 창조를 기억해보십시오. 하나님이 그렇게 기뻐하고 좋아하셨던 그 ‘좋음’(善)이 가져다주는 즐거움과 유락(愉樂)함, 기쁨과 환희, 생명력과 활력, 번성과 충만함을 상상해보십시오. 바로 그러한 풍성한 삶의 질(質)을 축하하는 포도주가 하나님의 아들 예수님을 통해 풍성하게 공급된다는 것입니다.

우리는 창조 때 가득하던 생명의 '선(善)함'과 창조 세계 안에서 향유하던 삶의 '행복'을 거의 상실한 세상에 살고 있습니다. 우리는 '살아 있다는 것' 자체가 더는 즐겁고 좋지 않은 세상에 살고 있습니다. 우리가 어떤 세상에서 살고 있나요? 절망이 편만(遍滿)하고, 자살이 흔해진 세상이 아닌가요? 피상적인 행복을 열정적으로 추구하는 것이 대부분 인간의 직업인 세상이 아닌가요? 어떠한 종류의 쾌락이든지, 우리에게 즐거움을 줄 수 있다면 그것을 추구하는 세상이 아닌가요? 쾌락 자체가 목적이 되어버린 세상이 아닌가요? 마약과 섹스, 정신을 혼미하게 만드는 발광적인 음악과 고압 전류가 흐르는 듯한 춤이 일반적인 탈출 도구가 되어버린 세상이 아닌가요? 정치가들이 '좋은 삶'을 제공하겠다고 빈 약속(空約)을 하는 세상이 아닌가요? 일상적이고 정상적인 노력이나 평범한 삶의 의무가 지루하고 지겨운 덕(德)이나 구시대의 가치관이라고 업신여기는 세상이 아닌가요? 심지어 어머니들조차 자신의 태(胎)에 있는 생명을 낙태시키면서까지 '좋은 삶'을 회복하려고 헛되이 노력하는 세상이 아닌가요?

이러한 세상을 향하여 전하는 사도 요한의 '복음'(福音, 좋은 소식)이 있습니다. 창조를 다시 회복하시고 새롭게 하시는 분은 오직 예수 그리스도라는 것입니다. 예수 그리스도야말로 우리가 상실했던 것을, 그래서 그리워하고 회복하고 싶은 것을 다시 찾아주

생명의 복음

시는 분이라고 말하는 것입니다. 이것이 '좋은 소식'(福音)입니다.

회복된 창조 세계는 어떤 삶, 어떤 가정, 어떤 세상을 가리킵니까? 희망 가운데 생명이 생명을 낳는 세상, 기쁨으로 생명이 생명을 양육하는 세상, 생명이 생명을 축복하고 개발하는 세상, 생명이 생명을 축하하는 세상을 예수님이 회복시키신다는 것입니다!

사도 요한은 이 사실의 중요성을 깊이 깨달았기 때문에, "예수님이 가나 지방의 한 결혼식에서 처음으로 나타내신 영광을 제자들이 보았다"는 사실을 기록할 수 있었습니다. 기쁨의 포도주가 떨어져 흥이 깨지는 결혼 잔치에서, 예수님은 좋은 포도주를 풍성하게 공급해주셨습니다.

그러나 그분의 영광이 단순히 기적 속에만 나타난 것은 아닙니다. 그분의 영광이 '결혼 잔치에서' 드러났다는 사실이 중요한 것입니다. 그리고 그분의 영광 때문에 창조의 가장 위대한 선물인 결혼의 즐거움이 가능했다는 사실을 기억해야 합니다. 요한이 전한 복음은 이 사건을 통해서, 모든 창조 세계가 다시금 '선하고 좋은 창조'로 회복될 수 있는 길이 오직 창조주 하나님의 아들이신 예수님을 통해서만 가능하다는 사실을 선포하고 있습니다. 그리고 이 사실을 예수님의 제자들이 믿게 되었다는 것입니다. 누가 예수님의 제자들입니까? 예수님을 통해서만 자기 삶의 진정한 질(質)과 의미를 회복하고, 참된 즐거움과 해방의 맛을 얻을 수 있다고 믿는 자들이 아닙니까?

이미 시작된 '새로운 시대'

예수님이 기적을 통해 좋은 포도주를 넘치도록 공급하신 사실이 그런 메시지를 강조하고 있지만, 또한 그 이상의 것을 제자들에게 가르치고 있습니다. 예수님의 제자들은 오래전에 약속된 메시아가 세우실 '에덴적인 시대'(Edenic Era)가 동터왔다는 것을 이 기적을 통해 볼 수 있어야 했다는 것입니다. 예언자들이 선언했던 '새로운 시대', '새로운 때'가 우리가 살고 있는 세계의 역사 안으로 돌진(突進)하여 들어온 것입니다.

예언자 아모스가 이 사실에 대해 오래전에 말했습니다.

여호와의 말씀이니라 보라 날이 이를지라

그 때에 파종하는 자가 곡식 추수하는 자의 뒤를 이으며

포도를 밟는 자가 씨 뿌리는 자의 뒤를 이으며

산들은 단 포도주를 흘리며

작은 산들은 녹으리라(9:13).

요엘이 이 사실에 대해 오래전에 말했습니다.

그 날에 산들이 단 포도주를 떨어뜨릴 것이며

작은 산들이 젖을 흘릴 것이며

유다의 모든 시내가 물을 흘릴 것이며

이사야 역시 이 사실에 대해 오래전에 말했습니다.

하나님이 자기 백성을 구원하려고 오실 때 한발(旱魃)과 가뭄, 가시덤불과 엉경퀴가 제거될 것이며, 하나님의 복이 마치 비료처럼 땅을 기름지게 해서 풍성한 곡물을 생산하게 할 것이라고 예언자들은 선언했습니다. 삶과 생명을 위협하던 모든 것, 우리로 하여금 가난한 목숨을 부지(扶持)하게 했던 비우호적이고 적대적인 세력을 모두 제거하실 것이라는 말씀입니다. 그리고 낙원의 풍요함으로 다시금 이 땅을 복되게 하실 것이라는 말씀입니다.

예수님이 주신 참 좋은 포도주, 이 갑작스럽고도 예기치 못한 선물은 징조(徵兆, sign)이며 약정(約定, pledge)의 표시였습니다. 무엇에 대한 약조물(約條物)이며 징조입니까? 회복과 갱신의 날이 오고 있다는 징조입니다. 하나님이 자신의 약속을 이루실 것이라는 약정의 표현입니다. 그리고 그 질 좋은 포도주 선물은 하나님이 예수님을 통해 그 약속을 이루실 것이라는 약속에 대한 첫 불입금(拂入金, down payment)인 것입니다. 이것이 제자들이 결혼식에서 보았던 예수님의 영광이었습니다.

예언자 이사야는 이러한 새로운 때에 대해 다시금 달리 언급하고 있습니다. 아마 요한이 가나의 혼인에 대해 기록하면서 마음속에 두었던 구절일지도 모릅니다.

> 광야와 메마른 땅이 기뻐하며
> 사막이 백합화같이 피어 즐거워하며
> 무성하게 피어 기쁜 노래로 즐거워하며
> 레바논의 영광과 갈멜과 사론의 아름다움을 얻을 것이라.
> 그것들이 여호와의 영광
> 곧 우리 하나님의 (광채[光彩]를) 보리로다(35:1-2).

땅이 새롭게 될 때, 사람들은 '야웨의 영광'을 볼 것입니다. 포도주의 기적적인 선물을 보았을 때, 제자들은 예수님의 행동 속에서 '야웨의 영광', '우리 하나님의 찬란함'을 보았습니다.

자, 창조의 충만한 갱신과 회복이 아직 일어나지 않고 있기 때문에, 많은 그리스도인은 이러한 일들이 장차 먼 미래에 일어나리라고 기대할 것입니다. 그러나 요한은 예수님이 결혼 잔치에서 포도주를 주시는 행동에서 이미 이러한 일들의 징조를 보았습니다. 그리고 우리는 예수님이 다시 오실 때, 그분의 백성이 새 하늘과 새 땅에 거주하게 될 때 충만한 회복이 이루어질 것이라고 믿습니다.

그러나 다시 곰곰이 생각해봅니다. 혹시 하나님이 여러분과 제게 주신 풍요와 넉넉함 역시 장차 올 복들을 미리 맛보는 것이 아닐까요? 그렇다면 우리가 그리스도의 영에 의해 감동을 받아서 이러한 복과 풍요를 가난한 사람들이나 우리의 도움이 필요한 나라들에 나누어줌으로써, 우리는 그들에게 장차 올 새 시대를 가져다줄 수 있습니다. 이렇게 함으로써 그들이 새 시대를 미리 맛보게 하는 것입니다. 예수님은 우리를 통해, 포도주가 없어서 기쁨을 잃어버린 자들에게 기쁨의 포도주를 가져다주기를 바라십니다. 이렇게 우리도 예수님의 영광을 세상에 드러내는 것입니다.

'기대하지 않은 선물'이신 예수님

예수님이 가나의 결혼식에서 자신의 영광을 드러내신 사건에 대한 세 번째 측면이 있습니다. 우리는 요한복음에서 예수님이 자신에 대해 다음과 같이 말씀하신 것을 듣습니다.

- 나는 생명의 물을 주는 자다(4:10, 14).
- 나는 생명의 떡이다(6:35).
- 나는 세상의 빛이다(8:12).

- 나는 양 우리의 문이다(10:7).

- 나는 선한 목자다(10:11).

- 나는 부활이요 생명이다(11:25).

- 나는 길이요 진리요 생명이다(14:6).

- 나는 참 포도나무요, 너희는 그 가지다(15:1, 5).

맨 마지막 말씀이 예수님을 포도나무로 표현한 것은 결코 우연이 아닙니다. 그분이야말로 결혼식장의 포도주라는 '기대하지 않은 선물'이라는 의미입니다. 위에 언급한 긴 "나는 …이다"라는 목록에 비춰볼 때, 요한은 예수님의 첫 번째 기적을 통해 그분이 생명을 주는 포도주의 근원이시라는 것, 즉 모든 진정한 기쁨의 근원이심을 '보았던' 것입니다. 이것 역시 제자들이 '보았던' 예수님의 영광이 가진 측면 중 하나입니다.

포도주, 예수님이 회복하시는 기쁨의 '시작'

그러나 우리가 결코 지나쳐서는 안 될 네 번째 문제가 있습니다. 가나의 결혼 잔치에 등장하는 물항아리는 유대인들이 하나님께 잘 받아들여지기 위해 의례적(儀禮的)으로 사용한 도구입니다. 우리는 예수님이 포도주가 되게 하신 물이 의식적(儀式的) 차원에서 손발을 씻기 위해 사용했던 물항아리에서 길어온 것이라는 사실에 집중해야 합니다. 예수님은 유대인들이 철저하게 종교적 규례

들을 지키는 것에 대해 반복적으로 경고하셨습니다. 그들이 그렇게 한 것은 종교적 의식들을 잘 수행함으로써 '삶'을 거룩하게 할 수 있다고 생각했기 때문이었습니다. 그러나 예수님은 그렇게 한다고 해서 천국의 결혼 연회(宴會)에 참여할 수 있는 자격이 주어지는 것이 아니라고 말씀하십니다. 종교적 규례(規例)들을 지킴으로써 기쁨을 얻을 수 없다는 것입니다.

예수님의 저 유명한 '기다리는 아버지' 비유(눅 15:11-32, 일명 '탕자의 비유')를 기억하십니까? 큰아들을 떠올려보십시오. 얼마나 착하고 성실한 아들이었습니까? 결코 아버지를 떠난 적이 없었습니다. 가산(家産)을 탕진한 일도, 창녀와 놀아난 일도, 그렇다고 게으른 적도 없었습니다. 그는 자신에게 맡겨진 모든 의무를 완벽하게 수행했습니다. 그런 그에게 치명적인 결핍이 하나 있었다면, 아마도 '기쁨'이라고 불리는 삶의 선물이었을 것입니다. 그는 높은 도덕심과 직업윤리는 가졌지만, 삶의 기쁨과 인생의 진정한 즐거움은 맛보지 못하며 살고 있었습니다. 물이 변하여 포도주가 되게 하신 예수님을 기억하십시오. 우리가 믿는 예수님은 기쁨을 주시는 분입니다. 그래서 예수님은 그들의 '예식의 물'(ceremonial water)을 '기쁨의 포도주'(the wine of joy)로 바꾸신 것입니다. 즉 예수님이 주신 최상의 선물은 '기쁨'이라고 불리는 선물입니다.

그러나 주님이 어떻게 그들에게 기쁨을 주십니까? 우리는 가나에서 열린 결혼식에서 예수님이 아직 자신의 시간(때)이 오지 않았다고 말씀하신 사실을 기억합니다. 그리고 우리는 그곳에서 예수님이 행하신 일을 통해 제자들이 '처음으로' 그분의 영광을 보았다는 보고를 듣습니다. 그렇다면 이것은 이 사건 후에 후속 적(後續的)으로 다른 여러 징조(徵兆, sign)가 뒤따르게 됨을 가리키는 것입니다. 다시 말해, 제자들이 처음으로 예수님의 영광을 드러내는 징조를 보았다는 것은 "나중에 예수님의 영광이 무르익어 충만하게 드러나는 것을 보지 못한다면 제자들이 본 예수님의 첫 번째 영광은 아무런 의미가 없다"는 것을 뜻합니다. 요한복음에 의하면, 예수님이 행하신 기적은 단순한 기적만을 뜻하지 않습니다. 요한복음에 기록된 예수님의 기적(奇蹟)은 징조이며, 사인(sign)입니다. 장차 이루어질 위대한 사건, 영광스러운 사건을 가리키고 있는 것입니다.

예수님이 이루기 위해 보내심을 받은 모든 일이 서서히 완성을 향해 치닫고 있을 바로 그때, 즉 제자들이 가나의 결혼 잔치에서 예수님의 위대한 기적을 보았을 때, 그들은 더욱 장엄하고 감격스러운 '하나님의 일'을 '보고' 있었던 것입니다. 즉 그들이 포도주 잔(杯)을 들고 있는 사람들을 바라볼 때, 그리고 자신의 모든 죄가 온전히 용서되도록 그리스도가 피를 흘리셨다는 사실을 기억하고 믿는 그들이 그 잔을 들고 서 있는 것을 바라볼 때, 그 포도주 잔(盞)에 그분의 옆구리로부터 쏟아져 흘러나온 피와 물로 가득 차 있다는 것을 '보았던' 것입니다. 그렇습니다. 장차 그분은 '어린 양'(the Lamb)의 결혼 잔치에 초청받은 모든 사람의 포도주 잔을 가득 채우실 것입니다.

가나에서 열린 잔치에서 벌어진 단순하고 조용한 사건은 예수님의 영광을 보여준 첫 번째 징조였습니다. 그리고 제자들은 그분을 믿었습니다. 요한이 이 이야기를 우리에게 들려주는 가장 중요한 이유는, 우리도 그분을 '믿도록' 하기 위함입니다.

3 〔성전〕 예수님의 성난 얼굴

요한복음 2:13-22

13 유대인의 유월절이 가까운지라 예수께서 예루살렘으로 올라가셨더니 14 성전 안에서 소와 양과 비둘기 파는 사람들과 돈 바꾸는 사람들이 앉아 있는 것을 보시고 15 노끈으로 채찍을 만드사 양이나 소를 다 성전에서 내쫓으시고 돈 바꾸는 사람들의 돈을 쏟으시며 상을 엎으시고 16 비둘기 파는 사람들에게 이르시되 이것을 여기서 가져가라 내 아버지의 집으로 장사하는 집을 만들지 말라 하시니 17 제자들이 성경 말씀에 주의 전을 사모하는 열심이 나를 삼키리라 한 것을 기억하더라 18 이에 유대인들이 대답하여 예수께 말하기를 네가 이런 일을 행하니 무슨 표적을 우리에게 보이겠느냐 19 예수께서 대답하여 이르시되 너희가 이 성전을 헐라 내가 사흘 동안에 일으키리라 20 유대인들이 이르되 이 성전은 사십육 년 동안에 지었거늘 네가 삼 일 동안에 일으키겠느냐 하더라 21 그러나 예수는 성전된 자기 육체를 가리켜 말씀하신 것이라 22 죽은 자 가운데서 살아나신 후에야 제자들이 이 말씀하신 것을 기억하고 성경과 예수께서 하신 말씀을 믿었더라

결코 부드럽지 않은 예수님

필립스(J. B. Phillips, 1906-1982)가 번역한 신약성경이 있습니다. 1950년대에 출판되었으니 지금은 꽤나 오래된 번역이지만, 아직도 신선함을 제공하는 번역 성경입니다. 그는 신약성경을 영어로 번역한 후에 100페이지가 채 안 되는 소책자를 펴냈습니다. 제목은 『진실을 고함: 한 번역자의 증언』(*Ring of Truth: A Translator's Testimony*, 1967)입니다. 그 책에서 필립스는 신약성경을 자세히 연구하면서 번역하다가 발견한 몇몇 사실을 담담하게 써 내려가는

데, 그중 하나는 예수님의 인습적인 이미지에 관한 것이었습니다. 필립스가 번역을 시작하면서 실제로 복음서에서 만난 예수님의 이미지는 예상하지 못한 것이었습니다. 그동안 예수님에 대해 가졌던 이미지와는 너무도 다르다는 사실을 발견한 것입니다. 필립스는 왜 예수님 당시 제도권 종교 내에 있던 기득권층이 큰 대가를 치르면서라도 어떻게든 예수님을 제거하려고 했는지를 알게 되었다고 말합니다.

필립스는 예수님이 긍휼과 정이 많으신 매우 온유하신 분이실 거라고 생각했습니다. 그러나 실제로 복음서를 읽었을 때, '부드럽고-따스하고-온유하고-심성이 여린 예수님'에 대한 흔적은 찾아볼 수 없음에 대해 경악을 금치 못했습니다. 그는 예수님이 제임스 본드와 같은 스타일이 아니라, 철저하게 헌신한 사람들만이 지닌 강력한 카리스마를 지닌 분이라는 사실을 발견하고 굉장히 놀랐습니다.

나사렛에서 일어난 일을 기억하십니까? 예수님은 그때 살기등등한 무리에 둘러싸여 있으면서도 해를 당하지 않고 당당하게 거기서 벗어나신 분입니다. 그분에게서 어떤 힘을 느끼십니까?

겟세마네 동산에서의 사건을 기억하십니까? 그분을 체포하러 온 무리는 예수님을 본 순간 두려워서 땅에 엎드러졌습니다. 어떤 초자연적인 능력 때문이 아니었습니다. 그들이 겁에 질려 예수님 앞에 엎드러진 것은 예수님의 힘, 즉 그분의 완벽한 권위에 눌렸기 때문입니다. 어떤 권위입니까? 자신을 둘러싼 상황이

 생명의 복음

좋지 못하고 험악함에도 그 상황을 완벽하게 제어하고 통제하는 그분의 카리스마입니다.

예수님은 누구도 손을 내밀어 악수하기를 꺼리는 문둥병자들에게도 당당하게 손을 내밀어 그들을 만지시고 악수를 청하신 분입니다. 예수님은 자기 존재감을 잃어버린 무력한 사람들과 기꺼이 친구가 되신 분입니다. 예수님은 인간의 슬픔과 고통을 보시면서 함께 우셨던 분입니다.

그렇다고 그분이 그저 착한 일만 하신 순진하기만 한 분은 아니었습니다. 그분의 겸손과 온유는 오로지 강한 사람만이 가질 수 있는 온유와 겸손이었지, 약한 자의 온유나 무력한 자의 겸손이 아니었습니다. 그분은 강하게 명령을 내리셨지만 구차하게 설명하시지 않았습니다. 완벽한 권위를 행사하시는 카리스마적인 분이었습니다. 구차한 변명이나 이유를 대면서 요구하시는 분이 아니었습니다.

제가 과거에 저지른 큰 죄가 탄로났다고 가정해봅시다. 여러분 가운데 누가 저를 무섭게 쳐다보며 엄하게 꾸짖으면서도, 그 얼굴이나 태도에 전혀 오만함이나 교만함이 없을 수 있겠습니까?

시장터가 된 기도의 집

어떤 청교도 작가는 예수님이 '북쪽의 폭풍 얼굴'(stormy north side)을 지닌 분이라고 표현한 적이 있습니다. 예수님은 오늘 우리가 함께 읽은 성경 본문에서 이런 북쪽의 폭풍 얼굴을 보여주십니다. 그분은 채찍을 휘두르시며 가축과 양을 파는 사람들을 성전 바깥으로 내쫓으십니다. 그분은 환전상들의 상을 뒤집어엎으시고 동전들을 쏟아버리십니다. 비둘기를 파는 사람들에게 "이곳은 내 아버지의 집이니 어서 이곳에서 떠나라!"고 말씀하십니다.

이 사람들이 하고 있던 행동은 불법이 아니었습니다. 유대인들은 당시 로마의 식민 통치 아래 살고 있었고, 그래서 로마의 화폐를 사용해야만 했습니다. 로마의 동전에는 로마의 황제 카이사르의 초상이 새겨져 있었습니다. 따라서 유대인들이 성전에 갈 때, 그들은 증오하는 로마의 동전 대신에 자기들의 동전인 '세겔'로 환전해야 했습니다. 또한 성전에서 드릴 희생 제물들의 경우도 마찬가지였습니다. 유대 종교의식을 위해서는 정결한 동물들을 사서 드려야 했습니다. 그러므로 성전 주변에 있던 환전상과 제사용 동물들을 판매하는 사람들의 행위는 합법적이었습니다. 문제는 그것이 합법적인지 불법적인지에 있지 않습니다. 성전이 시장터가 되었다는 것이 문제입니다. 성전은 원래 기도의 집이어야 했습니다. 그런데 쇼핑몰이 된 것입니다.

그때 성전에 일어났던 일이 지금 많은 종교 기관에서 일어나고 있습니다. 무슨 일이 일어나고 있습니까? 궁극적으로 세 가지, 즉 '경건'과 '상업적 이득'과 '정치'가 함께 어울리게 되었습니다. 이 세 가지는 처음에는 제각기 흐르는 시내였습니다. 하지만 나중에는 자연히 합류하여 하나의 커다란 강물을 이루게 됩니다.

    생명의 복음

경건과 이익과 정치를 분리하기가 쉽지 않게 되었습니다. 달리 말해, 교회와 사업과 국가가 서로 깊숙하게 연관되었다는 것입니다. 곧 이 세 가지가 합류합니다. 종교적 운동들이나 종교적 기관들이 자체의 안전을 위해 머리를 쓰기 시작하면, 자신의 힘과 권력과 특권을 확보하기 위해 장난질을 하기 시작하면, 부패와 몰락이 자리를 잡기 시작할 것입니다. 이 일에 대해 깊이 생각해보십시오. 그리고 이런 일이 우리에게 일어나지 않도록 기도하며 노력해야 할 것입니다.

다섯 가지 M의 법칙

아마도 대부분의 개별적인 기독교 기관, 기독교를 위한다는 각종 명분, 운동, 교단, 교회 안에는 다섯 가지 M의 법칙이 작동하고 있을 것입니다. 1. 사람(man), 2. 운동(movement), 3. 장치(machinery), 4. 기념비(monument), 5. 기억(memory).

첫째, 사람(man)이 있습니다. 비전의 사람입니다. 처음에 나사렛의 예수님이 계십니다. 그분은 하나님의 좋은 소식을 선포하십니다. "때가 되었다. 하나님 나라가 가까이 왔으니 회개하고 복음(좋은 소식)을 믿으라!" 기독교는, 교리나 조직에 관한 것이 아니라, 사람에 관한 가르침입니다. 예수 그리스도라는 분에 관한 가르침입니다.

둘째, 이분은 운동(movement)을 일으키셨습니다. 어부들은 자기들의 그물과 배를 뒤로하고 그분을 따랐습니다. 여인들도 갈릴리에서 예루살렘까지 그분을 따랐습니다. 이 세상에서 희망을 잃은 사람들이 그분을 따랐습니다. 이 모든 사람에게 예수님은 자신의 비전과 환상을 심어주셨습니다. 이 모든 사람에게 예수님은 미래에 대한 믿음을 회복시켜주셨습니다. 이 모든 사람에게 예수님은 이렇게 말씀하셨습니다.

> 영이 가난한 사람은 행복하여라. 하늘나라가 너희 것이기 때문이다.
> 의에 배고프고 목마른 사람은 행복하여라. 너희가 배부를 것이다.
> 지금 슬피 우는 사람은 행복하여라. 너희가 웃게 될 것이다.

셋째 단계가 있습니다. 처음에 사람이 있었습니다. 그 사람이 운동을 일으킵니다. 그러나 이 운동이 자라가면서 사람들은 그 운동에서 경력, 자기 진보, 자기 발전에 관심을 두기 시작합니다. 그러다 보면 계급, 직급, 보직과 같은 사회적 신분에 대한 관심이 커집니다. 이런 사람들은 운동을 시작한 분이나 그분이 가지셨던 비전에 대해서는 별로 관심이 없습니다. 그들은 오로지 자기들에게 관심을 두고 자기들의 비전과 꿈에 몰입하기 시작합니다.

그러면 무슨 일이 생깁니까? 운동이 자체 운동력을 상실하게 됩니다. 더 이상 달려갈 에너지를 잃게 됩니다. 운동은 일종의 제도나 기구나 장치(machinery)가 되어버립니다. 그러면 기구나 기관이 비전과 꿈보다 더 중요해집니다. 자체 운동력을 상실한 운동은 점점 조직과 기구로 대체됩니다. 그리고 조직과 기구는 그 자체의 생명력을 갖고 굴러가기 시작합니다. 조직과 기구는 더 이상 본래의 운동이 제시하고 보여주었던 비전을 실행하는 유일한 목적과는 상관없이, 자기 자신을 위해 존재하게 됩니다.

장착된 기계의 부품처럼 일하는 사람들이 더 많이 운동에 합류하면 할수록, 원래 비전이 비추던 빛은 점점 시들어갑니다. 그 강력한 빛을 잃어버립니다. 씨눈이 깎여서 뽀얗고 반질반질하게 가공된 정백미처럼 영양가 없는 조직과 제도의 사람들이 더 많아질수록, 운동은 점차 힘과 동력을 상실합니다.

이제 넷째 단계로 들어서게 됩니다. 화석화된 기념비나 전승비(monument)로 남게 되는 것입니다. 기념비나 전승비의 단계에서 생명은 인위적이고 인공적으로 유지될 뿐입니다. 영혼은 이미 떠나버린 상태가 됩니다. 이제 남아 있는 것이라고는 바깥 껍질뿐입니다. 마치 유럽의 많은 성당과 예배당처럼 말입니다. 그 건물들은 더 이상 예배의 장소가 아니라 박물관이나 연주회장이 되어버렸습니다. 이 기념 건물의 단계에 남아 있는 것은 성전의 바깥 껍질입니다. 달리 말해, 기도의 집이 시장터로 전락했습니다. 바로 이것에 대해 예수님이 분노하신 것입니다. 유대인들은 원래의 '영적 운동'을 화석화된 기념비로 바꾸었습니다. 그들은 하늘 아버지의 집을 시장터로, 쇼핑몰로 전락시켰습니다.

예수님이 성전을 청소하신 사건은 유대인의 유월절 기간에 일어났습니다. 자연스럽게 우리는 다섯째 단계로 접어들었습니다. 기억(memory)의 단계입니다. 성전청결 사건이 유대인의 민족적 축제일인 유월절에 일어났다는 사실을 기억하십시오. 다시 말해, 성전청결 이야기는 유월절 이야기, 기억의 이야기, 추억의 이야기라는 것입니다. 유월절은 애굽에서 탈출한 출애굽 사건을 기억하는 절기입니다. 유월절은 이스라엘이 살아 움직여서 꿈틀대던 운동의 단계를 기억하는 절기입니다. 즉 예레미야가 기록하고 있듯이, 신부인 이스라엘이 하나님을 사랑하고 광야를 지나면서도 그분을 따랐던 때를 기억하는 절기입니다(렘 2:2).

운동의 단계, 생명이 꿈틀대는 단계에서 이스라엘은 야웨 하나님 앞에 거룩하고 성결했습니다. 그런데 그 후에 무슨 일이 일어났습니까? 예레미야가 대답합니다. 그때에 이스라엘은 자기의 운동 단계(움직이는 단계, 생명으로 꿈틀대는 단계)를 잊었다는 것입니다. 즉 이스라엘은 더 이상 "우리를 애굽에서 이끌어내시고 메마른 광야에서 인도하셨던 야웨가 어디에 계시는가?"라고 부르짖으며 그분을 찾지도 구하지도 않게 되었다는 것입니다.

예레미야는 그때부터 이스라엘이 조직과 제도와 기구의 단계에 들어가게 되었다고 계속해서 말합니다. 그리고 제도와 기구와 조직의 단계에서 한 걸음 더 나아가 화석화된 기념비 단계에 들어서게 됩니다. 이스라엘이 기념비 단계에 들어섰을 때, 제사장들은 더 이상 "야웨, 당신은 어디에 계십니까?"라고 묻지 않았습니다. 다시 말해, 하나님을 찾지 않게 되었습니다. 성경을 가르쳤던 그들이 더 이상 야웨를 알지 못하는 자들이 되었습니다.

하나님을 무시하고 사는 '현실의 무신론자', '실천적 무신론자'(practical atheist)가 된 것입니다.[7]

다시 오늘의 본문으로 돌아가서 보십시오. 예수님은 약 5백 년 전에 예레미야가 직면했던 문제를 지금 직면하고 계십니다. 예수님은 기념비, 즉 영혼이 떠나버린 종교 기관을 바라보고 계신 것입니다. 사람들이 그분께, 그리고 운동의 단계로 돌아가기 전까지 새로운 생명은 결코 기념비 안으로 흘러들어 가지 않을 것입니다. 사람들이 출애굽을 다시 살아내지 않는다면, 그래서 다시금 출애굽의 사람들이 되지 않는다면, 달리 말해 원래의 비전으로부터 강력한 동력을 얻어 앞으로 움직여가는 사람들이 되지 않는다면, 결코 새로운 생명은 기념비 안으로 흘러들어 가지 않을 것입니다.

예수님, 새로운 성전

성전을 깨끗하게 청소하신 예수님께 유대인들은 기적적인 징표를 보여달라고 합니다. 그분에게 이 모든 일을 할 수 있는 권세가 있는지를 증명할 기적적인 징표를 보여달라는 것이었습니다. 그러자 예수님이 이렇게 대답하셨습니다. "이 성전을 허물라. 그러면 내가 3일 만에 다시 세우리라." 예수님이 이렇게 말씀하신 것은 자신의 몸을 가리켜 말씀하신 것입니다. 그분은 예루살렘 성전을 대신할 자신의 몸에 대해 말씀하고 계신 것입니다. 예수님의 말씀은 이것입니다. "내가 너희의 성전이다. 하나님이 너희를 만나기 위해 오시는 장소가 바로 나다."

예수님은 오늘날에도 이렇게 말씀하시고 계십니다. "나는 너희의 성전이다. 하나님이 너희를 만나시는 장소가 나다. 내 몸, 즉 교회가 하나님이 너희를 만나러 오시는 장소이다." 왜 그렇습니까? 그분과 그분이 하신 운동의 단계로부터 제도나 기구, 기념비의 단계로 떠내려가는 위험이 2천 년 전처럼 오늘날에도 실제적으로 있기 때문입니다.

장사꾼들을 성전 바깥으로 몰아내셨던 예수님은 옛 성전을 대신해서 새롭게 세우신 새 성전에 오셔서 "너희는 첫사랑을 버렸다. 회개하라. 너희가 처음에 했던 일들을 하라"라고 요한계시록에서 말씀하신 예수님과 동일하신 분입니다.

그때 하신 일을 예수님은 지금도 하십니다. 예수님은 지금도 하나님의 집에 오셔서 하나님의 집을 깨끗하게 청소하십니다. 예수님은 우리 가운데로 걸어오십니다. 그분이 무엇을 보시겠습니까? 환전상이나 짐승의 제물을 파는 사람들이 아닙니다. 그분이 보시는 것은 첫사랑을 버린 사람들, 그분과 더 이상 연락이나 접촉이 없는 사람들, 운동을 그만두고 이제는 제도권에 묶인 사람들, 아니면 화석화되어 기념비가 되어버린 그리스도인들입니다. 이와 같은 모든 사람에게 그리스도가 말씀하십니다. "너희가 너희 첫사랑을 버렸도다. 너희가 떨어져나온 그곳을 기억하라. 회개하라. 처음에 했던 일들을 하라."

이것이 오늘날 성전청결을 수행하는 방법입니다. 교회 안에는 첫사랑을 버린 사람들이 많습니다. 교회 안에는 신앙의 운동 단계를 그만둔 사람들이 많습니다. 교회 안에는 조직원이 된 그리스도인, 화석화된 그리스도인이 많습니다. 사역자들 가운데는 크고 작은 '종교 행상인들'(religious peddlers)이 많습니다. 그들 속에 있는 사랑의 불꽃은 점점 꺼져가고 있습니다. 신앙의 열정은 희미해져 갑니다.

이런 일이 여러분에게 일어나고 있는지 돌아보십시오. 일어나고 있다면 먼저 그분께로 돌아가야 합니다. 근원에서부터 우리 자신을 새롭게 해야 합니다. 예전에 있었던 그리스도의 사랑을 회복해야 합니다. 우리가 어디에서 떨어져나왔는지 기억해야 합니다. 우리는 신약성경이 반복해서 말하는 최상의 복음을 기억해야 합니다. "자신을 부인하고 자기 십자가를 지고 그리스도를 따른다면, 사는 것은 내가 아니라 내 안에 사는 그리스도다"라는 말씀을 말입니다.

4 〔인자〕 사람의 아들 예수님

1 그런데 바리새인 중에 니고데모라 하는 사람이 있으니 유대인의 지도자라 2 그가 밤에 예수께 와서 이르되 랍비여 우리가 당신은 하나님께로부터 오신 선생인 줄 아나이다 하나님이 함께 하시지 아니하시면 당신이 행하시는 이 표적을 아무도 할 수 없음이니이다 3 예수께서 대답하여 이르시되 진실로 진실로 네게 이르노니 사람이 거듭나지 아니하면 하나님의 나라를 볼 수 없느니라 4 니고데모가 이르되 사람이 늙으면 어떻게 날 수 있사옵나이까 두 번째 모태에 들어갔다가 날 수 있사옵나이까 5 예수께서 대답하시되 진실로 진실로 네게 이르노니 사람이 물과 성령으로 나지 아니하면 하나님의 나라에 들어갈 수 없느니라 6 육으로 난 것은 육이요 영으로 난 것은 영이니 7 내가 네게 거듭나야 하겠다 하는 말을 놀랍게 여기지 말라 8 바람이 임의로 불매 네가 그 소리는 들어도 어디서 와서 어디로 가는지 알지 못하나니 성령으로 난 사람도 다 그러하니라 9 니고데모가 대답하여 이르되 어찌 그러한 일이 있을 수 있나이까 10 예수께서 그에게 대답하여 이르시되 너는 이스라엘의 선생으로서 이러한 것들을 알지 못하느냐 11 진실로 진실로 네게 이르노니 우리는 아는 것을 말하고 본 것을 증언하노라 그러나 너희가 우리의 증언을 받지 아니하는도다 12 내가 땅의 일을 말하여도 너희가 믿지 아니하거든 하물며 하늘의 일을 말하면 어떻게 믿겠느냐 13 하늘에서 내려온 자 곧 인자 외에는 하늘에 올라간 자가 없느니라 14 모세가 광야에서 뱀을 든 것같이 인자도 들려야 하리니 15 이는 그를 믿는 자마다 영생을 얻게 하려 하심이니라

본문의 마지막 단락이자 핵심 구절인 13-15절을 다시 보십시오. "하늘에서 내려온 자, 곧 인자(人子, Son of Man) 외에는 하늘에 올라간 자가 없느니라. 모세가 광야에서 뱀을 든 것 같이 인자(人子)도 들려야 하리니, 이는 그를 믿는 자마다 영생을 얻게 하려 하심이니라."

이 구절에서 예수님은 두 번이나 자신을 가리켜 '인자'(人子)라고 부르십니다. 예수님을 '인자'로 알지 못하는 사람은 예수님이 누구신지, 무엇을 하러 오셨는지 알지 못한다고 두 번이나 말씀하십니다.

니고데모는 예수님을 '인자'로 보지 못하면서도, 예수님이 누구신지 자신이 안다고 생각했습니다. 요한복음 3장의 서두를 다시금 귀담아들어 보십시오.

> 그런데 바리새인 중에 니고데모라 하는 사람이 있으니 유대인의 지도자라 그가 밤에 예수께 와서 이르되 랍비여 우리가 당신은 하나님께로부터 오신 선생인 줄 아나이다 하나님이 함께 하시지 아니하시면 당신이 행하시는 이 표적을 아무도 할 수 없음이니이다.

니고데모는 예수님이 행하신 기적들을 보고 깊은 인상을 받았습니다. 이런 기적들은 하나님이 예수님과 함께하신다는 것을 니고데모에게 증명했습니다. 그래서 그는 예수님이 하나님으로부터 온 선생이신 줄 알았다고 말한 것입니다. 그는 예수님을 하나님과 친밀한 교제를 하고 있던 당대의 여러 훌륭한 랍비 중 하나로 여겼습니다. 그러나 예수님은 니고데모의 생각이 잘못되었음을 아시고 그와 대화를 나누십니다. 그리고 이 대화는 자신이 인자라는 것을 예수님이 말씀하심으로 끝을 맺습니다. 따라서 이 단락의 핵심은 '예수님은 인자'라는 것입니다. 이 장을 다 읽을 즈음에는 여러분도 예수님이 인자라는 사실이 우리의 신앙생활에 직접적인 영향을 미친다는 것을 알 뿐만 아니라, "주님, 당신은 인자이십니다!"라고 고백할 수 있기를 바랍니다.

'인자'의 배경

인자(人子)가 무엇입니까? 도대체 이 명칭의 의미는 무엇입니까? 이 명칭의 의미, 곧 예수님이 자신을 가리켜 '인자'라고 하신 이유를 알려면, 다니엘 7장으로 가야 합니다. '인자'는 전문적인 신학 용어입니다. 물론 한자어 '인자'는 문자적으로 '사람의 아들'입니다. 여기서 '사람의 아들'은 '사람'을 뜻합니다. 마치 개의 새끼는 강아지이고 소의 새끼가 송아지인 것처럼, '사람의 아들' 혹은 '사람의 자식'은 '사람'이라는 것입니다. 이런 문구는 종(種)에 대한 용어입니다. 식물이나 짐승이 아니라 사람이라는 뜻입니다.

다니엘 7장 전반부에는 다니엘이 본 환상이 나오는데, 바다에서 큰 짐승 네 마리가 올라오는 환상입니다. 특별히 마지막 짐승은 열 개의 뿔이 있는 무시무시한 짐승이었습니다. 장차 이 세상을 지배하게 될 무서운 세력을 가리킵니다. 이와 동시에 다니엘은 또 다른 환상을 보게 됩니다. 이번에는 바다가 아니라 하늘에서 일어나는 것에 대한 환상이었습니다. 다니엘은 환상 중에 왕좌에 앉아계신 하나님을 보았는데, 그분의 이름은 "옛적부터 항상 계신 분"(the Ancient of Days)이었습니다. 그분의 의복은 눈처럼 희었고, 그 머리털은 깨끗한 양털과 같았고, 보좌는 활활 타오르는 불꽃이었습니다. 그 움직이는 보좌의 바퀴는 강렬한 불줄기의 흐름과 같았습니다. 천천만만의 천군천사들이 그분을 모시고 서 있었습니다. 하나님이 보좌에 좌정하고 계신 것입니다. 하늘의 궁정에서 회의가 열리고 있었는데, 거기에 세상 나라들과 권력들을 심판한다는 내용을 담은 책들이 펼쳐져 있었습니다.

세상의 모든 나라가 권세와 권력을 빼앗기게 됩니다(12절). 이런 일이 일어나자 곧 초점이 바뀝니다. 지평선 너머로 하늘 구름을 타고 "인자 같은 이"가 나타난 것입니다. 그가 "옛적부터 항상 계신 이"에게 나아가 그 앞으로 인도됩니다. 그러자 그에게 권세와 영광과 나라가 주어지고, 모든 백성과 나라와 다른 언어를 말하는 모든 자가 엎드려 그를 섬기게 됩니다. 그의 권세는 소멸되지 않는 영원한 권세요, 그의 나라는 멸망하지 않을 나라였습니다. 참으로 놀라운 환상이었습니다. 짐승의 나라로 대표되는 지상의 왕국들과 권세들이 있다면, 그와 대조적으로 인자로 대표되는 천상의 나라가 있다는 말씀입니다. 아우구스티누스의 용어를 빌려 말하자면, 인간의 왕국(人國)이 멸망하고 하나님의 왕국(神國)이 도래한다는 것입니다.

'인자'의 뜻

다니엘 7장을 통해, 여러분은 예수님이 자신을 가리켜 '인자'(人子)

라고 하시는 이유를 알게 됩니다. 그분은 짐승의 나라인 이 세상 나라가 아닌, 하늘나라에 속하신 분입니다. 자신을 '인자'라고 부르심으로써, 예수님은 자신이 하나님으로부터 모든 권세와 권위를 위임받았다고 주장하시는 것입니다. 여러분이 이 말을 어떻게 이해하든지, 그분이 카이사르보다 더 높다는 소리로 이해하든지, 아니면 그것이 그분의 운명이라고 부르든지, 아니면 그것을 뭐라고 부르든지, 아무런 상관이 없습니다. 중요한 사실은 예수님이 이 명칭, 즉 인자라는 호칭을 사용하실 때마다 "이 세상 누구도 어느 것도 나보다 더 높고 강한 자는 없다!", "나는 만유(萬有)보다 높고, 만유 위에 있어 모든 것을 다스리는 왕중왕(王中王)이다!", "세상에서 아무도 그 무엇도 나를 통제하거나 마음대로 조종할 수 없다!"라고 외치고 계시다는 것입니다.

'인자'라는 호칭을 사용하실 때마다 예수님은 이 적대적인 세상을 향해, 이 세상에서 일어나는 모든 일이 모두 자신의 왕적 통치의 우산 아래 일어나고 있음을 알리시는 것입니다. 하늘과 하늘 아래에서 일어나는 모든 일이 그분의 통제 아래에 있다는 선언입니다.

이것이 예수님을 인자로 알고 믿는 내용입니다. 지치고 약해진 우리에게 얼마나 큰 위로와 용기를 주는 말씀입니까? 모든 것이 그분의 손안에 있다는 것입니다. 그분이 모든 것을 관장하고 계시다는 것입니다. 우리의 슬픔과 기쁨, 성공과 실패, 삶과 죽음 모두가 그분의 통제 아래에 있다는 말씀보다 더 큰 위안이 되는 말씀이 어디 있겠습니까? 그분이 인자이기 때문에 그렇다는 것입니다.

'인자'와 '왕국'

이제 요한복음 3장으로 돌아가겠습니다. 먼저 13-15절에서 예수님이 니고데모에게 하신 말씀을 다시 들어보십시오.

> 하늘[왕국]에서 내려온 자 곧 인자 외에는 하늘[왕국]에 올라간 자가 없느니라 모세가 광야에서 뱀을 든 것 같이 인자도 들려야 하리니 이는 그를 믿는 자마다 영생을 얻게 하려 하심이니라.

예수님은 여기서 두 번 자신을 '인자'라고 부르십니다. 예수님은 자신이 다니엘 7장에 나오는 인물과 같다고 두 번 말씀하시는 것입니다. 즉 자신이 하나님으로부터 모든 권세와 영광과 능력을 받는 이라고 하시는 것입니다. 사라지지 않는 통치와 무너지지 않는 왕국을 소유하신 분 말입니다.

예수님이 니고데모와 대화하신 내용을 자세히 보면, 예수님은 '인자'라는 용어를 두 번 사용하신 것처럼 '나라'(왕국)라는 용어 역시 두 번 사용하신다는 사실을 알 수 있습니다. 이 두 가지는 항상 같이 갑니다. '인자'와 '나라'(왕국)는 서로 뗄 수 없는 관계입니다. '인자'에 대해 말한다는 것은, 곧 '나라'(왕국)에 대해 말함을 의미합니다.

생명의 복음

예수님은 니고데모에게 "사람이 위로부터 태어나지 않으면 하나님 '나라'(왕국)를 볼 수 없다. 사람이 물과 성령으로 태어나지 않으면 아무도 하나님 '나라'(왕국)에 들어갈 수 없다"고 말씀하십니다.

숨겨진 왕국, 볼 수 없는 나라

그러나 하나님 나라(통치)는 이 세상의 나라들이나 왕국들과는 다르다는 사실을 기억해야 합니다. 하나님 나라는 숨겨져 있습니다. 하나님 나라는 감추어져 있습니다. 사람의 육안으로는 볼 수 없는 나라입니다. 여러분은 하나님이 이 세상에서 자신의 왕권을 행사하시는 그림을 그릴 수 없을 것입니다.

하나님의 엄위하신 통치는 우리에게 가려져 있습니다. 우리는 그분의 왕권이 우리에게 숨겨져 있다는 사실을 믿어야 합니다. 우리 육신의 눈으로는 분간할 수 없습니다. 오직 영적인 눈으로만 식별할 수 있습니다. 열린 눈, 빛을 받아 보게 된 눈, 달리 말해 성령에 의해 빛을 보게 된 눈으로만 식별할 수 있습니다.

예수님이 니고데모에게 말씀하시는 바는 이것입니다. "너희가 성령으로 태어나지 않으면, 성령이 너희의 소경 됨을 고쳐주시지 않는다면, 너희는 나를 볼 수 없고 내 나라도 볼 수 없다. 너희는 내가 누구('인자')인지도, 내 사명이 무엇('십자가에 달리심')인지도 모른다."

실질적인 말씀

물론 이 말이 여러분에게 매우 추상적이고 신학적으로 들릴지 모릅니다. 그러나 그렇지 않습니다. 이 말은 우리의 신앙생활에 매우 실질적인 의미가 있는 강력한 말씀입니다.

먼저 자신에게 이런 질문을 던져보십시오. 왜 예수님은 종종 그의 제자들에게 "두려워 마라. 걱정하지 마라"고 하셨을까요? 왜 그러셨습니까? 제자들이 예수님을 '인자'로 바라보지 못했기 때문입니다. 제자들이 예수님을 왕국과 영광과 왕권을 가지신 분으로 바라보지 못했기 때문입니다. 쉽게 말해서, 여러분이 진정으로 예수님을 왕권과 통치와 영광을 가지신 분으로 믿는다면, 즉 그분이 '인자'라는 사실을 진심으로 믿는다면, 삶에 대한 근심과 걱정과 두려움을 가질 필요가 없다는 말씀입니다.

예수님이 자신을 인자로 볼 수 없었던 제자들에게 확신과 용기를 주기 위해 어떤 말씀을 하십니까? 예수님은 제자들에게 복음을 선포할 때 경험하는 핍박, 그것을 대처하는 마음가짐에 대해 말씀하십니다. "몸을 죽이는 자들을 두려워 마라. 몸과 영혼을 지옥에 던져 죽일 수 있는 그분을 두려워하라." "두 마리의 참새가 동전 한 닢에 팔리지 않느냐? 그러나 그들 중 하나도 너희 아버지 하나님이 없이는, 즉 하나님이 모르시는 가운데는 땅에 떨어지지 않는다. 그러므로 두려워 마라. 너희는 많은 참새보다 더 귀중하지 않으냐?" 예수님은 파도 위로 걸어오시며, 두려움에 사로잡힌 제자들에게도 말씀하십니다. "안심하라. 두려워 마라. 나다! 무서워 마라!" 또한 예수님은 딸이 죽었다는 소식을 들은 회당장 야이로에게 말씀하십니다. "두려워 말고 오직 믿으라!" 예수님이 제자들에게 말씀하십니다. "너희 목숨을 위하여 걱정하지 마라." "무엇을 먹을까, 무엇을 마실까, 무엇을 입을까 걱정하지 마라."

예수님을 다니엘 7장이 말하는 '그 인자'로 믿는다면, 여러분의 삶에 필요한 가장 큰 변화는 모든 것을 그분께 맡기는 것입니다. 모든 근심과 염려와 걱정을 인자인 그분께 맡기는 것입니다. 왜냐하면 그분은 만유의 주님, 만왕의 왕이시기 때문입니다. 예수님의 왕적인 다스림은 모든 것 위에 미치는 포괄적인 권세입니다! 예수님은 만주의 주님, 만왕의 왕이십니다! 여러분이 정말로 그분을 믿는다면, 왜 걱정하며 두려워하십니까? 왜 근심하고 염려하십니까?

저는 복음서들이 왜 이렇게 급진적이고도 실제적인 문서들인지 여러분이 이해하셨기를 바랍니다. 복음서는 정말로 급진적이고 파격적일 뿐 아니라 실질적으로 우리의 삶을 흔들어놓습니다. 우리의 믿음을 다시 돌아보게 합니다.

복음서들은 지금도 여전히 우리를 향해 "두려워 마라! 염려하지 마라! 무서워 마라! 나다, 인자다! 나를 쳐다보고 구원을 받으라. 이스라엘 백성이 광야에서 뱀을 쳐다보고 구원을 받은 것처럼, 나를 쳐다보라. 그리고 구원을 받으라!"고 간청하시며 말씀하시는 예수님의 목소리들입니다.

불뱀 이야기는 민수기 21장에 나옵니다. 이스라엘 백성이 길고 긴 광야 여정의 끝자락에 이르렀습니다. 이제 곧 약속의 땅에 들어갈 것입니다. 그때 에돔의 왕이 애를 먹이기 시작했습니다. 에돔 땅을 통과하면 바로 가나안 땅으로 들어갈 수 있는데, 이런저런 이유를 들어 허락하지 않는 것입니다. 모세는 할 수 없이 에돔 땅을 통과하지 못하고 돌아가기로 했습니다. 그러자 이스라엘 백성이 불평하기 시작합니다. 아마 여러분은 그 상황을 충분히 상상할 수 있을 것입니다. 여러분이라도 그랬을 것이기 때문입니다. 백성이 모세를 다그쳤습니다. "왜 우리를 이곳으로 인도했습니까? 광야에서 죽으란 말입니까? 아니 죽을 데가 없어 이곳까지 데리고 왔단 말입니까? 먹을 양식도 마실 물도 없는 이 망망한 사막으로 말입니다!" 그들은 만나에 대해서도 이렇게 말합니다. "이 하찮은 음식도 싫습니다. 이제 구역질이 납니다."

하나님은 참을성이 없고 쉽게 은혜를 망각하는 이 백성에게 불뱀을 보내, 물려 죽게 하셨습니다. 그러자 다급해진 백성이 모세에게 나아가 "죄송합니다. 불평한 것을 회개합니다. 제발 부탁합니다. 하나님께 기도해서 뱀이 떠나게 해주십시오"라고 합니다.

하나님은 그 백성의 부르짖음을 들으셨습니다. 그러나 그들에게서 뱀을 떠나게 하시지는 않았습니다. 이게 무슨 말입니까? 하나님은 우글거리는 불뱀들 가운데서 자기 백성을 구원하신다는 뜻입니다. 달리 말해, 하나님은 우리의 환난과 고난을 없애시는 것이 아니라, 그것들 가운데서 우리를 구원하십니다.

하나님은 모세에게 놋뱀을 만들어 장대 위에 높이 달아 모든 사람이 보게 하라고 말씀하셨습니다. 불뱀은 계속해서 사람들을 물어서 죽였습니다. 그러나 이제 사람들이 쳐다볼 수 있는 놋뱀이 있습니다. 놋뱀을 올려보라는 것입니다. 놋뱀을 쳐다보라는 것입니다. 놋뱀 옆에 누워 있다고 해도, 쳐다보지 않으면 죽습니다. 놋뱀을 만진다고 해도, 그 뱀을 쳐다보지 않으면 죽는다는 것입니다.

예수님이 말씀하십니다. "과거에 있었던 일이 지금 다시 일어나고 있다. 모세가 광야에서 뱀을 들었던 것처럼 인자도 들려야 할 것이다. 누구든지 그를 올려다보는 자마다 영생을 얻을 것이다. 독뱀에서 구원하기 위해, 악에서 구원하기 위해, 멸망에서 구원하기 위해 인자는 반드시 들려야 한다. 높은 장대 위에 달려야 한다."

십자가에 달리신 왕

이것이 바로 요한복음이 예수님의 십자가를 바라보는 방식입니다. 십자가는 높이 들리는 것이며, 영광스럽게 되는 것이며, 왕위(王位)로 등극하는 것입니다. 십자가는 예수님의 대관식장입니다. 요한복음은 다른 복음서들과는 달리, 예수님이 십자가에 달리신 것을 굴욕이나 비하로 보지 않습니다. 요한에게 십자가는 높아지심(昇貴, exaltation)이며, 영화롭게 되심(榮華, glorification)입니다. 예수님이 십자가에 달리시던 시간은 '인자'가 영화롭게 되는 시간입니다.

예수님은 요한복음 8장에서 "너희가 인자를 높이 들면, 그러면 너희는 내가 누구인지 알게 될 것이다. 너희가 나를 일반 범죄자로 처형할 때, 너희는 나를 영화롭게 하는 것이다. 그때 내가 누구인지 드러날 것이다"라고 말씀하십니다.

요한은 마태나 마가나 누가와 전혀 다르게 예수님을 바라봅니다. 요한복음은 예수님의 수난을 굴욕이나 비하의 시간으로 보지 않고, 오히려 영화롭게 되는 시간으로 봅니다. 요한이 예수님의 수난에 대해 이야기하는 방식을 자세히 살펴보면 이런 사실이 분명해집니다.

로마 병정들이 예수님을 체포하러 겟세마네 동산에 왔을 때, 그들은 예수님의 위엄 앞에서 두려움에 떨고 뒤로 물러나 땅에 엎드러졌습니다. 권세 있는 왕 앞에 엎드려 절하는 모습입니다. 요한만 이 사실을 기록하고 있습니다. 마태나 마가나 누가는 이 사건을 기록하지 않습니다.

또 다른 예가 있습니다. 요한복음에서 예수님은 골고다까지 자신의 십자가를 지고 가십니다. 누구의 도움도 받지 않고 혼자서 끝까지 가십니다. 그러나 마태, 마가, 누가의 복음서에서는 그렇지 않습니다. 구레네 시몬이라는 사람이 예수님의 십자가를 대신 지고 갑니다. 요한은 구레네 시몬이라는 이름조차도 언급하지

     생명의 복음

않습니다. 요한복음 19:17은 "그들이 예수를 맡으매 예수께서 자기의 십자가를 지시고 해골(히브리어로 골고다)이라 하는 곳에 나가시니 그들이 거기서 예수를 십자가에 못 박았다"고 합니다. 여기서 "자기 십자가를 지시고"라는 말은 "자기 홀로 십자가를 지셨다"는 뜻입니다. 예수님은 당당하게 홀로 왕의 보좌에 오르기 위해 행진하시는 것입니다.

요한이 예수님을 묘사하는 것을 보면, 예수님은 희생자가 아니라 승리자로 행동하셨습니다. 예수님은 자신을 죽음으로 이끌어간 모든 사건에 끌려가신 분이 아니라, 그 모든 사건을 주관하시고 통제하신 주님으로 행동하신 것입니다.

요한복음에서 예수님은 왕위에 등극하기 위해 대관식장으로 행진하는 왕입니다. 예수님은 자기의 십자가를 지시고, 자발적으로 자유롭게 자신의 생명을 내려놓으시고, 개선장군처럼 "다 이루었다!"라고 크게 외치십니다.

요한복음에서 예수님이 십자가에 달리심은 패배가 아니었습니다. 그렇기 때문에 부활도 패배를 만회하기 위해 필요한 것이 아니었습니다. 예수님이 십자가에 달리심은 승리입니다. 십자가 처형 뒤로 부활이 따라오면서 십자가의 승리를 확정 짓는, 그런 승리입니다.

"모세가 광야에서 뱀을 높이 든 것 같이 인자도 들려야 하리니, 이는 그를 믿는 자마다 영원한 생명을 얻게 하려 하심이니라." 정말로 여러분은 그분을 '인자'로 믿으십니까? 믿으신다면 모든 것을, 즉 슬픔과 기쁨, 병고와 건강, 성공과 실패, 삶과 죽음 등을 인자이신 그분 발 앞에 내려놓고 그분을 올려다보십시오. 아멘.

5 [증인] 당신도 증인입니다

31 내가 만일 나를 위하여 증언하면 내 증언은 참되지 아니하되 32 나를 위하여 증언하시는 이가 따로 있으니 나를 위하여 증언하시는 그 증언이 참인 줄 아노라 33 너희가 요한에게 사람을 보내매 요한이 진리에 대하여 증언하였느니라 34 그러나 나는 사람에게서 증언을 취하지 아니하노라 다만 이 말을 하는 것은 너희로 구원을 받게 하려 함이니라 35 요한은 켜서 비추이는 등불이라 너희가 한때 그 빛에 즐거이 있기를 원하였거니와 36 내게는 요한의 증거보다 더 큰 증거가 있으니 아버지께서 내게 주사 이루게 하시는 역사 곧 내가 하는 그 역사가 아버지께서 나를 보내신 것을 나를 위하여 증언하는 것이요 37 또한 나를 보내신 아버지께서 친히 나를 위하여 증언하셨느니라 너희는 아무 때에도 그 음성을 듣지 못하였고 그 형상을 보지 못하였으며 38 그 말씀이 너희 속에 거하지 아니하니 이는 그가 보내신 이를 믿지 아니함이라 39 너희가 성경에서 영생을 얻는 줄 생각하고 성경을 연구하거니와 이 성경이 곧 내게 대하여 증언하는 것이니라 40 그러나 너희가 영생을 얻기 위하여 내게 오기를 원하지 아니하는도다 41 나는 사람에게서 영광을 취하지 아니하노라 42 다만 하나님을 사랑하는 것이 너희 속에 없음을 알았노라 43 나는 내 아버지의 이름으로 왔으매 너희가 영접하지 아니하나 만일 다른 사람이 자기 이름으로 오면 영접하리라 44 너희가 서로 영광을 취하고 유일하신 하나님께로부터 오는 영광은 구하지 아니하니 어찌 나를 믿을 수 있느냐 45 내가 너희를 아버지께 고발할까 생각하지 말라 너희를 고발하는 이가 있으니 곧 너희가 바라는 자 모세니라 46 모세를 믿었더라면 또 나를 믿었으리니 이는 그가 내게 대하여 기록하였음이라 47 그러나 그의 글도 믿지 아니하거든 어찌 내 말을 믿겠느냐 하시니라

요한복음 5:31-47은 마음속으로 암송하고 기억할 만한 구절입니다. 왜냐하면 이 본문은 우리가 누구인지 말해주기 때문입니다. 왜 우리가 지금 여기에 있는지 알려주기 때문입니다.

그런데 우리는 이 사실을 반복해서 잊어버립니다. 신앙 공동

체로서 우리의 정체성과 존재 이유를 쉽게 잊어버리는 것입니다. 우리는 누구입니까? 우리는 증인입니다. 우리는 왜 여기에 있습니까? 우리는 그리스도를 대신하여 증언(證言)하기 위해서 여기에 있습니다.

증인이 되어 증언하는 일은 우리가 부르심을 받은 유일한 목적이며 사명입니다. 증인이 되는 것은 우리가 해야 할 여러 가지 일 중의 하나가 결코 아닙니다. 우리가 존재하는 유일한 이유는 그리스도를 위해, 그리스도를 대신해 증언하기 위해서입니다.

그리스도인은 증언함으로써 존재합니다. 불이 태움으로써 존재하는 것처럼, 바람이 붊으로써 존재하는 것처럼 말입니다. 부는 일이 없으면 바람도 없습니다. 태울 것이 없으면 불도 없습니다. 증언하는 일이 없으면 그리스도인도 없습니다. 태우지 않는 불? 불지 않는 바람? 증언하지 않는 그리스도인? 말이 되지 않는 말(語不成說)입니다.

이런 이야기가 여러분에게 충격이 될지도 모릅니다. 여러분이 말로 들었던 증언, 예를 들어 "예수 믿고 천당 가세요!", "불신 지옥!", "교회에 나오세요!" 하는 말들은 너무 구태의연하고, 판에 박힌 듯하고, 빤하고, 예측 가능한 내용이고, 때로는 지루하기 그지없기 때문입니다. 그래서 식상하게 들렸을지도 모릅니다.

아마 이런 이유 때문에 여러분은 "내가 가진 확신을 결코 그런 식으로 다른 사람에게 강요하지 않겠다. 나는 내 삶을 통해서 말하겠다" 하고 말할지도 모릅니다. 좋습니다. 어떻게 하시든지 상관없습니다. 그러나 단 한 가지 사실만은 꼭 기억하십시오. 성경에서 사용하고 있는 '증언'이라는 단어는 법률적인 단어입니다.

성경의 '증인'(證人) 혹은 '증언'이라는 단어는 법정에서 사용하는 용어에서 유래했습니다. 법정에서 우리는 항상 사건의 진실, 혹은 문제의 진상(眞想)을 찾으려 합니다. 그리고 사건의 진상은 결정적으로 신실한 증인들에 달려 있습니다. 두 눈과 두 귀로 친히 듣고 본 사람들, 우리가 목격자(目擊者)라고 부르는 사람들이 바로 증인입니다.

증언대(證言臺)에 선 사람들은 오직 한 가지 이유 때문에 그곳에 서 있습니다. 진실을 말하기 위해서입니다. 만일 어떤 사람이 살인죄로 고소되었다고 합시다. 그런데 어쩌다 보니 범죄가 발생한 그 시간에 살인자로 지목된 그 사람이 다른 곳에 있었다는 사실을 여러분이 알았다고 합시다. 이럴 경우에 어떻게 하시겠습니까? 그 사실을 비밀로 간직하시겠습니까? 만일 그렇게 한다면, 즉 사실을 알리지 않고 비밀에 부친다면, 여러분은 무죄한 사람을 파멸에 이르게 할 수 있습니다. 여러분의 침묵이 한 영혼을 죽이는 결과를 가져오게 되는 것입니다. 증인으로서 여러분은 반드시 진실만을 말해야 합니다. 절반의 진실이 아니라 온전한 진실, 진실의 전부, 오직 진실만을 말해야 합니다. 이것이 증언대에 선 증인에게 요구되는 서약입니다.

이 사실을 교회에 적용해보십시오. 교회는 증인들의 모임, 증인들의 공동체입니다. 교회는 그리스도를 증언하는 것을 유일한 존재 이유로 갖고 사는 사람들의 모임입니다.

그리스도를 위해 증언하라는 부르심은 여러분이 '예' 혹은 '아니요'로 대답할 수 있는 부르심입니다. 여러분이 그 부르심에 대해 '아니요'라고 하면, 그것은 스스로 예수님의 무리에서 탈퇴하겠다는 뜻입니다. 예수님을 따르는 무리는 그리스도를 위해 이 세상의 법정 증언대에 기꺼이 서겠다고 선서한 사람들로 구성되어 있기 때문입니다.

자, 이러한 사실을 기억하면서 성경 본문으로 다시 돌아갑니다. 본문에서 예수님은 재판을 받기 위해 법정에 서 계십니다. 예수님은 지금 자신이 하나님과 동등하다고 주장하셨다는 이유로 고소를 당해서 법정에 서시게 됐습니다. 신성모독(blasphemy)의 죄를 저질렀다고 말입니다. 이제 문제는 누가 옳은가 하는 것입니다. 예수님이 옳은가, 아니면 그분을 비난하고 고소하는 자들이 옳은가 하는 문제입니다. 이 문제를 해결하기 위해 증인들의 출석이 요구됩니다. 어떤 증인들입니까? 누가 증인입니까? 증인은 분명히 두 눈으로 본 사람들, 분명히 두 귀로 들은 사람들, 그리고 그 사실에 대해 기꺼이 진실만을 말하기로 작정한 사람들입니다.

첫 번째 증인: 세례자 요한

예수님을 위해 첫 번째로 증언대에 선 사람은 세례자 요한입니다. 35절에서 예수님이 유대인들에게 말씀하십니다. "세례자 요한은 불을 밝혀주는 등불이었다. 어두운 밤길을 가는 사람에게 빛을 비추어 인도해주는 역할을 한 사람이었다. 그리고 너희 유대인들은 자신의 유익을 위해 한동안 그 빛을 선택했다. 너희는 처음에는 세례자 요한을 환영했다. 그러나 끝에 가서는 그를 저버리고 배척했다." 그분이 말씀하십니다. "요한을 저버리고 배척한다는 것은 결국 나를 거절한 것이다. 왜냐하면 요한이 이 세상에 온 유일한 이유는 사람들에게 나에 대해 가르치기 위함이었기 때문이다."

그렇습니다. 세례자 요한은 지시봉이며, 지표(指標)이며, 시침(示針)이며, 시곗바늘이었습니다. 그는 바로 이러한 이유 때문에 태어났습니다. 그리고 바로 이러한 이유 때문에 죽었습니다.

프랑스 콜마르(Colmar)에 있는 한 성당의 제단 벽면에는 여러 폭의 그림이 걸려 있습니다. 그중에 16세기의 독일 화가 마티아스 그뤼네발트(Matthias Grünewald, 1470-1528)가 그린 십자가 형틀에 매달린 예수님은 매우 인상적이고 충격적인 작품입니다. 어떤 비평가는 지금까지 그려진 독일 그림 중에 최고의 작품이라는 극찬을 아끼지 않았습니다. 예수님의 몸에 난 상처들이 너무도 사실적으로 표현되어 있기 때문에, 마치 상처 난 예수님의 몸이 눈앞에 있는 것처럼 보입니다. 그 그림을 자세히 들여다보면, 십자가의 한쪽 아래에는 슬퍼하고 우는 예수님의 가족과 친구들이 있고, 또 다른 쪽에는 어린 양 한 마리와 세례자 요한이 있습니다.

화폭의 초점은 물론 고통당하는 그리스도입니다. 그러나 두 번째 초점은 세례자 요한에게 맞춰져 있습니다. 세례자 요한은 긴 집게손가락으로 십자가를 가리키고 있습니다. 매우 강렬한 이 장면은, 마치 세상 죄를 지고 가는 하나님의 어린 양을 보라고 외치는 것처럼 격정적인 모습입니다. 그리고 세례자 요한이 길게 뻗은 팔 위에 "그는 흥(興)하여야 하겠고, 나는 쇠(衰)하여야 하리라"라는 말이 적혀 있습니다.

20세기의 가장 위대한 신학자로 불리는 칼 바르트(Karl Barth, 1886-1968)는 자기 연구실 책상 앞에 이 그림을 걸어놓았습니다. 연구를 시작하기 전에 매일 아침마다 바르트는 이 그림을 쳐다보았다고 합니다. 특히 "그는 흥(興)하여야 하겠고, 나는 쇠(衰)하여야 하리라"라고 적힌 말씀을 깊이 묵상하며 하루의 일과를 시작했다고 합니다. 언젠가 바르트는 "이 말씀들은 내 앞에 놓인 사명과 임무가 무엇인지 날마다 내게 알려주는 목소리였다"고 말했습니다. 어떤 임무와 사명을 말합니까? 내 자신과 내가 이루고 있는 학문적 업적에 사람들의 관심을 집중시키는 것이 아니라, 증언하는 임무 곧 십자가에 달리신 예수 그리스도께 사람들이 시선을 집중하도록 하는 임무 말입니다.

요한은 자신을 태워 빛을 내는 등불이었지만, 그가 내는 빛은 빌려온 빛이었습니다. 반사된 빛이었습니다. 요한 자신은 빛이 아니었습니다. 그가 부여받은 유일한 임무는 모든 사람을 비추는 '그 빛'에 대해 증언하는 일이었습니다.

모든 신실한 증언자가 그렇듯이, 세례자 요한에게는 놀랄 만

생명의 복음

한 '겸손함'이 있었습니다. 요한은 사람들의 시선(視線)을 결코 자신에게로 모으지 않았습니다. 요한은 "만일 여러분이 영혼의 안식과 위로를 얻기 원한다면, 만일 여러분이 삶을 힘차게 살기를 원한다면 다 내게로 오시오. 내 말에 귀를 기울여보시오. 그리고 우리 교회에 나오시오" 하는 식으로 말하지 않았습니다. 그는 항상 자신이 아니라 예수님을 가리켰습니다. "그분은 저보다 더 능력이 많으신 분입니다" 하면서 말입니다.

세례자 요한을 한마디로 평가한다면, 그는 자신이 아니라 항상 예수를 가리킨 사람이었습니다.

한번은 제사장들과 레위인들이 요한에게 와서 물었습니다. "도대체 당신은 누구십니까?" "당신의 정체가 무엇입니까?" "메시아입니까?" "환생한 엘리야입니까?" "아니면, 종말에 나타날 예언자입니까?" 요한의 대답은 분명했습니다. "아닙니다. 나는 광야에서 '주님의 길을 예비하라!' 하고 부르짖는 자의 목소리일 뿐입니다. 예수님이 하나님의 아들이라는 것을 증언하는 증인으로 이 세상에 왔을 뿐입니다." 세례자 요한은 예수님을 위해, 예수님을 대신해 증언한 최초의 증인이었습니다. 그러나 그가 유일한 증언자는 아닙니다.

두 번째 증인: 예수님의 행적(行蹟)

36절에서 예수님은 "나에게는 요한의 증언보다 더 큰 증언이 있다. 아버지께서 나에게 완성하라고 내려 주신 일들, 곧 내가 지금 하고 있는 바로 이 일들이 아버지께서 나를 보내셨다는 것을 증언하고 있다"고 말씀하십니다.

세례자 요한이 최초의 증인이라면, 두 번째 증인은 예수님이 행하신 일들입니다. 아버지께서 행하시는 일이라면 무엇이든지 그 아들 예수님도 똑같이 행하신다는 사실을 예수님이 행하신 일들이 증언하고 있습니다. 아버지께서 죽은 자를 일으키시고 그들에게 생명을 주시는 것처럼, 그 아들도 자신이 원하는 사람들에게는 누구든지 생명을 주신다는 사실을 예수님이 행하신 일들이 증언하고 있습니다.

요한복음 11장에서 마르다가 울먹이면서 예수님께 말합니다. "오, 주님! 주님이 여기에 계셨더라면 제 오라버니가 죽지 않았을 것입니다!" "주님, 당신이 말씀하신 대로 당신이 그런 분이시라면, 당신과 아버지가 정말로 한 분이시라면, 제 오라버니를 죽지 않게 하실 수 있지 않았겠습니까?"

예수님이 말씀하십니다. "마르다야, 마지막 날에 네 오라버니가 다시 살아날 것이다." 그러자 마르다가 대답합니다. "저도 압니다. 마지막 날 부활의 때에 제 오라버니가 다시 살아날 것입니다." 그때 예수님이 다시 말씀하십니다. "마르다야, 내가 '부활'이다. 너는 그것을 믿니? 너는 내가 '지금 여기에서 부활'이라는 사실을 믿니? 내가 '지금 여기의 부활'이라는 것을 보여주겠다. 자, 저 무덤의 돌을 옮겨놓아라."

생명의 복음

사람들이 돌을 옆으로 굴려놓았습니다. 그러자 예수님이 눈을 들어 하늘을 우러러보시고 말씀하셨습니다. "아버지여, 제 말을 들어주신 것을 감사드립니다. 저는 아버지께서 언제나 제 말을 들어주시는 줄을 압니다. 그런데도 이렇게 말씀을 드리는 것은 둘러선 무리를 위해서입니다. 아버지께서 저를 보내신 것을 그들이 믿게 하려는 것입니다." 이렇게 말씀하신 뒤에 예수님이 큰 소리로 "나사로야, 나오라!" 하고 외치시니 죽었던 사람이 걸어 나왔습니다.

지금까지 살펴본 것처럼, 세례자 요한은 아버지께서 예수님을 보내셨다고 예수님을 대신해 증언한 증인이었습니다. 또한 예수님이 행하신 일들 역시 아버지께서 그를 보내셨다는 사실을 증언하고 있는 증인과 같습니다. 예수님을 위한 증언자는 여기에서 그치지 않습니다. 성경 역시 아버지께서 예수님을 보내셨다는 사실을 증언하는 증인입니다.

세 번째 증인: 성경

39절을 읽어보십시오. "너희가 성경을 연구하는 것은 영원한 생명이 그 안에 있다고 생각하기 때문이다. 그런데 그 성경은 나를 증언하고 있다." 그 당시 유대인들은 성경을 그냥 읽지 않았습니다. 그들은 성경을 자세히 살펴보고 연구(研究)했습니다. 아주 자세히 공부했습니다. 죽고 사는 문제가 달려 있기 때문에 그렇게 연구했던 것입니다. 성경 안에 영원한 생명이 있다고 생각했기 때문에 깊이 연구한 것입니다.

예수님이 말씀하십니다. "그래, 너희들이 연구하는 그 성경이 바로 나에 대해서 증언하고 있어! 그런데 너희는 그 성경이 증언하고 있는 '나'에 대해 눈이 멀었어! 너희는 내가 누구인지 몰라!" "왜 그런지 알아? 성경을 인생의 전부로 생각하는 너희들이 그 성경이 가리키고 있는 나를 인식하지 못하는 이유가 무엇인지 알아?" "교만하기 때문이야! 너희들은 너무나 교만해! 자만과 교만 때문에 나를 믿지 못하는 것이야!" 예수님이 계속해서 말씀하십니다. "서로에게서 영광을 추구하면서 어떻게 나를 믿을 수 있지? 홀로 하나님이신 그분으로부터 오는 '영광'을 구하지 않으면서 어떻게 믿을 수 있지?"

예수님은 세상에 두 종류의 사람들이 있다고 말씀하십니다. 사람인 자신에게 찬사와 영광이 돌아가기를 바라는 사람들과 하나님께 찬양과 영광을 돌리기 원하는 사람들, 태양처럼 빛나기를 바라는 사람들과 달처럼 빛나기를 바라는 사람들, 자신의 빛을 발하기를 바라는 사람들과 하나님의 빛을 반사하기를 바라는 사람들이 있습니다.

후자에 속한 사람들은 자신들의 삶을 다음과 같은 글로 쓰고 있는 사람들입니다.

• 그는 흥하여야 하리라, 나는 쇠하여야 하리라.

- 그는 태양이어야 하리라, 나는 달이어야 하리라.
- 그는 비추어야 하리라, 나는 반사해야 하리라.

성경을 이와 같은 방식으로 생각해보십시오. 성경을 반짝반짝 빛나는 별들로 가득 찬 하늘이라고 생각해보십시오. 저 멀리 수천, 수만, 수억의 별들이 하늘에 떠 있습니다. 그러나 밤에만 빛나는 것은 아닙니다. 낮에도 그렇습니다. 별들은 항상 그곳에 있습니다. 그리고 지금도 그곳에 있습니다. 단지 우리가 그 별들을 항상 볼 수 없을 뿐입니다. 빛에 둘러싸여 있는 한 우리는 어느 별도 볼 수가 없습니다. 물론 하늘을 연구할 수는 있습니다. 그러나 아무리 좋은 성능의 망원경으로 하늘을 보더라도 별을 볼 수 없습니다. 별들을 보기 위해서는 먼저 밤의 어둠이 찾아와야 합니다. 그때야 비로소 우리의 눈이 열리기 시작하면서 하늘에서 찬란한 빛을 발하는 수많은 별을 보게 되는 것입니다.

그렇습니다. 성경도 이와 같습니다. 성경의 각 페이지에서 빛나는 하나님의 영광을 보려면, 성경이 증언하고 있는 그리스도를 보려면, 우리는 먼저 우리의 영광을 찾으려는 노력을 멈추어야 합니다.

우리가 우리의 빛 아래서 일광욕을 즐기려고 하는 한, 다른 사람들이 우리에게 보내는 찬사 속에 몸을 담그려고 하는 한, 우리는 결코 성경을 이해할 수 없을 것입니다. 우리는 성경이 증언하는 그리스도에 대해 눈이 멀 수밖에 없을 것입니다. 다른 사람들의 찬양과 칭송을 받으면서 유일하신 하나님으로부터 오는 칭찬과 칭송을 전혀 얻으려고 하지 않는다면, 어떻게 믿는 사람이라고 말할 수 있겠습니까? 다음의 이야기를 들어보십시오.

옛날 옛적에 제각기 짐을 진 두 마리의 당나귀가 있었습니다. 어느 날 이 당나귀들이 깊지 않은 강을 건너야 했습니다. 소금을 짊어지고 있던 첫 번째 당나귀가 먼저 물속으로 들어갔습니다. 물속으로 들어가자 소금이 녹기 시작했습니다. 강 건너편에 이르자 다른 당나귀를 불렀습니다. "내게 놀라운 일이 일어났어! 내 짐이 다 사라져버렸어!" 그러자 두 번째 당나귀가 강으로 들어갔습니다. 그러나 이 당나귀는 물속으로 점점 빠져 들어가기 시작합니다. 왜냐고요? 스펀지를 실었기 때문이었습니다. 그는 물에 빠졌습니다.

자아(自我)라 불리는 스펀지로 다른 사람들의 찬사를 한없이 빨아들이는 사람들은 모두가 다 그렇게 되고 말 것입니다.

다른 사람들의 찬사와 존경을 받아들이면서 어떻게 그리스도를 믿을 수 있겠습니까? 증인들은 해(sun)가 아닙니다. 증인들은 달(moon)입니다. 증인들은 자신들의 빛을 비추지 않습니다. 증인들은 자신들의 것이 아닌 빛을 비춥니다.

사람들이 주님을 십자가에 못 박을 때 우리도 그곳에 있었는지 하나님이 물으십니다. 증인들은 "네, 저희는 그곳에 있었습니다. 저희도 그리스도와 함께 십자가에 못 박혔습니다" 하고 대답합니다.

그들이 주님을 무덤에 뉘었을 때, 우리가 그곳에 있었는지 하나님이 물으십니다. 증인들은 "네, 저희는 그곳에 있었습니다. 저희도 세례를 받음으로써 그분의 죽으심에 동참하여 그리스도와 함께 묻혔습니다" 하고 대답합니다.

"내가 그를 죽은 자 가운데서 다시 살릴 때 너는 그곳에 있었느냐?" 하고 하나님이 물으십니다. 증인들은 "네, 저희는 그곳에 있었습니다. 저희는 그리스도와 함께 새 생명으로 부활했습니다. 이제 저희 안에 사는 것은 저희 자신이 아니라 그리스도십니다" 하고 대답합니다.

6 〔성찬〕 그리스도의 살 중의 살, 뼈 중의 뼈

48 내가 곧 생명의 떡이니라 49 너희 조상들은 광야에서 만나를 먹었어도 죽었거니와 50 이는 하늘로서 내려오는 떡이니 사람으로 하여금 먹고 죽지 아니하게 하는 것이니라 51 나는 하늘로서 내려온 살아 있는 떡이니 사람이 이 떡을 먹으면 영생하리라 나의 줄 떡은 곧 세상의 생명을 위한 내 살이니라 하시니라 52 이러므로 유대인들이 서로 다투어 가로되 이 사람이 어찌 능히 제 살을 우리에게 주어 먹게 하겠느냐 53 예수께서 이르시되 내가 진실로 진실로 너희에게 이르노니 인자의 살을 먹지 아니하고 인자의 피를 마시지 아니하면 너희 속에 생명이 없느니라 54 내 살을 먹고 내 피를 마시는 자는 영생을 가졌고 마지막 날에 내가 그를 다시 살리리니 55 내 살은 참된 양식이요 내 피는 참된 음료로다 56 내 살을 먹고 내 피를 마시는 자는 내 안에 거하고 나도 그 안에 거하나니 57 살아 계신 아버지께서 나를 보내시매 내가 아버지로 말미암아 사는 것 같이 나를 먹는 그 사람도 나로 말미암아 살리라 58 이것은 하늘에서 내려온 떡이니 조상들이 먹고도 죽은 그것과 같지 아니하여 이 떡을 먹는 자는 영원히 살리라 59 이 말씀은 예수께서 가버나움 회당에서 가르치실 때에 하셨느니라

성만찬에 부는 새로운 변화의 바람, 혹은 무지

16세기 종교개혁의 전통 속에서 작성된 하이델베르크 신앙교육 문답서 안에는 성만찬(Lord's Supper)에 관한 항목이 있습니다.

질문 75: 성만찬은 어떠한 방식으로 여러분에게, 십자가 위에서 단 번에 이루어진 그리스도의 희생과 그분이 주신 모든 은사에 여러분이 참여할 수 있다는 사실을 기억나게 하며 확신

(確信)시켜줍니까?

대답: 다음과 같은 방식으로입니다. 그리스도께서 나에게 그리고 모든 신자에게 이 뗀 떡을 먹으며 이 잔을 마시라고 명하셨습니다. 이러한 명령과 함께 그분은 다음과 같은 약속을 주셨습니다. 첫째로, 내가 내 눈으로 주님의 떡이 나를 위하여 찢겨진 것을 보듯이, 그분의 몸이 나를 위하여 진짜로 바쳐지고 찢겨지며, 십자가 위에서 그분의 피가 나를 위해 진짜로 흘려졌다는 것입니다. 둘째로, 내가 집례를 하는 사람의 손으로부터 그리스도의 몸과 피를 가리키는 확실한 표적으로서 나에게 주어지는 주님의 떡과 잔을 건네받아 나의 입으로 맛을 보듯이, 그분은 못 박힌 몸과 흘리신 피로써 나의 영혼을 영생에 이르도록 정말로 나를 먹이고 강건케 하신다는 것입니다.

질문 76: 십자가에 못 박힌 그리스도의 몸을 먹고, 그분의 흘리신 피를 마신다는 것은 무엇을 의미합니까?

대답: 그리스도가 당하신 모든 고통과 죽음을 믿는 마음으로 받아들이는 것이며, 또한 믿음을 가지고 죄의 용서와 영원한 생명을 받아들이는 것을 의미합니다. 그뿐만 아니라, 그리스도 안에 그리고 우리 안에 계시는 성령을 통하여 우리가 점점 더 그리스도의 복된 몸에 연합된다는 것을 의미합니다. 그러므로 비록 지금은 그리스도께서 하늘에 계시고 우리는 땅에 있을지라도, 우리는 그분의 살 중의 살이요, 뼈 중의 뼈입니다. 그리고 우리

전통적으로 개혁교회(장로교회)는 1년에 4번 정도 성찬식(聖餐式, Holy Communion)을 경축(慶祝)합니다. 성찬식은 일반적으로 엄숙한 예식이었고, 또한 목사는 상당한 시간을 들여 성찬의 의미에 대해 설명했습니다. 따라서 성찬식이 있는 주일이 되면, 교인들은 예배가 비교적 길어질 것이라고 미리 준비(?)를 하고 교회에 나왔습니다.

먼저 성찬식이 열리기 한 주 전(前) 주일에는 성찬식에 임하기 위한 '준비 설교'(preparatory sermon)가 있습니다. 이 설교를 통해 우리는 우리의 삶을 점검하고 되돌아보면서, 그 다음 주일에 우리가 성찬식에서 먹고 마시는 일이 혹시 우리 자신들에게 심판이 되지 않게 하라는 경고의 말씀을 듣습니다.

그리고 성찬식이 열리는 주일에 우리는, 지금 우리가 먹고 마실 주님의 만찬이 무엇을 의미하는지에 대해 설명하는 긴 예식문(禮式文)을 듣게 됩니다. 그리고 이어서 성찬 예식이 거행됩니다. 사람들은 앞으로 나와 성찬을 위한 식탁 주위에 서고, 성례를 집전(執典)하는 목사가 건네주는 빵과 포도주를 받아서 먹은 후에 자기 자리로 돌아가서 앉습니다. 그런 다음에 목사는 '성찬 후 설교'(post-communion sermon)를 합니다.

그러나 이제는 많이 바뀌었습니다. 외국에서는 한 달에 한 번씩 성찬식을 거행하는 교회들이 많아졌고, 성찬 예식 자체도 훨씬 즐겁고 기쁜 분위기로 바뀌었습니다. 성찬식 때 읽는 예식문도 짧아졌습니다.

이러한 변화와 함께 어느 정도의 무식(無識) 혹은 무지(無知)가 끼어들게 된 것은 참으로 안타깝고 불행한 일이 아닐 수 없습니다. 무슨 일이기에 안타깝고 불행한 일입니까? 한 번 들어보십시오.

성찬에 무슨 일이 일어나는가

성찬의 의미에 대해 제가 여러분에게 물어본다면, 상당히 많은 분이 대답하기를 꺼리거나 주저할 것입니다. 아니면 매우 당황스럽게 생각할지도 모릅니다. 수없이 성찬식에 참여했지만 성찬의 의미를 진정으로 아는 사람들은 매우 드물기 때문입니다.

개혁주의 신조들(하이델베르크 신앙교육문답서, 벨기에 신앙고백)에 대해 여러분이 얼마나 알고 있는지 시험해보기 위해, 여러분 자신에게 "성찬식 때 무슨 일이 일어나는가?" 하고 질문해보십시오.

성찬식에서 우리는 함께 빵을 뗍니다. 우리는 함께 포도주를 나눕니다. 이렇게 성찬식을 거행할 때 무슨 일이 일어납니까? 성찬 예식은 복음에 대한 우리의 이해를 돕는 일종의 시청각적 보조수단입니까? 아니면 성찬식은 단순히 복음이 무엇인지 보여주는 예증(illustration)입니까? 아니면 결혼반지나 국기가 일종의 상징물인 것처럼, 빵과 포도주도 기껏해야 상징물(symbols)입니까?

물론 상징물로서 결혼반지나 국기가 중요한 의미가 있지만, 그렇게 필수적인 것은 아닙니다. 예를 들어, 결혼반지를 잃어버렸다고 생각해보십시오. 결혼반지를 잃어버렸다고 해서 여러분의 반려자(伴侶者, 짝이 되는 벗)를 잃어버린 것입니까? 결혼반지를 잃어버렸다고 해서 결혼 자체가 없던 일이 되는 것입니까? 그렇지 않습니다! 분노한 폭도가 어디선가 태극기를 불태웠다고 생각해보십시오. 태극기가 불타버렸다고 해서 대한민국 자체가 불타버린 것은 아니지 않습니까? 상징물은 중요합니다. 그러나 필수적인 것은 아닙니다.

다시 여러분께 질문을 드립니다. 성찬식의 빵과 포도주는 단지 상징물입니까? 빵은 단지 그리스도의 부서진 육체를 가리키는(pointing) 것입니까? 포도주는 단지 그리스도께서 흘리신 피를 가리키는 것입니까? 아니면, 상징 이상의 그 무엇입니까?

이런 질문들에 대답하기 위해 우리는 하이델베르크 신앙교육문답서의 도움을 받을 필요가 있습니다. 하이델베르크 신앙교육문답서는 빵과 포도주에 대해 뭐라고 말하고 있습니까? 다시 들어보면 여러분은 깜짝 놀라실 겁니다. '28번째 주일'에 신앙교육문답서는 성찬식의 빵과 포도주에 관하여 이렇게 말합니다.

정말로 우리가 우리의 입으로 빵과 포도주를 맛보듯이,

정말로 그리스도께서는 십자가에 못 박히신 몸과 흘리신 피로써

우리의 영혼을 먹이시고 기르십니다

(28번째 주일, 질문 75에 대한 대답 중에서).

하이델베르크 신앙교육문답서는 빵과 포도주가 단순히 십자가에 못 박힌 그리스도의 몸과 그분의 흘리신 피를 상징한다고 말하지 않습니다. 신앙교육문답서는 "빵과 포도주를 믿음으로 받을 때, 그 빵과 포도주는 십자가에 못 박힌 그리스도의 몸과 그분의 흘리신 피로써 우리를 먹이시고 기르십니다. 우리가 성찬식에서 빵을 먹고 포도주를 마실 때, 우리는 그리스도의 부활하신 몸에 연합하는 것입니다. 우리가 성찬식에서 빵을 먹고 포도주를 마실 때, 우리는 그리스도의 살 중의 살이며 그리스도의 뼈 중의 뼈입니다"라고 가르칩니다.

그리스도의 살과 뼈

그리스도의 살 중의 살이요 뼈 중의 뼈! 그렇다면 신앙교육문답서는 이 구절을 어디서 가져왔을까요? 창세기 2장에 기록된 창조 이야기에서 가져온 것입니다. 하나님이 남자의 몸에서 빼낸 갈비뼈를 가지고 여자를 창조하신 후에, 남자가 여자를 보면서 한 말은 "이는 내 뼈 중의 뼈요, 살 중의 살이다"(창 2:23)였습니다. 여러분 중에 이렇게 말해본 분이 계십니까?

마치 결혼식장에서 신부의 아버지가 하는 것처럼 하나님이

 생명의 복음

여자를 인도하여 남자에게로 데려오셨을 때, 남자는 예기치 못한 기쁨에 겨워서 "이 여인은 내 뼈 중의 뼈요, 내 살 중의 살입니다!" 하고 고백한 것입니다. 그는 자기와 이 여자가 서로에게 속하여 떨어질 수 없다는 것을 이렇게 시(詩)로 고백한 것입니다. 여러분, 이 한마디가 성경에 등장하는 최초의 시(詩)라는 사실도 기억하십시오.

벨기에 신앙고백(Belgic Confession)은 바로 이 언어로 성찬식에 대해 말하고 있습니다. 벨기에 신앙고백의 제35조항은 다음과 같이 말합니다.

매우 엽기적이고 극단적인 언어 같습니다. 그렇지 않습니까? 하이델베르크 신앙교육문답서처럼, 벨기에 신앙고백도 빵과 포도주를 그리스도의 몸과 피를 가리키는 상징물이라고 말하지 않습니다. 벨기에 신앙고백은 주님의 식탁에서 우리가 먹는 것이 그리스도 자신의 자연적인 몸이며, 주님의 식탁에서 우리가 마시는 것이 그리스도 자신의 자연적인 피라고 말하는 것입니다.

그러나 벨기에 고백서는 계속해서 우리가 그것들을 먹고 마시는 방식이 입에 의해서가 아니라 성령에 의해서, 믿음을 통해서라고 합니다.

그리스도는 우리가 먹고 마시는 음식이며 음료입니다. 그리스도는 우리가 광야에서 살아가면서 먹어야 할 떡이며, 우리가 가는 여정(旅程)에서 마시는 포도주입니다. 그렇습니다. 그리스도는 우리에게 생명의 떡이며 생명의 물입니다.

그렇다면 우리는 이러한 음식과 음료를 어디에서 받습니까? 주님의 식탁(Lord's Table)에서입니다. 우리는 이러한 음식과 음료를 어떻게 받을 수 있습니까? '믿음으로', 빵 한 조각과 포도주 한 잔을 '믿음으로' 먹고 마심으로써, 우리는 생명의 떡과 생명의 물을 받을 수 있습니다.

성만찬, 하나님 아버지가 차려주신 식사

예수님은 요한복음 6:53에서 "인자(人子)의 살을 먹지 아니하고 인자의 피를 마시지 아니하면 너희 속에 생명이 없느니라"라고 말씀하십니다.

> 내 살을 먹고
>
> 내 피를 마시는 자는
>
> 영생을 가졌다.
>
> 왜냐하면 내 살은 참된 양식이요

생명의 복음

　　내 피는 참된 음료이기 때문이다.

　내 살을 먹고

　　내 피를 마시는 자는

　　내 안에 거하고

　　나도 그 안에 거한다.

살을 먹고 피를 마신다? 마치 밀교(密教)에서나 있을 것 같은 언어가 아닙니까? 이런 종류의 언어는 어떤 사람들의 귀에 매우 거북하게 들릴 것입니다. 주님의 만찬이 단순히 상징적인 식사에 불과하다고 믿는 사람들에게 그럴 것입니다. 빵이 단지 그리스도의 몸에 대한 상징일 뿐이고, 포도주 역시 그리스도의 피에 대한 상징일 뿐이라고 믿는 사람들에게 그럴 것입니다.

그러나 적어도 종교개혁자들에게는 요한복음 6장의 언어가 거북하게 들리지 않았습니다. 오히려 이 말씀이 그들에게 얼마나 큰 위로와 힘이 됐는지 모릅니다. 예를 들어, 칼뱅에게 요한복음 6장에 나오는 예수님의 말씀은 성찬식을 이해하는 데 가장 중요한 말씀이었습니다. 우리가 개혁신학적 전통에 대해 무지하기 때문에 우리 시대에 주님의 만찬이 갖는 깊은 의미를 상실하고 있는지도 모릅니다.

그렇습니다. 개혁교회의 신조들은 한결같이 성만찬이 '희생 제사'(sacrifice), 즉 갈보리 언덕에서 치러진 그리스도의 희생 제사를 반복하는 것이 아니라고 가르칩니다. 개혁교회의 신조들은 한

결같은 목소리로 '성만찬'(Lord's Supper)을 말 그대로 '식사' 혹은 '만찬'(supper)이라고 부릅니다. 성만찬은 하나님의 가족, 하나님의 식구(食口)를 위해 하나님 아버지가 차려주신 식사입니다. 주님의 만찬(성만찬)을 고찰하는 글머리에서, 종교개혁자 칼뱅은 성만찬의 중심 의도에 대해 다음과 같은 탁월한 설명을 제공합니다.

하나님이 우리를 그분의 가족으로 받아들이신 후에, 즉 우리를 그분의 종들 가운데로 받아들이실 뿐 아니라 우리를 그분의 자녀 중 하나로 받아들이신 후에, 그분은 가장 좋은 아버지라면 반드시 해야 할 임무, 즉 자녀를 위해 걱정하고 염려하시면서 한평생 우리를 먹이시고 기르시고 양육하십니다. 그러나 이것으로 만족하지 않으신 그분은 이러한 끊임없는 관대하심과 너그러우심과 넉넉하심이 계속될 것이라는 사실을 확신시키기 위해 우리에게 '담보물'(擔保物), '저당물'(抵當物), 혹은 '정표'(情表)를 주시기를 기뻐하셨습니다. 바로 이러한 목적을 이루기 위해 그분은 자신의 독생자의 손을 통해 그분의 교회에게 또 다른 성례, 즉 '영적 잔치의 식사'(spiritual banquet)를 하사하신 것입니다. 이 성례식[영적 연회(宴會)] 가운데서 그리스도는 자신을 생명의 떡으로 증거하셨으며, 이 떡을 통해 우리가 참되고 복된 영생을 향하여 자라가도록 우리의 영혼을 먹이시는 것입니다.[8]

주님의 만찬은 이처럼 그리스도께서 이미 새롭게 하시고, 이미

생명의 복음

자신의 식구와 가족, 즉 그분의 교회 안으로 가입시킨 자들을 먹이시고 자라게 하셔서 충만한 영생에 이르게 하시는 것입니다. 우리는 이러한 주님의 식탁에서 먹고 마시면서, 진정한 삶의 의미를 생각하며 즐거워하고 감사합니다. 우리가 성찬식을 거행하고 경축하는 것은 그리스도께서 그렇게 하라고 명하셨기 때문입니다. 그러나 그리스도는 우리에게 그 명령과 함께 '이러한' 약속도 주셨음을 기억해야 할 것입니다. 즉 여러분이 성례를 받들어 봉사하는 사람의 손으로부터 주님의 빵과 잔을 받아서 여러분의 입으로 그것들을 진짜로 맛보는 것처럼, 그리스도도 진짜로 여러분의 영혼이 영원한 생명으로 자라가도록 그분의 십자가에 못 박힌 몸과 흘린 피로 여러분의 영혼을 양육하신다는 사실입니다. 성찬식을 경축하는 우리는 그리스도와 우리 안에 거하시는 성령을 통하여 그리스도의 부활하신 몸에 더욱더 깊숙이 연합합니다. 그렇습니다. 이렇게 해서 우리는 그분의 살 중의 살이요, 뼈 중의 뼈입니다.

7 [자유] 성경의 기본적인 가르침으로 돌아가시오!

31 그러므로 예수께서 자기를 믿은 유대인들에게 이르시되 너희가 내 말에 거하면 참으로 내 제자가 되고 32 진리를 알지니 진리가 너희를 자유롭게 하리라 33 그들이 대답하되 우리가 아브라함의 자손이라 남의 종이 된 적이 없거늘 어찌하여 우리가 자유롭게 되리라 하느냐 34 예수께서 대답하시되 진실로 진실로 너희에게 이르노니 죄를 범하는 자마다 죄의 종이라 35 종은 영원히 집에 거하지 못하되 아들은 영원히 거하나니 36 그러므로 아들이 너희를 자유롭게 하면 너희가 참으로 자유로우리라 37 나도 너희가 아브라함의 자손인 줄 아노라 그러나 내 말이 너희 안에 있을 곳이 없으므로 나를 죽이려 하는도다 38 나는 내 아버지에게서 본 것을 말하고 너희는 너희 아비에게서 들은 것을 행하느니라 39 대답하여 이르되 우리 아버지는 아브라함이라 하니 예수께서 이르시되 너희가 아브라함의 자손이면 아브라함이 행한 일들을 할 것이거늘 40 지금 하나님께 들은 진리를 너희에게 말한 사람인 나를 죽이려 하는도다 아브라함은 이렇게 하지 아니하였느니라 41 너희는 너희 아비가 행한 일들을 하는도다 대답하되 우리가 음란한 데서 나지 아니하였고 아버지는 한 분뿐이시니 곧 하나님이시로다

누가 참 자유인인가?

- 자유! 그것을 향한 강한 그리움이 우리 안에 있습니다.

- 자유! 목 놓아 부르고 싶은 이름입니다.

- 자유! 진정으로 갖고 싶은 영혼의 바람입니다.

- 자유! 그것은 우리의 고향입니다.

그러나 진정으로 자유로운 사람을 만나기는 하늘의 별을 따기보다 더 어렵습니다. 참으로 자유를 누리며 사는 사람을 만나는 일은 희귀합니다. 어떤 사람들은 자신들의 손에 꽁꽁 묶여 있습니다. 또 다른 사람들은 자신들이 자라온 과거에 의해 속박되어 있습니다. 또 어떤 이들은 자신들의 욕정에 사로잡혀 있습니다.

가면을 쓰지 않고 일할 수 있는 사람을 만나기는 참으로 어렵습니다. 사회가 매우 위선적이기 때문에, 진실하게 되기를 원하는 사람조차 그렇지 못한 자신을 바라볼 때가 허다합니다. 아니, 사회는 우리에게 위선적이기를 강요합니다. 그렇기 때문에 '참'되기를 갈망하는 사람조차 자신의 본연(本然)일 수 없는 경우가 많습니다. 대부분의 사람이 이런저런 가면을 쓰고 생활하지 않을 수 없게 되었습니다.

두려워하지 않는 사람을 만나기는 참으로 힘이 듭니다. 자신의 동료나 친구를 두려워하지 않는 사람, 자기 부모를 두려워하지 않는 사람, 사람을 만나는 일에 대해 두려워하지 않는 사람 말입니다. 왜냐하면 우리는 이러한 두려움으로부터 자유롭지 못한 존재이기 때문입니다.

걱정하지 않는 사람을 만나기는 참으로 힘이 듭니다. 내면의 자유를 누리고 사는 사람이 많지 않은 것 같습니다. 불확실한 미래에 대한 걱정, 건강에 대한 걱정, 직장에 대한 걱정, 자녀들에 대한 걱정…. 아마도 이런 목록은 끝이 없을 것입니다.

진짜로 자유로운 사람, 내면적으로 자유로운 사람을 만나기는 정말로 힘이 듭니다. 대부분의 사람은 자유롭지 못합니다. 진정으로 자유롭지 못하다는 말입니다. 그들은 마치 커다란 거미줄에 잡힌 파리들 같습니다. 아무리 벗어나려고 발버둥을 쳐도 점점 얽혀 들어갈 뿐입니다. 그들은 마치 물 위에 떠내려가는 나뭇조각처럼, 그들을 떠내려가게 하는 어떤 세력이나 열망, 혹은 강렬한 소원이나 소욕(所欲)에 힘없이 굴복할 뿐입니다.

자유는 모든 사람의 목마름이며 기다림입니다. 자유는 모든 사람의 어머니요, 돌아가고픈 고향입니다. 예수 그리스도는 우리에게 자유를 선물로 주려고 이 세상에 오셨습니다.

쟈유를 주러 오신 예수님

나사렛 지방의 한 회당에서 행한 설교에서―예수님이 행하신 설교 중 최초로 기록된 설교에서―예수님은 자신이 보냄을 받은 사명을 감옥에 갇힌 자들에게 자유를 선포하기 위함이라고 말씀하셨습니다. 감옥에 갇힌 자들이 누구입니까? 여러분과 제가 아닙니까? 모든 사람이 그렇습니다. 모든 사람이 감옥에 갇힌 사람들입니다. 모든 사람이 여러 가지 세력과 영향력 아래 갇혀 있습니다. 우리는 그런 세력들과 영향력에 대해 어떻게 손을 써볼 수도 없이 그저 무기력하게 당하고 있습니다.

예수님은 악이 우리 안으로 깊숙이 들어왔다고 말씀하십니다. 해로운 것과 악한 것, 좋지 않은 것이 우리의 주인이 되었습니다. 우리를 마음대로 부립니다. 우리는 악한 것과 해로운 것에 휘둘립니다. 그런 폭정에서 해방되고 자유를 얻는 것은 우리의 능력을 넘어서는 일입니다. 우리는 우리의 삶에 일어나는 여러 가지 악과 재앙과 재난과 해로움에 대해 철저한 무기력함을 경험합니다. 우리가 스스로를 해방시킬 수 없다면, 도대체 누가 우리를 자유롭게 할 수 있다는 말입니까?

오늘 우리가 읽은 본문에서 예수님이 말씀하십니다. "너희가 내 가르침을 꼭 붙잡는다면 너희는 진짜로 내 제자들이다. 그러면 너희는 진리를 알게 되고, 그 진리가 너희를 자유롭게 할 것이다."

- 너희가 내 가르침, 내 지침, 내 교훈을 붙잡고 있으면,
- 너희가 나에 대한 헌신과 지조를 끝까지 견뎌서 지켜낸다면,
- 너희가 내 계명에 순종한다면,
- 너희가 내 가르침을 실제로 실행에 옮긴다면,

  너희는 진짜로 내 제자들이다.

  너희는 진리를 알게 될 것이고,

  진리가 너희를 자유롭게 할 것이다.

"너희가 내 가르침에 붙어 있으면…", "너희가 내 가르침을 붙잡고 있으면…."

- 예수님의 가르침을 붙잡고 있다는 것은 궁핍함 가운데 있는 사람들에게 넉넉하게 베푼다는 뜻입니다. 또한 관대하게 베풀면서도 자기가 그렇게 했다는 사실을 그 누구에게

생명의 복음

도 말하지 않는 것입니다.

• 예수님의 가르침을 붙잡고 있다는 것은 다른 사람들의 실수와 잘못과 약점을 보면서도 그것으로 그 사람을 판단하지 않는다는 뜻입니다. 그것을 두고두고 티내는 어떤 사람과 같지 않다는 것입니다.

• 예수님의 가르침을 붙잡고 있다는 것은 음탕한 눈으로 다른 사람을 보느니 차라리 오른쪽 눈을 뽑아낸다는 뜻입니다. 누군가를 음탕한 눈으로 쳐다본 그 사람은 이미 마음으로 간음을 저질렀기 때문입니다.

• 예수님의 가르침을 붙잡고 있다는 것은 교회에 와서 예배드리기 전에 먼저 껄끄러운 사람이나 보고 싶지 않은 사람과 화해한다는 뜻입니다.

• 예수님의 가르침을 붙잡고 있다는 것은 다른 사람의 잘못과 죄를 용서한다는 뜻입니다. 용서하지 않으면 하나님도 여러분의 잘못과 죄를 용서하지 않으심을 알고, 먼저 다른 사람의 잘못을 용서하는 것입니다.

• 예수님의 가르침을 붙잡고 있다는 것은 여러분의 원수를 사랑하고 그를 위해 기도한다는 뜻입니다. 여러분을 사랑하는 사람만 사랑한다면, 여러분에게 돌아갈 공로가 어디 있겠습니까? 그것은 이방인들도 다 하는 것입니다.

• 예수님의 가르침을 붙잡고 있다는 것은 여러분의 보화와 재물을 이 땅에 쌓지 않고 하늘에 쌓는다는 뜻입니다. 왜

그렇습니까? 여러분의 재물이 있는 바로 그곳에 여러분의
마음도 있기 때문입니다.

- 예수님의 가르침을 붙잡고 있다는 것은 공중의 새와 들판
의 야생화를 삶의 모델로 삼고, 내일을 걱정하지 않는다는
뜻입니다.

너희가 내 가르침을 꼭 붙잡는다면,
너희가 내 가르침 안으로 이사해 들어와서 그 안에 거주한다면,
　　너희는 정말로 내 제자들이다.
　　그러면 너희는 진리를 알게 될 것이고,
　　그 진리가 너희를 자유인이 되게 할 것이다.

이 말씀을 들은 청중은 몹시 기분이 나빴습니다. 기분이 상한 것
입니다. 그렇겠지요! "너희는 자유하지 못하다. 너희는 속박 아래
있는 노예다" 하고 말하는데 기분 좋을 사람이 어디 있겠습니까?
더욱이 자신들이 자유국가를 형성했음을 자랑스럽게 생각하는
국가적 전통을 가졌던 유대인들에게 "너희는 자유롭지 못하다.
너희는 종이나 노예와 같다!" 하고 말하는 것이 얼마나 그들의 자
존심을 상하게 했겠습니까?

자유롭기를 원하지만 자유를 모르는 사람들

"너희는 자유롭지 못해!" 하는 선언에 대해 보통은 아마도 "뭐라고요? 우리가 자유롭지 못하다고요? 자유롭지 못하다는 말이 무슨 뜻입니까?" 하고 대꾸할 것입니다. 우리는 자유를 사랑하는 것이 뼛속 깊이 각인된 사회에 살고 있지 않습니까?

우리는 삶의 모든 영역에서 자유를 누리고 있습니다. 우리는 말의 자유를, 표현의 자유를, 출판의 자유를, 예배의 자유를, 주거의 자유를 누리고 있습니다. 우리는 아침을 한식으로 먹을지 양식으로 먹을지 선택하는 자유를 누리고 있습니다.

그런데 우리가 자유롭지 않다는 말이 무슨 뜻입니까? 아마도 예수님은 "너희가 진짜 내면적으로 자유로운가?" 하고 되물으실 것입니다. 제가 여러분에게 묻습니다. "여러분은 진짜로 내면의 자유를 누리고 있습니까?" 물론 외형적으로는 자유를 누리고 있겠지요. 외적으로 여러분은 하고 싶은 일들을 마음대로 할 수 있는 사회에 살고 있습니다. 교회에 나오고 싶으면 나오고, 나오기 싫으면 나오지 않습니다. 헌금하고 싶으면 하고, 하기 싫으면 안 할 수 있습니다. 그러나 내면적으로 진정한 자유를 누리십니까? 아니지요! 내면적으로 여러분은 하나님에 대해서 자유롭지 않을 것입니다. 친구들과 자유롭고 편안하게 앉아 이야기하는 것처럼, 그렇게 여러분은 하나님과 함께 마음 편하게 지내십니까? 뭔가 거북하고, 꺼림칙하고, 어색하고, 불안하고, 어쩔 줄 몰라 하지 않습니까?

예수님, 아버지를 보고 듣는 유일한 길

그럼에도 우리는 항상 외형적 자유만을 생각합니다. 예수님이 유대인들에게 그들이 자유롭지 못하다고 하셨을 때, 그들은 그 말이 무슨 의미인지 이해하는 데 어려움을 겪었습니다. 그래서 그들은 말했습니다. "우리는 아브라함의 자손입니다. 우리는 한 번도 누구의 종이나 노예가 되어본 적이 없습니다. 그런데 어떻게 당신은 우리가 자유로워야 한다고 말합니까?"

그러자 예수님이 대답하셨습니다. "너희가 아브라함의 자손이라면, 아브라함처럼 행동해야 할 것이 아닌가? 너희는 나를 영접했어야 했다. 너희는 아브라함에게 주신 하나님의 약속이 나를 통해 실현되었다는 것을 알고 나를 받아들였어야 했다." "그러나 오히려 너희는 나를 죽이려 든다. 그러니 너희는 아브라함의 자손일 수가 없다. 너희는 마귀의 자손이다. 악마의 자손이라는 말이다. 마귀는 본성상 살인자다!"

"하나님이 정말로 너희의 아버지였더라면, 너희는 나를 사랑했어야 했다. 왜냐하면 아버지와 나는 하나이기 때문이다!" "너희가 정말로 아버지를 사랑했더라면 나도 사랑했어야 했다. 너희가 나를 미워한다면, 그것은 너희가 아버지도 미워한다는 말이다."

"내가 너희에게 아버지를 보여준 대로 너희가 그분을 보았어야 했다. 그러나 너희는 아버지를 그렇게 보지 않았다. 너희는 내가 풍자화라도 그리는 줄 알았고, 나를 알지 않고도 하나님을 알

생명의 복음

수 있다고 너희는 생각했다. 이것은 보통 일이 아니다. 그것은 마귀의 환상이다. 마귀가 너희를 착각하도록 한 것이다. 너희야말로 지구상에서 가장 큰 거짓말에 희생된 것이다. 나를 떠나서 아버지를 알 수 있다고 말하는 것이 최악의 거짓말이기 때문이다. 그런데 너희가 그런 거짓말에 속아 넘어갔다. 그래도 이런 악마의 속박에서 벗어나는 유일한 길이 있다. 잘 들어봐라.”

- 너희가 내 가르침을 붙잡고 있으면,
- 너희가 내 말을 아버지의 말로 받아들인다면,

　　　너희는 진리를 알게 될 것이고,

　　　진리는 너희를 자유롭게 할 것이다.

그렇습니다. 예수님은 아버지를 보여주는 투명한 슬라이드(transparency)입니다. 예수님을 볼 때 여러분은 예수님을 ‘통해서’ 하나님을 보는 것입니다. 달리 말해, 예수님께 들을 때 여러분은 예수님을 통해서 아버지께 듣는 것입니다.

요한복음은 전체가 이러한 ‘보는 것’(seeing)과 ‘듣는 것’(hearing), 즉 예수님을 통해서 아버지를 ‘보고’ ‘듣는’ 일에 관심을 기울이고 있습니다.

‘보다’와 ‘듣다’는 복음서에서 가장 많이 사용된 동사들입니다. 예수님은 제자들에게 “보는 너희 눈이 복되다. 듣는 너희 귀가 복되다”고 하셨습니다(마 13장). 볼 수 있는 눈, 들을 수 있는 귀를 가진 사람이 복된 사람이라는 것입니다. 하나님을 볼 수 있고 하나님의 말씀을 들을 수 있는 것이야말로 우리가 받을 수 있는 가장 위대한 선물들입니다.

그러나 기억하십시오. 우리는 오직 예수님을 통해서만 하나님을 볼 수 있고 들을 수 있습니다.

- 여러분이 예수님의 가르침을 끝까지 붙잡는다면
- 여러분이 그분의 말씀에 순종한다면

  여러분은 그분의 진짜 제자들입니다.

  여러분은 그분을 진짜로 믿는 것입니다.

- 여러분이 예수님의 말씀에 순종하지 않는다면

  여러분은 그분을 진짜로 믿지 않는 것입니다.

디트리히 본회퍼(Dietrich Bonhoeffer)가 이렇게 말한 적이 있습니다. "[예수님을] 믿는 사람들만 [예수님께] 순종합니다. [예수님께] 순종하는 사람들만 [예수님을] 믿습니다."

순종하는 것과 믿는 것은 동전의 양면과 같습니다. 한쪽 면만 가진 동전은 없습니다. 순종하는 사람만이 믿습니다. 예수님께 순종할 때만 여러분은 그분을 믿고 있는 것입니다.

생명의 복음

믿음, 그리고 순종

예수님을 향해 파도 위를 걸어갔던 베드로를 기억하십니까? 그는 예수님의 말씀에 순종했기 때문에 배에서 내려 파도 위를 걸어서 예수님께 갔습니다. 베드로는 자기가 주도권을 잡고 배에서 뛰어내릴 수 없음을 알았습니다. 그가 했던 첫 번째 행동은 어쩔 줄 몰라 하며 그냥 있는 것이었습니다. 그래서 이렇게 외쳤습니다. "주님, 제가 물 위를 걸어 당신께 가게 해주십시오." 그러자 예수님이 대답하십니다. "그래, 이리로 오라!" 예수님이 먼저 베드로에게 명하셔야 했습니다. 파도 위를 걷는 일은 오직 예수님의 명령에 순종할 때만 할 수 있는 일이기 때문입니다. 그러나 일단 예수님이 베드로에게 명령하시면 다른 길이 없습니다. 오직 그분의 말씀에 순종하는 길 외에, 다른 길이 없습니다. 그는 배를 떠나 예수님께 걸어가야 합니다.

이것이 우리가 있는 위치입니다. 우리가 서야 할 자리가 이곳입니다. 예수님은 우리 모두에게 그분을 따르라고 명하십니다. 우리에게는 다른 선택의 여지가 없습니다. 우리는 그분의 명령에 순종해야 합니다. 순종함으로써 믿음이 생기는 것입니다. 순종하지 않으면 믿을 수 없습니다. 믿음 없이 예수님을 향해 걸어갈 수 없습니다.

예수님의 가르침을 붙잡지 않으면 그분의 제자가 될 수 없습니다. 진리를 알 수 없습니다. 자유인이 될 수 없습니다.

우리 사회가 개인의 자유를 우상처럼 섬기고 받들기 시작하면서 어떤 일들이 일어나고 있습니까? 자율이라는 이름으로 사람들이 자기 소견에 좋을 대로 행동합니다. 모든 종류의 권세와 권위가 부정되고 있습니다. 이혼은 결혼의 옵션이 되어가고 있고, 자유로운 성생활은 젊은이들 사이에서 당연한 것이 되어갑니다. 개인의 자유를 위해서라면 공공의 유익도 별로 중요하지 않습니다. 개인의 성향과 취향이 종교 생활에도 그대로 반영됩니다.

그러나 이렇게 해서 사회가 '자라간다'고 생각하면 큰 오산입니다. 한국에서도 마약과 향락이 급속도로 퍼져 나가고 있습니다. 십대 청소년들의 임신율이 기하급수적으로 높아지고 있습니다. 범람하는 낙태, 성행위를 통해 전염되는 질병들, 파괴되고 있는 수많은 가정과 개인의 삶, 반인륜적인 범죄들과 철저하게 자기중심적인 사람들이 있습니다.

교회 역시 마찬가지입니다. 순종과 믿음은 어디로 사라지고, 열매는 없고 무성한 잎들만 남은 교인과 교회가 있지 않습니까? 무늬만 교회인 곳이 얼마나 많습니까? 우리가 사회적인 삶을 위해 하나님의 명령에 불순종하는 길을 선택한다면, 우리는 자신의 머리 위에 죽음의 길을 내고 있는 것입니다.

예수님이 말씀하십니다.

너희가 나의 가르침을 "씹고 뜯고 먹고 즐긴다면"
너희가 나의 가르침 안으로 이사해 들어와서 산다면

너희가 나의 가르침을 꼭 붙들고 놓지 않는다면

• 너희는 나의 진짜 제자들이다.

그러면 너희는 '참'(진실)을 알게 된 것이다.

너희는 삶의 본질을, 삶의 실체를 알게 될 것이다.

너희는 정말로 잘 산다는 것이 무엇인지 알게 될 것이다.

• 그러면 너희는 진정으로 자유로워질 것이다.

• 그러면 너희는 거치는 게 없이 인생을 활보할 것이다.

• 마침내 너희는 자유인이 될 것이다.

• 죽음도 너희를 어떻게 할 수 없을 것이다.

• 모든 것을 주관하시는 만유의 주님이 너희를 책임 지시고 있음을 알기 때문이다.

진정한 자유는 오직 그리스도의 가르침을 놓지 않는 것과 상관이 있습니다. 그리스도의 가르침에 달라붙어 있는 것과 관계가 있습니다.

참으로 자유를 얻는 길

간척지를 아십니까? 전북의 새만금 간척지를 기억하시지요? 바다를 매워 간척지를 만들고 그 둘레에 돌이나 흙으로 둑을 쌓아 바닷물이 넘치지 못하도록 하는 것입니다. 간척지의 제방(堤防)은 그 안에 사는 사람들에게 자유를 줍니다. 삶을 가능하게 합니다.

여러분이 간척지 안에 산다고 상상해보십시오. 바다의 수위는 지금 여러분이 누워 있는 간척지 안의 집보다 5-6미터 더 높습니다. 그런데 간척지 안에 사는 어떤 사람이 "제방을 없애버려야 할 것 같아. 답답하잖아. 앞이 탁 트여야 할 텐데 제방이 시야를 가로막고 있어. 제방만 없으면 망망대해가 잘 보일 텐데"라고 말한다고 생각해보십시오.

이런 사람이 있다면 우리는 손가락질하며 그를 비난할 것입니다. 바보 같다고, 어리석다고, 미쳤다고 말입니다. 그러나 그럴 자격이 우리에게 있는지 모르겠습니다. 우리는 그 사람보다 더 어리석을지도 모릅니다.

예수님의 가르침은 제방과 같습니다. 둑과 같습니다. 예수님의 가르침은 도덕적 혼란의 바다 한가운데 있는 우리에게 자유의 영역을 만듭니다. 그 안에서 자유를 누리라고 말입니다. 예수님의 가르침은 도덕적 죽음과 파멸에서 우리의 세상을 안전하게 지킵니다.

인생은 우리에게 두 가지 길을 보여주는 지도를 제시합니다. 예수님의 가르침에 순종하든지, 혼란과 혼돈(chaos)의 세력들에 굴복하든지. 여러분은 어떤 길을 선택하시겠습니까?

삶의 모든 것을 다스리는 기본적인 법, 모든 삶을 통제하는 근본적인 법이 여기에 있습니다.

"예수님의 가르침을 붙들면 너희가 살리라!

  생명의 복음

그러면 너희가 진리를 알게 될 것이며,

그 진리가 너희를 자유롭게 하리라."

8 〔목자〕 그리스도, 우리의 목자

1 내가 진실로 진실로 너희에게 이르노니 문을 통하여 양의 우리에 들어가지 아니하고 다른 데로 넘어가는 자는 절도며 강도요 2 문으로 들어가는 이는 양의 목자라 3 문지기는 그를 위하여 문을 열고 양은 그의 음성을 듣나니 그가 자기 양의 이름을 각각 불러 인도하여 내느니라 4 자기 양을 다 내놓은 후에 앞서 가면 양들이 그의 음성을 아는 고로 따라오되 5 타인의 음성은 알지 못하는 고로 타인을 따르지 아니하고 도리어 도망하느니라 6 예수께서 이 비유로 그들에게 말씀하셨으나 그들은 그가 하신 말씀이 무엇인지 알지 못하니라

7 그러므로 예수께서 다시 이르시되 내가 진실로 진실로 너희에게 말하노니 나는 양의 문이라 8 나보다 먼저 온 자는 다 절도요 강도니 양들이 듣지 아니하였느니라 9 내가 문이니 누구든지 나로 말미암아 들어가면 구원을 받고 또는 들어가며 나오며 꼴을 얻으리라 10 도둑이 오는 것은 도둑질하고 죽이고 멸망시키려는 것뿐이요 내가 온 것은 양으로 생명을 얻게 하고 더 풍성히 얻게 하려는 것이라 11 나는 선한 목자라 선한 목자는 양들을 위하여 목숨을 버리거니와 12 삯꾼은 목자가 아니요 양도 제 양이 아니라 이리가 오는 것을 보면 양을 버리고 달아나나니 이리가 양을 물어 가고 또 헤치느니라 13 달아나는 것은 그가 삯꾼인 까닭에 양을 돌보지 아니함이나 14 나는 선한 목자라 나는 내 양을 알고 양도 나를 아는 것이 15 아버지께서 나를 아시고 내가 아버지를 아는 것 같으니 나는 양을 위하여 목숨을 버리노라

목자 이미지

"그리스도는 착한 목자시며, 우리는 그의 양들입니다." 이 선언에 대해 우리는 하품을 간신히 참으며 "그렇습니다. 맞는 말입니다!"라고 시큰둥하게 대답합니다. 너무 흔하고 친숙한 말이기 때문입니다. '목자와 양'의 이미지가 우리에게 충격적이지 않고 그렇다

고 깊은 감동을 주지도 않는다는 말입니다.

특히 도시에 사는 현대인들에게 '목자'라는 용어는 피부에 와 닿지 않습니다. 목자는 기껏해야 성탄절 성극에 잠시 출연할 뿐입니다. '양들'은 어떤가요? 양들 역시 마찬가지입니다. 동물원에나 가야 몇 마리를 볼 수 있는 정도입니다. 가끔 소리를 질러서 그렇지, 양도 역시 조용한 동물입니다. 시키는 대로 하는 동물입니다. 어찌 보면 생각 없이 사는 동물입니다. 다른 짐승들처럼 앞장서서 길을 인도하는 역할은 못하고 언제나 누군가를 따라갑니다. 제대로 따라가지 못하면 양몰이 개(셰퍼드)가 이리저리 따라다니면서 줄을 세우고 앞으로 몰아갑니다.

목자와 양에 관한 상징은 현대인들에게 더 이상 공감을 주거나 감동을 불러일으키지 않습니다. 그러나 우리와는 달리 예수님 당시 이스라엘 사람들은 목자와 양을 보고 들으면서 자랐습니다. 그들이 잘 아는 일상 속에 있는 익숙하고도 생생한 경험이라는 말입니다. 초기 그리스도인들도 역시 마찬가지로 유목민의 삶을 살거나 양을 치는 문화에 익숙했습니다. 그에 비해 현대인들에게 목자와 양에 관한 상징은 별다른 감흥을 일으키지 않습니다. 이런 차이 때문에, 우리가 본문의 메시지를 잘 이해하기 위해서는 몇 가지 사전(事前)적 이해가 필요합니다.

구약성경에서 하나님은 이스라엘의 목자로 불렸습니다. 자기 백성을 양 떼처럼 인도하시는 분(시 80:1), 푸른 초원과 잔잔한 물가로 인도하시는 분(시 23장)으로 불렸습니다.

그러나 이런 목자의 모습이 그저 시적 표현으로만 사용된 것은 아닙니다. 하나님은 실제로 그런 분이었습니다. 야곱은 임종의 때에 "하나님은 내 평생 나의 목자였다"고 말했습니다(창 48장). 후에 야곱의 후손들이 애굽에서 노예 생활을 하고 있을 때 야웨 하나님은 그들을 양들처럼 애굽에서 인도해내시고, 광야를 지날 때도 그들을 양 떼처럼 이끌어가셨습니다(시 78장).

이스라엘의 왕들 역시 일차적으로 목자의 역할을 했고, 그 후에야 왕일 수 있었습니다. 그들은 목자가 그의 양 떼들을 인도하고 먹이듯이 그렇게 자기들의 백성을 먹이고 인도하고 이끌어야 했습니다.

만일 그렇게 하지 않으면 하나님이 분노하셨습니다. 왕들이 목자가 아니라 삯꾼처럼 행동한다면 가만히 놔두지 않겠다고 말씀하신 분은 하나님이었습니다. 우리는 예언자 스가랴의 말에서 하나님의 분노를 느낄 수 있습니다. "양 떼를 버린 못된 목자에게 재앙과 화가 있을 것이로다! 칼이 그의 팔과 오른쪽 눈에 내리리니, 그의 팔이 아주 마르고 그의 오른쪽 눈이 아주 멀어 버릴 것이라"(11:17).

신약성경에서 예수님은 목자로 가장 많이 묘사되고 있습니다.

- 예수님은 자신을 이스라엘 집의 잃어버린 양들에게 보냄을 받은 자로 여기셨습니다(마 15:24).
- 예수님은 하나님이 하나님 나라를 그의 양들에게 주시려고 자신을 보내셨다고 하셨습니다(눅 12:32).

- 예수님은 제자들을 '목자들'이라고 여기셨습니다. 베드로에게 하신 말씀을 기억해보십시오. "내 양들을 먹이라. 내 양들을 치라"(요 21:15, 16, 17).

훗날 베드로는 어느 교회의 장로들에게 이런 편지를 보냈습니다.

너희 중에 있는 하나님의 양 무리를 치되, 억지로 하지 말고 하나님의 뜻을 따라 자원함으로 하며, 더러운 이득을 위하여 하지 말고 기꺼이 하며, 맡은 자들에게 주장하는 자세를 하지 말고 양 무리의 본이 되라. 그리하면 목자장이 나타나실 때에 시들지 아니하는 영광의 관을 얻으리라(벧전 5:2-4).

이처럼 성경의 언어는 목자 이미지로 가득합니다. 그러나 목자 이미지를 오늘의 본문보다 더 아름다고 멋있게 보여주는 곳은 없을 것입니다.

내가 진실로 진실로 너희에게 이르노니, 문을 통하여 양의 우리에 들어가지 아니하고 다른 데로 넘어가는 자는 절도며 강도요, 문으로 들어가는 이는 양의 목자라. 문지기는 그를 위하여 문을 열고 양은 그의 음성을 듣나니, 그가 자기 양의 이름을 각각 불러 인도하여 내느니라. 자기 양을 다 내놓은 후에 앞서 가면, 양들이 그의 음성을 아는 고로 따라오되.

예수님은 자기 양들을 부르실 때 언제나 양의 이름을 부르십니다. 당시 팔레스타인의 목자들이 양들을 부를 때 이름으로 부른 것과 같습니다. "흰코야, 어떻게 이렇게 말랐니? 요즘 잘 먹지 않는구나." "검둥아, 너는 왜 항상 뒤처지니? 언제나 맨 꼴찌네." "순둥아, 귀가 왜 이렇게 멍들었니? 어디서 다쳤니?"

예수님은 이렇게 친밀하게 우리를 아십니다. 그분은 우리가 왜 투덜대는지 아십니다. 그분은 우리가 무엇 때문에 기분이 들쭉날쭉 하는지 아십니다. 그분은 우리가 무엇을 찾아 이리저리 헤매는지 아십니다. 그분은 우리가 무엇 때문에 괴로워하는지 아십니다. 그분은 우리의 멍든 상처를 아십니다. 그분은 왜 우리의 심령이 쇠약해지는지 아십니다.

예수님은 시편 기자가 하나님께 고백하던 기도를 아십니다. 시편 기자는 이렇게 하나님께 고백했습니다.

여호와여, 주께서 나를 살펴보셨으므로 나를 아시나이다.

주께서 내가 앉고 일어섬을 아시고

멀리서도 나의 생각을 밝히 아시며

나의 모든 길과 내가 눕는 것을 살펴보셨으므로

나의 모든 행위를 익히 아시오니

여호와여, 내 혀의 말을 알지 못하시는 것이 하나도 없으시니이다

(시 139:1-4).

"나는 선한 목자다. 나는 내 양을 안다"고 예수님이 말씀하십니다.

우리를 아시는 예수님: 복음의 핵심

우리 그리스도인의 신앙은 이러한 확증으로 시작합니다. 예수님이 말씀하신 "나는 선한 목자다. 나는 내 양을 안다"는 확증이 우리 신앙의 출발점입니다. 다시 말해, 우리가 예수님을 안다고 말하는 확증이 아닙니다. 이런 확증은 나중에 오는 것입니다. 우리의 확증은 "예수님이 우리를 아십니다!"에서 시작됩니다. 이 말의 뜻은 우리가 누구인지, 우리가 어떤 형편에 있는지, 우리가 무엇을 생각하고 있는지, 우리가 무엇 때문에 괴로워하고 있는지, 우리가 무엇을 갈망하고 있는지, 우리가 무엇 때문에 상처를 입었는지, 우리가 지금 어디에 있는지 예수님이 아신다는 것입니다. "예수님이 우리를 아십니다!" 이것이 신앙의 핵심이며 출발점입니다.

예수님이 우리를 아신다는 사실에 대해 요한복음은 여러 가지 예를 들어 말합니다.

[나다나엘] 어느 날 예수님은 나다나엘이 자기에게 오는 것을 보시고 그를 가리켜 "보라! 이는 참으로 이스라엘 사람이라. 그 속에 간사한 것이 없도다"라고 말씀하셨습니다. 놀란 나다나엘이 "어떻게 나를 아시나이까?" 하고 물었습니다. 그

생명의 복음

러자 예수님이 대답하셨습니다. "빌립이 너를 부르기 전에 네가 무화과나무 아래에 있을 때에 보았다"(요 1:47-48). 그렇습니다. 예수님은 자기 양을 알고 계십니다.

[사마리아 여인] 사마리아 여인에 관한 이야기를 들어보십시오. 예수님은 그녀에게 남편을 불러오라고 하셨습니다. 그녀는 남편이 없다고 말했습니다. 그러자 예수님은 "그래, 남편이 없다고 말하는 네 말이 맞다. 그러나 너에게는 남편이 5명이 있었지? 지금 함께 사는 사람도 네 남편이 아니지?" 하고 물으셨습니다. 그렇습니다. 예수님은 자기 양을 알고 계십니다.

[베드로] 베드로 이야기를 기억해보십시오. 예수님이 베드로에게 "요한의 아들 시몬아, 네가 나를 사랑하느냐?" 하고 물으십니다. 베드로가 대답합니다. "주님, 주님께서 모든 것을 아십니다. 제가 주님을 사랑하고 있다는 것을 주님이 아십니다." 그렇습니다. 예수님은 자기 양을 알고 계십니다.

그분은 우리 각 사람을 알고 계십니다. 그분은 우리 가운데 누가 길을 잃었는지, 누가 곁길로 나가고 있는지, 누가 상처를 입었는지, 누가 병들었는지 모두 아십니다. 다음은 예수님과 우리 사이에 있는 가상 대화입니다.

찾을 때까지

예수님: 나는 선한 목자야. 나는 내 양을 알아.

우리: 선한 목자님, 어디로 가시는 거예요?

예수님: 방황하는 내 양을 찾으러 간다.

우리: 어디까지 가시는데요? 얼마나 멀리 가시는데요?

예수님: 내 양이 있는 데까지 가지.

우리: 그곳이 어딘데요?

예수님: 이 세상 끝까지야!

우리: 언제까지 그렇게 하실 건가요?

예수님: 찾을 때까지.

우리: 찾으신다면 그 양이 주님께로 올까요?

예수님: 아니, 내게서 도망할걸!

우리: 어디로 도망을 가는데요?

예수님: 바위나 모래가 있는 곳으로!

우리: 그럼, 언제 멈출까요?

예수님: 더 이상 도망할 힘이 없어질 때 멈추겠지!

우리: 그러면 그를 어떻게 하시겠어요?

예수님: 등에 업고 집으로 와야겠지!

이것이 '좋은 소식'(복음)입니다. 예수님이 항상 우리에게서 눈을 떼지 않으심을 의미하기 때문입니다. 이보다 더 좋은 소식이 어

                                                   생명의 복음

디에 있겠습니까? 이 복음을 기억하십시오.

이름을 부르시는 예수님

자기 양들을 부를 때 예수님은 이름으로 부르십니다. 이 소박하고 단순한 말속에서 '좋은 소식'을 그냥 지나쳐버리지 않도록 잘 헤아려 들으십시오. 그분이 우리를 부르실 때 우리의 '이름'을 부르시기 때문입니다. 불행하게도 현대인들은 수치화되어 있습니다. 인격성이 제거된 물품들처럼, 우리는 자주 수치화된 채 취급됩니다.

우리의 정체성은 우리가 가진 번호와 숫자들 속에 들어 있습니다. 우리가 누구인지 알려면 우리의 전화번호, 계좌번호, 운전면허증 번호, 주민등록번호, 신용카드 번호를 알면 됩니다. 그러면 우리의 신분이 금방 드러납니다. '이름'과 '얼굴'이 있는 인간이 이제는 숫자로, 분류 방식으로, 추상적인 번호로 축소된 것입니다. 하기야 숫자나 신분이나 추상적인 번호를 미워하고 욕하는 것이 이름을 가진 사람을 미워하고 욕하는 것보다는 훨씬 쉬울 것입니다!

영화 "쉰들러 리스트"(*Schindler's List*)의 끝 부분에 보면, 체코슬로바키아에 있는 오스카 쉰들러의 군수품 제조 공장으로 가야 하는 일군의 유대인 여성들이 서류상의 실수로 아우슈비츠에 있는 포로수용소로 보내지게 됩니다. 그때 자비와 긍휼의 천사로 변화된 독일인 기업가 쉰들러가 등장합니다. 그는 노동자 중 다만 몇이라도 죽음의 현장에서 구출하려고 애씁니다. 뇌물을 주어서라도 그들을 빼내려 하지만 독일 나치의 친위대(Schutzstaffel) 장교에 거절당합니다. 헝가리에서 곧 가축 열차가 도착하는데, 그 안에 실려 있는 다른 죄수들을 대신 데려가라는 것입니다. 나치 친위대 장교가 이렇게 말하는 장면이 나옵니다. "여보시오, 당신이 굳이 그렇게 '이름'들에 집착할 필요는 없지 않소?" 꼭 당신이 거명한 이름들만을 고집할 필요는 없지 않느냐는 말이었습니다. 그냥 대충 비슷한 수의 사람들을 데려가면 되지 않느냐는 것입니다.

"쉰들러 리스트"는 '이름의 힘'이 얼마나 큰지에 대해 반복해서 외칩니다. 이 영화는 쉰들러의 명단에 들어 있는 1,200명의 유대인 이름들, 다시 말해 쉰들러가 끝까지 싸워 죽음을 면하게 된 1,200명의 유대인 이름들을 우리에게 상기시킵니다.

전몰자 기념비에 쓰인 죽은 자들의 이름을 불러보십시오. 얼마 전 천안함 침몰로 세상을 떠난 비운의 장병들 이름을 불러보십시오. 소름 끼치는 경험이 될 것입니다. 이름을 부른다는 것이 얼마나 강력한 힘을 가지는지 알게 될 것입니다.

이 영화는 죽은 사람들의 이름과 생존한 몇몇 사람들의 이름을 반복해서 우리에게 상기시켜주고 감동적인 헌사로 끝을 맺습니다. 쉰들러가 대학살에서 생존하게 한 유대인들과 그 후손 약 6,000명이 쉰들러에게 헌사를 바치며 예루살렘에 있는 쉰들러의 무덤 앞에 모여 쉰들러를 기억하는 장면입니다. 이 장면과 함께

생명의 복음

화면 위에는 그들의 이름이 소리 없이 지나갑니다. 이름! 이름을 부른다는 것이 어떤 힘이 있는지 보여주는 절정의 순간입니다.

예수님은 자기 양들을 이름으로 부르십니다. 우리는 그분의 명단에 있습니다. '쉰들러의 명단'처럼, '예수님의 명단'에 말입니다. 예수님은 자기 양들을 이름으로 불러 인도해내십니다. 자기에게 속한 모든 자를 불러낸 후에 그들 앞서 가시면서 그들을 인도하십니다.

앞서 가시는 예수님

미래! 우리는 미래에 대해 말할 때마다 걱정이 앞섭니다. 미래가 어떻게 될지 모르기 때문입니다. 여러분과 저의 삶이 어떻게 전개될지, 앞으로 무슨 일을 만나게 될지 모르기 때문입니다. 그래서 우리는 '불확실한 미래'에 대해 말합니다. 우리는 앞을 모릅니다. 앞에 있는 것을 볼 수 없기 때문입니다.

그러나 우리가 읽은 복음서 이야기가 정말로 맞다면, 달리 말해 목자이신 예수님이 우리 앞에 앞서 가고 계시다면, 우리가 걸어가는 미래는 이미 그리스도의 임재와 현존으로 채워져 있는 것입니다. 앞으로 우리가 만나게 될 모든 환경에서 그분의 신실하신 사랑과 변치 않는 친절하심이 우리를 기다리고 있다는 것입니다. 그러므로 미래는 결코 공허하지 않습니다. 미래는 우리가 채워야 할 공백이 아닙니다. 미래는 이미 그리스도의 현존과 임재로 채워져 있습니다. 이것이 복음이며, 좋은 소식이며, 기쁜 소식입니다. 이것을 알게 되면 우리의 삶에 엄청난 차이가 생길 것입니다.

대부분 사람들은 삶을 종이 위에 그려진 하나의 수평선(線)이라 생각하며 삽니다. 그들은 종이 위에 수평선 하나를 그립니다. 이 선은 인간이 살아가는 순례의 삶을 상징합니다. 그리고 그 수평선 위에 여러 개의 수직선이 교차하게 그려넣습니다. 이 수직선들은 하나님이 그들의 삶에 개입하신 것을 표현합니다.

그리고 말합니다. "여기 보세요. 이 교차 지점 말입니다. 여기가 바로 제가 하나님을 만났던 곳입니다!" "여기 보세요. 이 교차점이 보이시죠? 이때 제가 예수 그리스도를 영접했습니다!" "여기 이곳은 하나님이 제게 말씀하셨던 때입니다!" "여기에 하나님이 저를 꽉 붙잡으셨던 때가 표시되어 있습니다!"

물론 이분들이 말씀하신 것이 틀린 말은 아닙니다. 맞는 말입니다. 그러나 온전한 진실은 아닙니다. 여러분의 삶의 이야기가 종이 위에 그린 수평선과 같다고 했습니다. 그렇다면 하나님은 다른 선(線)인가요? 수직선이 하나님인가요? 수평적인 삶은 여러분 자신의 삶이고, 하나님이 여러분의 수평적인 삶에 가로질러 들어오신다는 이야기인가요? 간혹 긴급하게 하나님이 필요할 때, 혹은 하나님이 긴급하게 여러분의 삶에 개입하실 필요가 있을 때 말입니다. 그렇지 않습니다. 하나님은 또 다른 선이 아닙니다. 하나님은 교차하는 수직선도 아닙니다. 하나님은 종이 자체입니다.

우리는 그 위에 수평선을 그리는 것입니다. 하나님은 우리의 삶이라는 수평선을 그리는 종이 그 자체입니다.

하나님은 모든 지점에서, 모든 순간에서, 모든 상황에서 우리를 둘러 감싸고 계십니다. 하나님이 계시지 않은 곳은 없습니다. 우리 삶에서 그분의 선하심과 자비가 손닿지 않는 곳은 단 한군데도 없습니다. 하나님의 선하심과 인자하심이 우리 평생에 우리를 따를 것입니다. 우리의 순례가 그리는 선이 그분의 종이 위에 그려지고 있기 때문입니다.

하나님은 우리의 지나간 과거를 용서하셨을 뿐 아니라, 지금도 우리와 함께하십니다. 그런 하나님이 자신의 선하심과 신실하심으로 가득 채워져 있는 미래로 우리를 이끌어가실 것입니다. 이것이 복음입니다. 좋은 소식입니다. 그분이 이끌어가시는 삶입니다.

신앙 공동체 안에 계신 여러분! 그러므로 미래에 대해 걱정하고 염려할 때, 앞으로 어떻게 될까, 무슨 일이 일어날까 하며 두려워할 때마다 이 사실을 기억하십시오. 예수님이 우리 앞서 가셨습니다! 주님이 우리의 미래를 준비하시려고 먼저 앞서 가셨다는 사실을 생각하면 삶에 대한 우리의 태도는 완전히 달라질 것입니다. 심지어 죽음 앞에서도 그럴 것입니다. 왜냐하면 그분은 우리의 영원한 집을 준비하기 위해 앞서 가셨기 때문입니다. 이 얼마나 큰 위로와 힘이 되는 사실입니까!

저는 여러분이 처해 있는 특정한 상황과 문제에 대해 잘 알지 못합니다. 여러분이 어떤 문제로 걱정하고 있는지 저는 모릅니다. 그것이 건강 문제인지, 자녀 문제인지, 직장 문제인지, 사업 문제인지, 결혼 문제인지, 인간관계의 문제인지 저는 잘 모릅니다. 그러나 한 가지는 분명히 알고 있습니다. 여러분의 미래는 결코 공허하지 않다는 사실입니다. 예수님이 여러분보다 먼저 앞서 가시기 때문입니다.

중동 지방에서 목자가 해야 할 일차적 임무는 자기 양 떼보다 앞서 가는 것입니다. 자기 양 떼보다 앞서 풀을 뜯을 수 있는 넓은 초원을 살피고, 독초들을 제거하고, 양들의 혀와 입술에 상처를 내는 가시덤불을 잘라내며, 뱀과 전갈의 둥지를 없애버리는 것입니다.

선한 목자이신 예수님은 이렇게 우리의 미래를 준비하고 계십니다. 이런 일을 하고 계신 주님의 선하심과 인자하심이 정녕히 우리가 사는 날 동안 우리를 따를 것입니다.

당신의 양들에게 선한 목자가 되신 주님, 양들을 보살피시고 보호하시는 그 사랑 때문에 당신의 자녀들이 생애의 마지막 순간까지 걸을 수 있습니다. 착한 목자시여, 당신이 바로 우리가 걸어가야 할 길입니다. 우리가 그 길로만 따라가게 하소서. 우리가 날마다 당신의 발자취를 따라가도록 인도하여 주소서. 아멘.

  생명의 복음

9 〔기회〕 정글 속의 야수

1 유월절 엿새 전에 예수께서 베다니에 이르시니 이 곳은 예수께서 죽은 자 가운데서 살리신 나사로가 있는 곳이라 2 거기서 예수를 위하여 잔치할새 마르다는 일을 하고 나사로는 예수와 함께 앉은 자 중에 있더라 3 마리아는 지극히 비싼 향유 곧 순전한 나드 한 근을 가져다가 예수의 발에 붓고 자기 머리털로 그의 발을 닦으니 향유 냄새가 집에 가득하더라 4 제자 중 하나로서 예수를 잡아 줄 가룟 유다가 말하되 5 이 향유를 어찌하여 삼백 데나리온에 팔아 가난한 자들에게 주지 아니하였느냐 하니 6 이렇게 말함은 가난한 자들을 생각함이 아니요 그는 도둑이라 돈궤를 맡고 거기 넣는 것을 훔쳐 감이러라 7 예수께서 이르시되 그를 가만 두어 나의 장례할 날을 위하여 그것을 간직하게 하라 8 가난한 자들은 항상 너희와 함께 있거니와 나는 항상 있지 아니하리라 하시니라

38 아리마대 사람 요셉은 예수의 제자이나 유대인이 두려워 그것을 숨기더니 이 일 후에 빌라도에게 예수의 시체를 가져가기를 구하매 빌라도가 허락하는지라 이에 가서 예수의 시체를 가져가니라 39 일찍이 예수께 밤에 찾아왔던 니고데모도 몰약과 침향 섞은 것을 백 리트라쯤 가지고 온지라 40 이에 예수의 시체를 가져다가 유대인의 장례 법대로 그 향품과 함께 세마포로 쌌더라

『정글 속의 야수』(*The Beast in the Jungle*)는 미국의 소설가 헨리 제임스(Henry James, 1843-1916)가 쓴 단편소설의 제목입니다. 이 소설은 앞으로 다가올 위대한 순간을 위해 자신의 온 생애를 바쳐 기다렸던 한 남자에 관한 이야기입니다. 그러나 막상 그 순간이 왔을 때 그는 그것을 인식하지 못합니다. 한참 후에야 그는 그 위대한 순간이 자신에게 왔었다는 것을 깨닫게 됩니다.

　　주인공 존 마쳐(John Marcher)는 '섭리'라는 것이 자신을 위해 매우 독특한 몇 가지 운명적 사건들을 만들 것이라고 굳게 믿습니다. 물론 그는 그 운명이 좋은 것인지 나쁜 것인지 알지 못했습니다. 그가 알고 있는 것은 언젠가 그 운명적 사건이 자신에게 닥치리라는 것이었습니다. 그래서 그는 이 유별난 운명을 가리켜 '정글 속의 야수'라고 불렀습니다.

　　그는 자신이 갖고 있는 이러한 예감을 아무에게도 말하지 않고 오직 한 사람에게만 말하는데, 메이 바트램(May Bartram)이라는 여자입니다. 이 여자는 마쳐가 이탈리아를 여행하는 도중에 만났고, 우연히 10년 후에 다시 만나게 된 여자입니다. 마쳐의 말을 들은 바트램은 그에게 깊은 관심을 갖게 되고 서로 친구가 됩니다. 그리고 존 마쳐의 독특한 운명이 어떻게 전개될지 함께 기다리고 관찰하기로 약속했습니다. 그렇게 약속하고 난 후에 자연스레 서로를 보는 시간이 많아졌습니다. 그리고 함께 사회생활도 하기 시작했습니다. 그러나 그들의 주된 관심사는 '정글 속의 야수'에 관한 것이었습니다.

　　그들은 매우 궁금했습니다. 이 야수가 어떻게 생겼을까? 야수가 오면 알아차릴 수 있을까? 야수는 행운일까, 아니면 불행일까? 죽음을 의미하는 것일까, 아니면 생명을 의미하는 것일까?

　　여러 달이 흘렀습니다. 그러나 아무 일도 일어나지 않았습니다. 다시 몇 해가 흘렀습니다. 그러나 아무 일도 일어나지 않았습니다. 이렇게 해서 메이 바트램은 '정글 속에서 뛰어나올 야수'를 기다리는 데 그녀의 생애 전부를 보내게 됩니다.

그러나 존 마쳐는 그녀가 온 생애를 바쳐 자신을 위해 헌신하고 있다는 생각을 하지 못합니다. 기껏해야 '만일 저 여자가 없었다면 내가 무슨 일을 할 수 있단 말인가? 그녀는 내게 너무도 유용한 여자야' 하는 생각 정도였습니다.

그러던 어느 날 갑자기 사건이 급진전합니다. 메이 바트램이 불치병에 걸려 건강이 급격하게 나빠집니다. 그러나 그런 것에는 별로 관심이 없었던지, 존 마쳐는 어느 날 그녀에게 '정글 속의 야수'에 대해 좀더 이야기해보라고 부탁합니다. 그러자 그녀는 그에게 말합니다. "아직도 너무 늦지는 않았어요."

그제야 존 마쳐는 희미하게나마 무엇인가를 깨닫습니다. 그녀가 그에게 단순한 우정 이상의 것을 건네고 있다는 사실을 깨달은 것입니다. 그러나 그 순간이 지나가도 그에게 아무런 일도 일어나지 않습니다.

다음에 그가 그녀를 만났을 때, 그녀는 분노로 가득 차 보였습니다. 그녀는 그들이 함께 그렇게도 기다려왔던 그 위대한 것이 드디어 왔다고 말했습니다.

그녀가 말합니다. "야수가 왔습니다. 그 야수가 당신을 만졌습니다. 야수가 와서 할 일을 다 했지만, 당신은 그것을 인식하지 못했습니다."

"아니, 내가 알지 못한 사이에 왔다고?" 그가 되묻습니다.

"그래요, 당신이 알지 못하는 사이에 왔어요."

이것이 그들의 마지막 대화였습니다. 그리고 얼마 지나지 않아 메이 바트램은 죽습니다.

일 년이 지났습니다. 그동안 존 마쳐는 그녀의 무덤에 종종 찾아가곤 했습니다. 묘지에 찾아갔던 어느 날, 그는 슬픔으로 얼굴이 몹시 상한 사람을 보게 됩니다. 그가 자신의 온 마음을 다해 사랑했던 사람이었습니다. 바로 그 순간 한줄기 빛이 비쳤습니다. 순식간에 섬광처럼 무엇인가 그의 마음을 환하게 비추기 시작한 것입니다. 그리고 자기 인생의 가장 큰 비극이 드러나기 시작했습니다. 그는 인생의 가장 위대한 순간을 상실하고 살았음을 깨달았습니다. 왜냐고요? 그는 자기 자신만을 사랑했기 때문입니다. 존 마쳐는 자신을 사랑하는데 집중하느라, 삶의 위대한 순간을 모두 놓쳤습니다.

예수님보다 더

또 한 사람이 있습니다. 젊은 사람으로 부자였고, 또한 사회적 지위가 높았던 한 관원입니다. 예수님이 그 젊은 관원에게 "이리 와서 나를 따르라!" 하고 말씀하셨을 때, 그는 자신의 삶을 예수님께 헌신하기를 거절했습니다. 그의 인생에서 가장 위대한 순간을 놓치게 된 것입니다. 왜 그렇게 됐습니까?

그는 예수님보다 스포츠를 더 사랑했기 때문입니다.

• 스포츠가 그의 삶에서 진정한 열정의 대상이었기 때문입니다. 그는 예수님보다 지위를 더 사랑했기 때문입니다.

• 지위가 그의 삶에서 진정한 열정의 대상이었기 때문입니다. 그는 예수님보다 휴가를 더 사랑했기 때문입니다.

• 휴가가 그의 삶에서 진정한 열정의 대상이었기 때문입니다. 그는 예수님보다 재물을 더 사랑했기 때문입니다.

• 재물이 그의 삶에서 진정한 열정의 대상이었기 때문입니다. 그는 예수님보다 명예를 더 사랑했기 때문입니다.

• 명예가 그의 삶에서 진정한 열정의 대상이었기 때문입니다.

그것들이 그가 사는 목적이 될 정도로 미치도록 좋아했던 것, 그의 가장 좋은 시간을 바쳤던 제단(祭壇), 그의 온 마음을 다해 섬겼던 신(神)이었기 때문입니다.

"정글 속의 야수"에 대한 헨리 제임스의 이야기는 일종의 '비유'(比喩, parable)입니다. 이 비유는 위대한 순간이 올 때 그것을 놓쳤던 수많은 사람의 인생에서 수천수만 번씩 반복됐습니다. 수많은 세월이 흐른 후에야 이미 야수가 왔었다는 것을 깨닫습니다. 인생이 그 영광스러운 자태를 모두 잃어버렸다는 것을 인식하게 됩니다. 수동적으로 기다리고 있다가, 아니면 사랑하지 못하고 있다가 인생이 얼마나 비참하게 되는지 알게 됩니다.

스티븐 빈센트 베넷(Stephen Vincent Benet, 1898-1943)이 이 사실을 다음과 같이 잘 표현했습니다.

인생은 죽음 때문에 상실되는 것이 아닙니다.

인생은 1분씩 1분씩,

하루씩 하루씩 사라져갑니다.

수천수만 가지의 사소하고 무정(無情)함들 때문에 그렇게 상실됩니다.

하나님은 참으로 우리를 불쌍히 여기십니다.

우리가 인간이기 때문입니다.

그러나 환상이 올 때, 찬란한 변화가 올 때,

우리가 그것을 항상 보는 것은 아닙니다.

그리고 그것을 보더라도 우리는 따라가지 않습니다.

왜냐하면 그것은 매우 어렵고

이상하고

새롭고

믿을 수 없을 만큼 놀랍고

힘들기 때문입니다.

일반적인 쉬운 방식으로는 극복하기 어렵기 때문입니다.

베넷의 말은 문제의 본질을 분명히 보여줍니다. "정글 속의 야수는 죽음이 아니다! 생명(인생)은 결코 죽음에 의해 상실되지 않는다! 인생은 수동적이고 이기적인 기다림 가운데서 상실된다!"

수동적으로 기다리고 있는 사람들을 무엇에 비유할까요? 그들은 마치 해변에 앉아서 조수(潮水, tide)가 들어와 발이 적셔지기를 바라는 사람과 같습니다. 바닷물에 발을 담그려면 어떻게 해

야 합니까? 물속으로, 다가오는 파도 속으로 풍덩 뛰어들어가야
하지 않습니까? 밀려들어 오는 파도를 그냥 쳐다보는 사람이 아
니라 물속으로 뛰어들어가는 사람이 되어야 합니다.

두 부류의 사람

오늘 우리가 읽은 성경 본문에도 그런 부류의 사람이 등장합니
다. 두 종류의 사람이 소개되는데, 하나는 기다리고 쳐다보는 사
람, 또 다른 하나는 뛰어들어가는 사람입니다.

아리마대 요셉은 밀물을 쳐다보고 있는 사람의 좋은 예입니
다. 성경은 그가 예수님의 제자지만 그 사실을 비밀로 숨긴 사람이
었다고 기록하고 있습니다. 유대인들이 두려웠기 때문입니다.

부자이면서 매우 영향력 있는 사람이었던 아리마대 요셉은
한 번도 적극적으로 예수님을 따르는 자들의 '교제' 속으로 들어
가본 일이 없었습니다. 그는 유력한 사회적 지위라는 높고 안전
한 자리에 앉아서 '하나님 나라를 쳐다보고 있었던 것'입니다.

그 당시 다른 헌신적이고 경건한 유대인들처럼, 요셉도 언젠
가 위대한 사건이 일어날 것이라고 기대했습니다. 정글 속에서
야수가 나올 것이라고 기대했습니다.

안전하고 높은 자리, 해변에서 멀리 떨어진 마른 전망대 위에
서 그는 하나님 나라의 소식이 밀물처럼 그에게 이르기만 기다리
고 있었습니다. 그는 결코 자신을 드러내어 예수님께 가본 일이

없습니다. 물속으로 뛰어들어가듯 적극적으로 제자의 길로 첨벙 뛰어든 일이 없었습니다.

모든 것이 다 지나고 난 후, 그제서야 예수님의 시신을 찾았습니다. 마치 옛 친구를 한 번 찾아가 봐야지 하고 생각만 하다가, 그의 부음(訃音)을 접한 후에야 안타까워하는 사람과 같습니다. 요셉은 예수님의 사역에 함께 참여하지 못했습니다. 제자도가 주는 온갖 즐거움과 고통을 놓쳐버렸습니다. 모든 것이 다 끝난 후에야 나타나서 예수님의 시신을 가져가겠다고 했습니다.

오늘날의 교회도 이러한 아리마대 요셉과 같은 사람들로 가득 차 있습니다. 놀라운 일이 좀 일어났으면 좋겠다고 바라는 사람, 해변에 멀찍이 앉아서 종교적으로 즐겁고 흥분되는 일을 기다리는 사람, 그러나 그 안으로 뛰어들어 스스로 그중에 하나가 되려고 하지는 않는 사람, 마리아를 따라 그 속으로 뛰어들지 않는 사람 말입니다.

마리아가 누구입니까? 마리아는 아리마대 요셉과 정반대의 사람입니다. 위대한 순간이 왔을 때 그녀는 그것을 인식했습니다. 결코 놓치지 않았습니다. 그녀는 값비싼 향유 한 근을 가져왔습니다. 아라비아에서 나오는 희귀한 식물에서 채취한 향유입니다. 그것도 옥합에 담은 향유였습니다. 깨지기 쉬운, 그러나 빛처럼 투명한 옥합 속에 담겨진 향유였습니다.

마리아는 향유가 담긴 병을 깨뜨렸습니다. 그리고 예수님의 발 위에 그 향유를 부었습니다. 몇 방울 정도만으로도 충분했을 텐데, 그녀는 모두 쏟았습니다. 진한 향유의 냄새가 온 집안에 진동했습니다. 사랑과 헌신이란 향기가 온 집에 가득했다고 하는 편이 더 나을 것입니다.

이것이 바로 밀물에 뛰어드는 행동입니다. 그리고 이러한 행동은 조수가 들어오는 것을 쳐다만 보고 있는 사람들로부터 심한 반발을 샀습니다. 유다가 이런 사람들 모두를 대신해서 말합니다. "왜 이 향유를 팔아 가난한 사람들에게 주지 않았는가?" "노동자가 일 년 일해야 벌 수 있는 돈을 잠깐 있다가 사라져버릴 향수 따위에 낭비하는가?"

만일 유다가 시편 41:1을 인용해서 말했더라면 이랬을 것입니다.

그랬더라면 아마 다른 제자들도 모두 "아멘, 할렐루야! 맞습니다!"라고 했을 것입니다.

예수님도 그 성경 구절을 알고 계셨습니다. 그러나 그분은 그 이상의 것을 아셨습니다. 바다의 조수를 쳐다보고 있는 자들의 사랑은 '계산된 사랑'이며 '회계장부에 기록된 것에 대한 사랑'

이라는 것을 말입니다. 그분은 밀려오는 조수에 뛰어드는 자들이 많지 않다면 하나님 나라에서 아무런 위대한 일이 발생하지 않는 다는 것을 아셨습니다.

마리아는 위대한 순간이 왔을 때 그것을 본 유일한 사람입니다. 그녀는 정말로 많이 사랑했기 때문에 그것을 볼 수 있었습니다.

다시 스티븐 빈센트 베넷의 말을 들어보십시오.

하나님은 참으로 우리를 불쌍히 여기십니다.

우리가 인간이기 때문입니다.

그러나 환상이 올 때, 찬란한 변화가 올 때,

우리가 그것을 항상 보는 것은 아닙니다.

그리고 그것을 보더라도 우리는 따라가지 않습니다.

왜냐하면 그것은 매우 어렵고

이상하고

새롭고

믿을 수 없을 만큼 놀랍고

힘들기 때문입니다.

일반적인 쉬운 방식으로는 극복하기 어렵기 때문입니다.

…

인생은 죽음 때문에 상실되는 것이 아닙니다.

인생은 1분씩 1분씩,

하루씩 하루씩 사라져갑니다.

수천수만 가지의 사소하고 무정(無情)함들 때문에 그렇게 상실됩니다. 언제나 언제나 그렇게 말입니다.

인생은 환상이 없기 때문에 상실되는 것이 아닙니다.

죽음에 의해 잃어버리는 것도 아닙니다.

'돌봄'이 없기 때문에 상실되는 것입니다.

…

그렇습니다. 정글의 야수는 죽음이 아닙니다.

인생은 죽어감으로써 상실되는 것이 아닙니다.

인생은 수동적인 관망 때문에 상실되는 것입니다.

인생은 뛰어들지 않기 때문에 상실되는 것입니다.

마리아는 뛰어드는 사람이었습니다. 때가 왔다고 생각되는 순간 그녀는 그 속으로 뛰어들어 자신이 가진 모든 것으로 예수님을 사랑합니다.

아리마대 요셉과 같은 사람들은 그렇지 않습니다. 그들은 위험이 있으면 낮은 자세로 엎드려 있습니다. 위험이 다 지나간 후에야 비로소 예수님을 찾아옵니다. 그리고 그분의 무덤 앞에 꽃을 내려놓습니다. 요셉은 예수님을 묻었습니다. 물론 매우 아름다운 봉사였습니다. 그러나 "때는 너무 늦었습니다!" 그는 예수님을 장사 지낸 '후에' 예수님의 몸에 향유를 발랐고, 마리아는 장사를 지내기 '전에' 예수님의 몸에 향유를 발랐습니다.

그리고 또 다른, 자신의 인생에 위대한 순간이 찾아왔으나 그 순간을 그냥 지나쳐버린 비극적인 인물 중 하나가 유다의 총독이었던 벨릭스라는 사람입니다. 사도행전 24장에서 우리는 그에 관한 이야기를 듣습니다. 벨릭스는 기독교 신앙에 대해 상당히 정확한 지식을 갖고 있었을 뿐만 아니라 매우 호의적이었습니다. 신앙에 대한 깊은 관심이 있었기 때문에 그는 종종 바울을 불러 그에 관해 말하도록 했습니다.

그러나 존 마쳐처럼, 벨릭스도 조수(潮水)를 쳐다보는 사람이었습니다. 해변에 앉아 밀려들어 오는 물살을 쳐다만 보고 있었습니다. 반복적으로 '복음'(福音)의 물결이 그가 앉아 있는 곳까지 밀려왔지만, 그는 그 안으로 자신을 던지지 않았습니다. 벨릭스는 결코 바다를 향해 달려가서 그 속에 첨벙 뛰어들지 않았습니다. 바울이 말하는 것을 들을 때마다 그는 "자, 오늘은 이만 가시오. 기회가 되면 내가 당신을 다시 부르리다" 하고 말했습니다. 벨릭스는 한 번도 직설적으로 "아냐! 절대로 그리스도가 아냐!"라고 말하지 않았습니다. 그렇다고 그가 "맞아, 그리스도께로 가야지!" 하고 말한 일도 없습니다. 그는 매번 위대한 결정의 순간이 그냥 흘러가도록 방관했습니다.

존 마쳐는 눈으로 사랑을 지켜봤습니다. 그는 그 사랑의 날개가 자신의 몸에 닿는 것을 느꼈습니다. 그러나 그는 한 번도 그 사랑에 자신을 내주지는 않았습니다. 벨릭스는 마음의 눈으로 예수님을 봤습니다. 그는 바울의 설교를 통해 예수님이 그에게 가까이 오고 계심을 느꼈습니다. 그러나 결코 그분에게 자신을 내 드리지 않았습니다. 그는 결코 그분께 안기지 않았습니다.

무엇이 엄청난 비극입니까? 예수님께 "자, 오늘은 이만 돌아 가세요. 기회가 되면 다시 당신을 부르리다" 하고 말하는 것보다 더 큰 비극이 어디 있겠습니까?

여러분! 오늘 그분의 음성을 듣거든 마음을 강퍅하게 하지 마십시오. 그 음성에 여러분 자신을 내어 맡기십시오.

10 〔경험〕 예수님이 우리 마을에 오실 때

요한복음 12:12-19

12 그 이튿날에는 명절에 온 큰 무리가 예수께서 예루살렘으로 오신다는 것을 듣고 13 종려나무 가지를 가지고 맞으러 나가 외치되 호산나 찬송하리로다 주의 이름으로 오시는 이 곧 이스라엘의 왕이시여 하더라 14 예수는 한 어린 나귀를 보고 타시니 15 이는 기록된 바 시온 딸아 두려워하지 말라 보라 너의 왕이 나귀 새끼를 타고 오신다 함과 같더라 16 제자들은 처음에 이 일을 깨닫지 못하였다가 예수께서 영광을 얻으신 후에야 이것이 예수께 대하여 기록된 것임과 사람들이 예수께 이같이 한 것임이 생각났더라 17 나사로를 무덤에서 불러내어 죽은 자 가운데서 살리실 때에 함께 있던 무리가 증언한지라 18 이에 무리가 예수를 맞음은 이 표적 행하심을 들었음이러라 19 바리새인들이 서로 말하되 볼지어다 너희 하는 일이 쓸 데 없다 보라 온 세상이 그를 따르는도다 하니라

교회력에 따르면 '종려 주일'(Palm Sunday)을 시작으로 '거룩한 주간'(Holy Week)이라고도 불리는 '고난 주간'(Passion Week)도 시작됩니다. 이전에도 우리는 그 시간을 보냈습니다. 작년에도 재작년에도 그 이전에도 우리는 종려 주일을 지냈습니다. 네 개의 복음서가 모두 기록하고 있는 종려 주일 이야기(마 21:1-11; 막 11:1-11; 눅 19:28-40; 요 12:12-19)는 그래서 우리에게 매우 친숙하고 익숙합니다.

이야기의 시작을 보면 결말도 행복할 것처럼 보입니다. 퍼레이드까지 있습니다. 그런데 이야기는 그렇게 전개되지 않습니다. 갑자기 사태가 악화됩니다. 갑작스러운 반전이 생깁니다. 이야기

의 주인공인 예수님은 모든 것을 상실합니다. 그분은 금요일에 십자가 형틀에 달려 죽임을 당하십니다. 암울한 성금요일을 지나 아무 일도 일어나지 않는 토요일이 됩니다. 사람들은 어제의 사건을 떠올리면서도 모두 일상으로 돌아갔습니다. 그들은 내일 어떤 일이 일어날지에 대한 아무런 기대 없이 그렇게 하루를 보냅니다. 그러나 그 다음 날, 그들은 상상하지 못한 부활의 일요일을 맞게 됩니다. 길고 긴 일주일이 부활이라고 불리는 전대미문의 사건으로 막을 내리고 행복한 결말을 맺습니다. 부활절과 함께 모든 것이 해피엔딩으로 끝납니다. 그리고 착한 사람들 모두가 행복하게 살게 되었다는 이야기입니다. 마치 요정 이야기처럼 들리는 거룩한 주간 이야기입니다. 그렇습니다. 우리는 이와 같은 '거룩한 주간'에 대해 잘 알고 있습니다!

그러나 성경은 여러분이 이 이야기를 얼마나 잘 알고 있는지에 대해서는 별로 관심이 없습니다. 성경이 우리에게 던지는 중요한 질문은 거룩한 주간이 여러분의 이야기가 되었는가 하는 점입니다. 이 이야기 속으로 들어가 실제로 살아보았느냐고 질문하는 것입니다.

아는 것과 경험하는 것

최초의 제자들은 종려 주일과 그 후 일주일 안에 일어난 일들에 대해 우리보다 훨씬 더 많이 알고 있었습니다. 그 장소에 있었기

생명의 복음

때문입니다. 그들은 모두 목격자였습니다. 일의 모든 진행을 두 눈으로 봤습니다.

제자들은 군중이 모여들더니 "왕께 호산나!"라고 외치는 것을 보았습니다. 제자들은 그 군중이 얼마 전 예수님이 나사로를 죽은 자들 가운데서 살리신 것을 보고 충격과 인상을 받았던 무리라는 것을 알고 있었습니다. 무리가 종려나무 가지를 흔들고 예수님의 발아래 내려놓았을 때, 제자들은 그들의 행동이 150여 년 전 이스라엘의 광복군 지도자 유다스 마카비우스가 시리아의 대군을 무찌르고 예루살렘으로 개선하던 장면을 재현한다는 것도 알고 있었습니다. 제자들은 무리가 예수님을 그들의 나라를 해방할 수 있는 왕이 되실 분으로 기대했다는 것도 알고 있었습니다. 예수님이 그들의 기대에 대한 대답으로 당나귀를 타셨을 때, 제자들은 예수님이 자기가 전사(戰士)인 왕(Warrior King)이 아님을 나타내시려 했다는 것도 알고 있었습니다. 제자들은 예수님에 대한 체포 영장이 발부되었다는 것도 알았으며, 또한 바리새인들이 예수님을 죽이려 한다는 사실도 알고 있었습니다. 그들은 예수님이 가셔야 할 최종 목적지가 예루살렘이라는 것도 알고 있었습니다. 그들은 이 퍼레이드가 평화롭게 끝나지 않을 것이라는 사실도 잘 알고 있었습니다. 그래서 제자들에게 이 모든 일이 그토록 어색하기 그지없었던 것입니다.

제가 미국에서 신학교에 다니던 시절, 친한 친구 중 하나가 자기 아내의 생일을 위해 특별한 이벤트를 하려고 했습니다. 그러나 대부분의 신학생이 그렇듯이 그에게는 돈이 별로 없었습니다. 기발한 생각을 해낸 그는 친구들의 도움을 받아 깜짝 파티를 준비했습니다. 직장에서 돌아온 아내는, 자기 집 앞에 여러 대의 차가 주차된 것을 보았습니다. 그 차들에는 무수한 풍선과 무지개빛으로 "생일 축하해, 케이티!"라고 쓴 커다란 포스터가 장식되어 있었습니다. 그중 그래도 괜찮아 보이는 고물차의 트렁크에는 케이티의 사진이 크게 붙어 있었습니다. 친구는 아내를 태워 경적을 울리며 신학교 캠퍼스를 천천히 돌았습니다. 물론 생일을 맞은 아내는 마치 여왕이라도 된 것처럼 손을 흔들며 즐거워했습니다. 의도가 좋았고 아주 재미있는 추억이지만, 어색하기 짝이 없는 이벤트였습니다.

예루살렘으로 향하는 퍼레이드 역시 친구의 이벤트와 크게 다르지 않았습니다. "호산나, 호산나, 왕으로 오시는 분이여!" 하고 무리가 외쳐댔습니다. 제자들은 더 잘 알고 있었습니다. 아마도 무리는 예수님을 행진하는 왕으로 불렀을 것입니다. 그런데 16절의 성경 본문은 "제자들이 처음에는 이 일을 깨닫지 못했다"라고 합니다. 이 사건이 무엇을 가리키는지, 무엇을 뜻하는지 알지 못했다는 것입니다. 경험은 했지만 사건의 의미를 몰랐다는 것입니다.

놀랍지 않습니까? 그들은 분명히 종려 주일을 경험했습니다. 종려 주일에 일어난 모든 사건을 직접 경험했습니다. 그러나 성경은 그들이 '경험한 것을 이해하지 못했다'고 합니다! 경험했다고 그 경험을 모두 이해하는 것은 아닙니다!

경험과 이해의 예

우리는 이런 사실을 어느 정도 알고 있습니다. 예를 들어 부모의 사랑을 경험하는 어린아이를 생각해보십시오. 분명히 아이는 부모의 사랑을 경험합니다. 사랑을 '이해'하기 훨씬 전에 사랑을 '경험'합니다. 그러나 사랑을 경험했다고 해서 그 사랑을 이해하는 것은 아닙니다. 아이들은 부모의 사랑을 받습니다. 그러나 왜 부모가 그렇게 끝없이 자신을 사랑하는지는 이해하지 못합니다. 부모가 얼마나 희생하는지, 왜 어려움 속에서도 그들을 끔찍하게 사랑하는지 이해하지 못합니다. 어린아이는 부모의 이름조차 모릅니다. 어린아이는 이해하지 못하는 것을 경험하는 것입니다.

그런데 이 아이가 청년이 되고 애인이 생겼습니다. 그리고 결혼하겠다고 헌신합니다. 충분히 이해할 수 없는 것(사랑)을 경험하는 것입니다. 그리고 두 남녀가 정말로 서로 사랑한다는 것이 무엇을 의미하는지 아는 데 상당한 시간이 걸릴 것입니다. 서로 사랑하는 일이 어떻게 서로의 삶을 형성하고 만들어가는지, 심지어 사랑이 얼마나 많은 희생을 치러야 하는지 모두 이해하는 데 상당한 세월이 필요할 것입니다. 누가 알겠습니까? 어느 날 그가 고물차 뒤의 트렁크에 당신의 사진을 걸어놓을지!

그렇습니다. 제자들이 그랬던 것처럼, 우리는 우리가 이해하지 못하는 것을 경험합니다. 그렇게 경험한 것을 한참 후에야 이해하게 됩니다. 제자들은 예수님의 부활 후에 성령께서 그 의미를 가르쳐주신 후에야 이해합니다. 바로 이것이 우리 부모님이 종종 말씀하시는 "철 들자 망령 난다!"는 속담이 뜻하는 것입니다.

길고 긴 하루의 일을 끝내고 집으로 돌아올 때 하늘의 무지개를 봤다고 생각해보십시오. 우리는 무지개가 공중에 떠 있는 습기와 물기에 태양 빛이 반사되면서 생긴 빛의 굴절 현상이라는 것을 잘 알고 있습니다. 그러나 이것은 머리로 아는 지식, 정보 차원에서의 앎입니다. 언제 여러분은 무지개를 '경험'하십니까? 여러분이 차를 멈추고 그 아름다움을 바라볼 때입니다. 그때 비로소 무지개를 경험합니다.

신비를 경험하지 못하는 현대인들

고대인들은 아름다움과 신비로 가득한 세계 속에 살았습니다. 우리의 기준에서 그들이 알고 있는 것은 매우 적었습니다. 그들의 이해는 우리 현대인들과는 상대되지 않을 정도로 미약했습니다. 우리는 엄청난 정보의 홍수 속에서 살아갑니다. 수많은 설명으로 가득한 세상 속에 살고 있습니다. 그러나 불행하게도, 우리는 그들이 알고 느꼈던 '아름다움'과 '신비'를 경험하지 못합니다. 아름다움과 신비를 잊고 사는 사람들이 된 것입니다. 그렇다고 덜 계몽되었던 옛날로 돌아가자는 이야기는 아닙니다. 제가 강조하려

  생명의 복음

는 것은, 경험이 없이는 진정으로 안다고 말할 수 없다는 것입니다. 경험이 없는 이해는 온전하지 않기 때문입니다. 신앙이 바로 그런 것입니다. 종려 주일의 이야기에 등장하는 사람들이 정말로 예수님이라는 분을 알았을까요? 물론 그들 나름대로 예수님을 알았겠지만, 진정으로 예수님을 안 사람은 없었던 것 같습니다. 그랬다면 금요일까지 가지도 않았을 것입니다.

종종 '안다는 것', '이해한다는 것'이 그저 피상적이거나 아니면 잠시 있다 없어지는 환상(illusion)에 불과할 때가 많습니다. 예를 들어 결혼을 생각해보십시오. 결혼한 부부들은 수많은 세월 동안 서로에게 연결되어 있습니다. 그들은 상대방을 잘 안다고 생각합니다. 서로 잘 이해한다고 생각합니다. 그러나 정말 그럴까요? 만일 그렇게 생각한다면, 그런 생각은 하나님이 그들의 삶 속에 지금도 창조하고 계신 '삶의 신비'를 경험하지 못하게 만들 것입니다.

제가 예전에 상담했던 어떤 젊은 부부는 결혼한 지 2년 만에 심각한 위기에 빠진 커플이었습니다. 한 시간 정도 이야기하던 도중에 남편이 아내의 속을 뒤집어놓는 말을 했습니다. 그러자 아내가 손가락질하면서 "어쩌면 당신은 하는 짓이 꼭 그래! 당신은 항상 그런 식으로 하잖아!"라며 소리를 질렀습니다. 그녀는 이미 자기 남편을 다 알고 있는 듯이 말했습니다. 남편에 대한 가벼운 이해 때문에 그녀는 남편을 하나님의 신비로운 피조물로 경험하지 못하고 있는 것입니다.

이와 대조적인 모임이 있었습니다. 미국인 교회 아래층에 준비된 저녁식사 자리인데, 이 모임은 한 달에 한 번 있는 노인들의 모임이었습니다. 상당수 참석자가 결혼한 지 수십 년이 된 부부들이었습니다. 한 부부는 얼마 전 금혼식을 마쳤습니다. 50년을 함께 살았으니 대단한 분들입니다. 남편인 할아버지가 아내인 할머니에게 이렇게 말했습니다. "내가 죽기 전에 그리스에 꼭 가고 싶었다는 것을 당신도 알지?" 그러자 아내가 남편을 뚫어지게 쳐다보더니 "아니요. 그런 줄은 정말 몰랐어요!"라고 말하는 것이었습니다. 그래서 저는 곰곰이 생각했습니다. 앞서 본 젊은 부부의 일이 떠올랐기 때문이었습니다. 50년이 지났는데도 왜 이들은 아직도 결혼한 상태로 있을까? 이유는 분명했습니다. 그들은 아직도 상대방을 알아가는 신비를 경험하고 있기 때문입니다.

첫 번째 부부는 "당신은 항상 그래!"라는 깃발 아래 살고 있습니다. 두 번째 부부는 "나는 당신에 대해 몰랐어요!"라는 깃발 아래 사는 사람들입니다.

아마 그 할아버지는 그날 저녁 교회 가는 길에 그리스에 가고 싶다는 생각을 했을 것입니다. 그러니 할머니가 몰랐겠지요. 그러나 그런 건 중요하지 않습니다. 오히려 그들이 새로운 사실들을 알아감으로써 서로에 대한 이해가 변화되도록 허락했다는 것이 중요합니다.

생명의 복음

신앙의 삶: 아는 것과 경험하는 것

신앙의 삶도 이와 같습니다. 우리는 종려 주일의 의미에 대해 본문에 등장하는 무리나 제자들보다 더 잘 알고 있다고 말할 수 있습니다. 우리는 예수님이 '기름 부음을 받은 자'(메시아)가 되신 것이 고난당하는 야웨의 종이 되기 위함이었지 지상 왕국의 왕이 되기 위함이 아니었음을 잘 알고 있습니다. 우리는 그분의 유일한 면류관이 금이나 보석이 아니라 가시로 만든 것이었음을 잘 알고 있습니다. 우리는 그분이 입으신 자색 옷이 왕의 권위를 나타내는 왕의 옷이 아니라 로마 군인들의 손에 당하는 조롱의 옷이었음을 압니다. 우리는 이 모든 것이 우리의 구원을 위해 필요했다는 것을 잘 압니다.

그러나 문제는 이런 일들을 아는가 하는 것이 아닙니다. "당신을 사랑하기 위해 죽으시려고 구세주가 오셨다는 사실을 경험했는가?" 하는 것이 중요한 문제입니다. 그런 그리스도의 방문을 경험하기 전까지 여러분은 진정으로 그분을 아는 것이 아닙니다. 그분이 마을에 오실 때, 그분이 여러분 각자와 가정을 찾아오실 때, 그분이 왜 오시는지 이해하는 것만으로는 충분하지 않습니다.

기독교 신앙은 그저 여러분이 알고 있는 것에 관한 문제가 아닙니다. 기독교 신앙은 여러분이 누구를 만나는가 하는 문제입니다. 그렇다면 질문은 이것입니다. "우리는 이번 일주일의 드라마를 어떻게 경험할 것인가?" 하는 것입니다.

여러분은 일주일 동안 이 위대한 이야기 속으로 들어갈 것입니다. 기억하십시오. 성경이 우리에게 "무슨 일이 일어났는가?"에 관해서만 이야기하도록 해서는 안 됩니다. "지금 무슨 일이 우리에게 일어나고 있는가?"를 성경이 우리에게 말하게 해야 합니다. 스스로 질문해보십시오. "우리는 이 이야기 속 어디에 있는가?" "우리는 이 이야기 속에 등장하는 사람 중 어떤 사람들인가?" "이 이야기 속에서 우리가 있는 장소와 하는 역할은 무엇인가?" 하고 물어보십시오.

어디에 있는가?

본문에는 무리가 등장합니다. 그들은 예수님께 묻고 싶고, 풀고 싶고, 얻고 싶은 자기들만의 안건(아젠더)을 갖고 있던 사람들입니다. 여러분은 이런 무리에 속해 있습니까? 여러분은 무슨 이유로 예수님께 관심을 갖게 되었습니까? 그 관심을 사용해서 여러분이 이루려는 것을 예수님으로부터 얻으려고 하십니까? 단도직입적으로 묻겠습니다. 여러분은 진짜로 그분을 사랑하십니까? 아니면 그분이 여러분을 위해 무엇을 하실 것인지에 대해서만 관심이 있습니까?

본문에는 바리새인들이 등장합니다. 그들은 예수님의 가르침이 위협적이라고 생각하는 부류의 사람들을 대표합니다. 바리새인들은 열심히 일하고 인생을 잘 살려고 무던히 애를 쓰는 사람

　　　　　　　　　　　　생명의 복음

입니다. 노력형 인간입니다. 다른 사람의 도움이 필요 없고 자기 의로움에 빠진 사람입니다. 다른 사람들이 보이지 않는 사람입니다. 물론 그들도 자신들이 죄인이라고 말은 합니다. 그러나 언제나 자신들을 '괜찮은 죄인'이라고 하는 사람들입니다. 한 번도 자신들을 진정으로 '몹쓸 죄인', 그래서 하나님의 구원이 절실하게 필요한 죄인이라고는 생각하지 않는 자들입니다. 그러다가 예수님이 끊임없이 선포하시는 '은혜'를 들으면 마음이 불편해지는 사람들입니다. 그들은 '하나님의 은혜'에 의해 위협을 받는 사람들입니다. 혹시 여러분이 그런 사람 아닙니까? 은혜를 상실한 사람, 은혜가 없는 사람, 은혜를 거절하는 사람, 항상 법과 완벽함과 신앙적인 업적과 성취만을 주장하는 사람은 아닙니까?

본문에는 어리벙벙한 제자들이 등장합니다. 놀라운 일들을 경험했지만 그것이 무엇을 의미하는지 알지 못했던 사람들입니다. 혹시 여러분은 자기가 이해하는 것 이상을 경험하자 어리둥절했던 제자들이 아닙니까? 자신의 머리로 알고 있는 것 이상을 경험하자 어쩔 줄 몰라 했던 제자들 말입니다.

본문은 이런 세 가지 유형의 사람들을 우리에게 제시합니다. 그러나 여러분이 할 수 있는 가장 좋은 선택은 우리의 마을에 오시는 그분, 우리의 삶 속으로 오시는 예수님을 직접 경험하는 것입니다.

그분을 경험하면 모든 것이 달라질 것입니다. 진정한 변화가 일어날 것입니다. 지금까지의 모든 것을 내려놓게 될 것입니다.

가장 좋은 만남, 위대한 만남을 경험하기 때문입니다. 이게 무슨 뜻입니까? 어떻게 모든 것이 바뀐다는 것입니까? 분명히 우리는 부활 주일이 지나야 생명을 얻게 될 것입니다. 성경은 제자들이 부활을 경험한 후에 그들이 했던 경험들을 이해하게 되었다고 말합니다.

그러나 미리 앞서 가서는 안 됩니다. 그런 흥분된 일로 정신이 없으면 안 됩니다. 진짜 결말이 어떻게 나는지는 나중에 가봐야 합니다. 그렇다면 우리는 무엇을 해야 한다는 말입니까? 먼저 우리는 죽임을 당하러 가시는 예수님을 따라 종려나무의 월요일부터 화요일 그리고 수요일, 세족식과 배반의 목요일, 슬픔의 길(*via dolorosa*)과 십자가 처형의 성금요일을 경험하지 않고는 부활절로 나갈 수 없을 것입니다.

물론 이 말은 우리가 고난 주간에 드리게 될 예배들(수요일, 목요일, 금요일)에 참석해야 한다는 것만을 의미하지는 않습니다. 이 예배들이 고난 주간을 지내는 데 아주 중요한 안내자가 되기는 하겠지만 말입니다. 좀더 중요하게, 이 주간에 하는 경험들은 여러분을 예수님의 혼란스러운 제자로 남겨둘 것입니다. 그리고 생각하게 할 것입니다. '예수님을 따른다는 것이 무엇을 의미하는 것일까?' 이 말은 우리의 이야기가 우리가 생각하는 것처럼 그런 식으로 끝나는 이야기가 아니라는 것입니다. 그분의 이야기는 우리의 기대와 생각을 뛰어넘습니다. 그분의 이야기에 동참하여 그분의 삶의 여정에 의해 우리의 삶이 엮여가야 한다는 말입니다.

이 말은 우리의 삶이 우리가 경험하는 놀라운 실망의 순간들을 생각하게 하는 시간이라는 것입니다. "저는 예수님을 올바로 이해하지 못했습니다!"라고 고백하는 시간을 우리가 가져야 한다는 뜻입니다. 그리고 무엇보다도, 우리는 우리가 상상했던 구원보다 더 풍성한 그분의 구원을 경험하기 위해 '기다리는 시간'을 갖는다는 것입니다.

그분이 여러분의 마을에 오실 때, 여러분은 어떻게 하시겠습니까?

11 〔사랑〕 예수님처럼 사랑한다는 것

요한복음 13:31-35

> 31 그가 나간 후에 예수께서 이르시되 지금 인자가 영광을 받았고 하나님도 인자로 말미암아 영광을 받으셨도다 32 만일 하나님이 그로 말미암아 영광을 받으셨으면 하나님도 자기로 말미암아 그에게 영광을 주시리니 곧 주시리라 33 작은 자들아 내가 아직 잠시 너희와 함께 있겠노라 너희가 나를 찾을 것이나 일찍이 내가 유대인들에게 너희는 내가 가는 곳에 올 수 없다고 말한 것과 같이 지금 너희에게도 이르노라 34 새 계명을 너희에게 주노니 서로 사랑하라 내가 너희를 사랑한 것 같이 너희도 서로 사랑하라 35 너희가 서로 사랑하면 이로써 모든 사람이 너희가 내 제자인 줄 알리라

유언과 기억

살면서 여러분의 마음에 깊이 각인되는 말이 있다면 어떤 말일까요? 아니, 누구의 말이 잊히지 않고 가슴속에 콕 박혀 있나요? 여러 가지가 있겠지만 가장 마음 깊숙이 남는 말은 어떤 사람이 죽기 전에 여러분에게 남긴 말일 것입니다. 종종 유언에는 나를 향한 그 사람의 진한 마음이 농축되어 있을 것입니다. 제 경우도 마찬가지입니다. 제 아버지는 다소 젊은 나이인 42세에 백혈병으로 세상을 떠나시면서, 16살의 어린 장남인 제게 이런 말씀을 하셨습니다. "아들아, 너는 약(弱)해!" 물론 당시에는 그 말이 무슨 뜻인지 몰랐습니다. 뜬금없는 말이었고 매우 당황스러웠던 순간으로 기억됩니다. 그러나 돌이켜보니, 노도 광풍이 몰아치는 거친

세상을 살아가기에 너무도 여리고 약한 어린 아들이 마음에 걸리셨던 것이라는 생각이 듭니다. 사실 이 사실을 깨닫게 된 것은 제가 어른이 되어가면서였습니다. 한 길 가는 순례자처럼 똑바로 걸으려고 부단히 애를 쓰긴 했지만, 이런저런 일로 휘둘림을 당할 때마다 그 말이 기억 속에 새로웠습니다. 그때마다 저는 "내가 정말 약하기는 약하구나!" 하고 탄식했습니다.[9]

아마 초기 제자들이 오늘 말씀 속에 담긴 예수님의 고별사에 대해서 그렇게 느끼지 않았을까 하는 생각이 듭니다. 그들은 모두 예수님과 함께 식탁에 있었습니다. 예수님이 목숨을 잃게 되는 위기가 점점 고조되면서 그들의 마음과 앞길은 매우 어두웠습니다. 초조하고 암울한 분위기가 식탁 주위를 감싸고 있을 때, 주님이 입을 열어 이렇게 말씀하셨습니다. "내가 너희에게 새 계명을 주노라. 서로 사랑하라. 내가 너희를 사랑했던 것처럼 너희도 서로 사랑하라." 단순하고 명확한, 그러나 비수처럼 그들 마음에 꽂히는 충격적인 말씀이었습니다.

사랑하라는 고별사

"서로 사랑하라!" "이것이 이 세상에서 너희의 특징이다." "사람들이 너희의 진정한 정체성, 너희의 참 본질을 느끼고 알아차리는 길이 이것이다." "이것이 궁극적으로 너희가 존재해야 하는 이유다."

여러분과 제게 이 말씀은 구태의연하거나 식상하고 상투적

 생명의 복음

인 말이 되었습니다. 교회 안에서 사랑이라는 단어를 빼면 무엇이 남겠습니까? 흔히 듣는 말이 "사랑합시다", "사랑합니다"가 아닙니까? 게다가 기독교를 사랑의 종교라고 하지 않습니까?

더욱이 예수님이 "서로 사랑하라"고 하셨을 때의 그 선언은 매우 창의적이고 새로운 가치선언도 아닙니다. "서로 사랑하라"는 계명은 예수님의 독창적인 사상이 아니고, 그보다 훨씬 앞선 세기까지 거슬러 올라가기 때문입니다. 구약성경 전체를 통해 반복해서 암송되고 기억되는 주제 중 하나가 사랑이기 때문입니다.

아마 예수님은 이 세상에 계시는 동안 하나님 나라를 위한 사역을 하시면서 반복해서 이 말씀을 하셨을 것입니다. 그렇다면, 그럼에도 이 마지막 명령과 부탁("서로 사랑하라")이 특별하고도 기억에 남을 만한 유별난 뉘앙스라도 있다는 말입니까? 예, 있습니다. 예수님이 남기신 "서로 사랑하라!"는 말씀이 독특하고 기억할 만한 문구가 되는 것은, 그 말씀 자체의 힘 때문이 아니라, 그 말씀을 한정하는 말씀이 덧붙여졌기 때문입니다. "내가 너희를 사랑했던 것처럼"이라는 한정구가 그것입니다. 달리 말해, 옛적부터 내려오는 이상적 상태("서로 사랑하라")를 친히 몸으로 실현하신 예수님의 성육신이 드러내는 방식이야말로 그분의 제자들이 따라야 할 패턴이어야 한다는 것입니다. 그리스도의 이상, 즉 그리스도의 삶 자체가 보여주신 이상(ideal)을 본받아야 함을 가르치는 본문 중 하나가 바로 오늘 우리가 읽은 말씀입니다. 그렇다면 자연스레 따라오는 중요한 질문이 있습니다. "이 분이 실제로 정확하게 어떻게 사랑하셨습니까? 우리처럼 되셔서 하나님이 어떤 분이신지 우리가 충분하게 이해하도록 도와주신 그분이 실제로 어떻게 사랑하셨습니까? 그것이 알고 싶습니다." 이 정도 되면 우리는 비로소 신앙의 핵심부 안으로 들어오고 있는 것입니다.

개별화된 사랑

이런 질문과 관련해서 아우구스티누스는 우리에게 두 가지 사실을 말합니다. 그는 예수님이 사람을 사랑하실 때 마치 이 세상에서 사랑할 사람이 그 사람밖에 없는 것처럼 사랑하셨다는 것을 알았습니다. 달리 말해, 예수님은 다른 사람을 향해 애정과 사랑을 쏟으실 때, 철저하게 그 사람 하나를 위해 '개인화'하셨다는 것입니다. 마치 숲은 보지 못하고 나무만 쳐다보는 사람처럼, 그분은 기꺼이 그렇게 어리석게 되기를 마다하지 않으셨습니다. 예수님은 각 개인 속에 있는 독특하고 유별난 '개별성'에 초점을 맞추셨습니다.

이렇게 되려면 특별한 헌신과 훈련이 필요할 것입니다. 왜냐하면 심지어 예수님도 수많은 사람을 집단적으로 만나셨고, 따라서 그들을 한 사람씩 개별적으로 대하기가 어려우셨을 것이기 때문입니다. 우리는 사람들을 만나거나 대할 때 종종 '범주화'시키려는 유혹을 받습니다. 즉 인종, 성별, 직업, 신분, 외모 등으로 범주화시켜 상대방에 대한 고정관념을 갖고 만나게 됩니다. 마치

숲만 보는 사람처럼, 각 개인이 갖고 있는 독특성, 즉 그의 필요
와 궁핍, 생김새와 처지 등을 보지 못하기 때문입니다. 물론 저는
다다를 수 없는 이상적 상태에 대해 말하려는 것이 아닙니다. 그
런 사랑을 하는 것이 우리의 가능성 바깥에 있다고 생각하지 않
습니다. 저는 여러분이 스스로 다짐을 하고 이런 '개별화된 사랑',
'맞춤형 사랑'을 하시기를 바랍니다. 그럴 수 있는 용량과 능력이
커지고 자라기를 소원합니다. 물론 거룩하신 하나님만 우리가 이
런 이상(理想)을 완전하게 실행하도록 해주실 수 있을 것입니다.

　　주님이 가르쳐주신 기도문을 암송하려고 무던히 애썼던 어
떤 아이에 관한 이야기는 사랑의 개별화를 익살스럽게 들려줍니
다. 어느 날 밤, 침대 옆에서 무릎을 꿇고 주기도문으로 기도하던
아이의 입에서 불쑥 이런 말이 나왔습니다.

"하늘에 계신 우리 아버지,

…

…

…

그런데, 하나님은 제 이름을 알고나 계시나요?"

모두를 감싸는 사랑

아우구스티누스가 말하는 두 번째 사실이 있습니다. 예수님은,

각 개인을 '개별적으로' 사랑하셨던 것만큼이나, '모든' 사람을 사랑하셨습니다. 사람을 개별화된 사랑으로 사랑하셨던 예수님이 동시에 우주적인 사랑을 하셨다는 것입니다. 그분은 모든 사람을 보듬어 품에 안으시는 하해(河海)와 같은 사랑을 하신 분입니다. 이 두 가지 사랑의 특성(개별화된 사랑과 우주적인 사랑) 중에 어느 것이 더 놀라운 것인지 잘 모르겠습니다만, 아우구스티누스가 네 복음서에서 묘사된 예수님에 대해 잘 말한 것만은 틀림없어 보입니다. 예수님이 사람들을 바라보셨던 눈은 결코 누군가를 경멸하거나 사람들의 궁핍에 대해 매몰차게 바라보는 비정한 눈이 아니었습니다. 잘못된 사람들을 향해 야단치시거나 심하게 꾸짖으실 때도, 그들을 진정으로 사랑하는 마음에서 말씀하셨습니다. 결코 미움이나 증오에서 나온 말씀이 아니었습니다.

그러므로 우리는 사랑의 반대는 분노가 아니라 무관심(indifference)이나 무정(無情, apathy) 혹은 냉대라는 사실을 기억해야 합니다. 복음서를 자세히 살펴보면, 예수님이 누군가에게서 고개를 돌리시거나 차갑게 대하신 경우라도, 그에게 무관심하다거나 "이제부터 너는 나와 아무런 상관없다!"는 식으로 대하신 경우는 한 번도 없었습니다. 아우구스티누스는 예수님이 사랑하셨던 독특한 방식을 정말 탁월하게 묘사했습니다. 그뿐 아니라 우리도 예수님이 사람을 사랑하셨던 방식으로 사랑하라고 권고하고 있습니다. 즉 그분이 우리 각 사람을 개별적으로 사랑하시되 세상에 오직 '나 혼자'만 존재하듯이 그렇게 사랑하셨으며, 우리

각 사람을 사랑하시되 '모두'를 사랑하셨던 것처럼 말입니다.

필요사랑

이토록 놀랍고도 탁월한 사랑의 특질을 묵상하고 곱씹어볼수록, 저는 사랑에 대한 루이스(C. S. Lewis)의 놀라운 통찰에 전적으로 공감하고 동의하지 않을 수 없었습니다. 이 놀라운 학자는 그의 마지막 저서 가운데 하나에서 '사랑'에 해당하는 유명한 헬라어 단어들을 모두 조사한 다음에 이렇게 결론을 내렸습니다. 사랑은 근본적으로 두 종류의 사랑으로 나뉠 수 있는데, 하나는 '필요사랑'(need love)이고 다른 하나는 '선물사랑'(gift love)이라는 것입니다. 필요사랑은 필요를 채우기 위한 사랑이고, 선물사랑은 선물로 주는 사랑입니다.

루이스에 의하면 필요사랑은 언제나 공허함과 텅 비어 있는 것과 허전함에서 태어나는 사랑입니다. 꼬치꼬치 캐묻고 파고드는 성향의 사랑입니다. 사랑에 굶주린 사람은 사랑하는 모든 대상이나 사람 안에서 자신이 꼭 갖고 싶어하는 가치만을 봅니다. 필요사랑은 자기를 위해 움켜잡거나 맛보거나 즐기려는 것에서 시작됩니다. 필요사랑은 욕심쟁이입니다. 필요사랑은 자기 안에 채워야 할 공간이 있기 때문에 시작되는 사랑입니다.

도형으로 표현하자면, 필요사랑은 언제나 원형(circle)입니다. 사랑받는 자에게로 나아가 그 안에 있는 가치를 빼내어 다시 자기에게 가지고 돌아오기 때문입니다. 쉽게 말해, 필요사랑은 진 공청소기입니다. 다른 사람에게 있는 가장 중요한 것을 자기에게 빨아들입니다. 필요사랑은 문어발의 흡착기입니다. 타인의 좋은 것에 달라붙어서 쭉 빨아들입니다.

우리가 다른 사람에게 "당신을 사랑합니다"라고 말할 때, 실제로는 "당신이 필요합니다", "당신을 원합니다", "당신에게 내가 꼭 갖고 싶은 것이 있습니다. 그것을 갖고 싶습니다"라는 뜻이 아닌가 하고 루이스는 묻는 것입니다.

선물사랑

그런데 이런 이미지와 대조되는 전혀 다른 실체가 있습니다. 루이스가 '선물사랑'이라고 부르는 것입니다. 선물사랑은 결핍이나 비어 있음으로부터 시작되는 사랑이 아니라, 충만함과 가득함으로부터 태어나는 사랑입니다. 선물사랑의 목표는 사랑받는 자를 풍성하게 채워주는 것입니다. 사랑하는 대상으로부터 가치를 빼내지 않습니다. 선물사랑은 원형(circle)이 아니라 아치형(arch)입니다. 선물사랑은 상대방으로부터 무엇인가를 얻어내거나 상대의 것을 줄게 하지 않습니다. 선물사랑은 상대방을 축복하고 증가시키고 자라게 하기 위해 움직입니다. 선물사랑은 수맥까지 내려간 우물입니다. 언제나 철철 넘칩니다. 각박한 세상의 가뭄에도 흘러넘치는 우물입니다. 선물사랑은 진공청소기나 블랙홀과 같은 필요사랑이 아닙니다. 선물사랑은 무지개 사랑입니다. 동과 서, 남과 북, 하늘과 땅을 감싸는 사랑입니다.

　　루이스는 결론에서, 성경적 견해는 하나님의 사랑이 필요사랑이 아니라 선물사랑이라고 한다는 점에서 독특하고 유별나고 말합니다.

> 하나님이 세상을 이처럼 사랑하사 독생자를 주셨으니, 누구든지 그를 믿으면 멸망하지 않고 영생을 얻으리로다(요 3:16).

> 사랑은 여기 있으니, 우리가 하나님을 사랑한 것이 아니요 하나님이 우리를 사랑하신 것이라(요일 4:10).

루이스는 말합니다. "우리 인간은 그러한 영원하고 무조건적인 사랑으로 지음 받은, 하나님의 형상들입니다." 선물사랑에 대한 루이스의 묘사는 아우구스티누스가 묘사하는 예수님의 사랑 방식이 기초하고 있는 것이기도 합니다. 예수님은 영원하고 무조건적인 하나님의 사랑에 근거해서 우리를 '개별적'으로, 그리고 동시에 '모두' 사랑하신 것입니다. 그렇습니다. 오늘날 우리 모두가 들어야 할 가장 좋은 소식은 우리가 이러한 놀라운 방식으로 하나님의 사랑을 받고 있다는 사실, 그리고 이것이 우리가 가진 절체절명의 정체성('사랑받고 있는 자')이며 우리가 살아가야 할 삶의 길('사랑하고 사는 삶')이라는 것입니다.

신학자 칼 바르트가 이런 말을 했습니다. "예수님은 인류라는 종(種)의 이름입니다. 우리는 그분과 관련하여, 그분께 속하여 존재하는 '인간에 가까운 존재', 즉 '하류인간'(subhuman)입니다. 그럼에도 궁극적으로 그분처럼 인간이 되라고 부르심을 받은 존재들입니다."

예수님은 우리에게 새 계명을 주셨습니다. 불가능했다면 주시지 않았을 것입니다. 이 계명에 순종함으로써 우리는 인간의 원형이요 전형이신 예수님을 닮아 비로소 참 인간이 되어가는 것입니다.

여러분과 저는 하나님의 무던한 은혜, 끊임없는 은혜, 실패하지 않는 은혜의 도움으로 서로를 사랑하는 놀라움으로까지 자라갈 수 있습니다. 마치 이 세상에 사랑할 사람이 서로밖에는 없는 것처럼 사랑해야 할 것이고, 그런 사랑으로 모든 사람을 사랑하는 데까지 자라야 할 것입니다.

12 〔동일〕 창문이신 예수님

〔13장〕 36 시몬 베드로가 이르되 주여 어디로 가시나이까 예수께서 대답하시되 내가 가는 곳에 네가 지금은 따라올 수 없으나 후에는 따라오리라 37 베드로가 이르되 주여 내가 지금은 어찌하여 따라갈 수 없나이까 주를 위하여 내 목숨을 버리겠나이다 38 예수께서 대답하시되 네가 나를 위하여 네 목숨을 버리겠느냐 내가 진실로 진실로 네게 이르노니 닭 울기 전에 네가 세 번 나를 부인하리라

〔14장〕 1 너희는 마음에 근심하지 말라 하나님을 믿으니 또 나를 믿으라 2 내 아버지 집에 거할 곳이 많도다 그렇지 않으면 너희에게 일렀으리라 내가 너희를 위하여 거처를 예비하러 가노니 3 가서 너희를 위하여 거처를 예비하면 내가 다시 와서 너희를 내게로 영접하여 나 있는 곳에 너희도 있게 하리라 4 내가 어디로 가는지 그 길을 너희가 아느니라 5 도마가 이르되 주여 주께서 어디로 가시는지 우리가 알지 못하거늘 그 길을 어찌 알겠사옵나이까 6 예수께서 이르시되 내가 곧 길이요 진리요 생명이니 나로 말미암지 않고는 아버지께로 올 자가 없느니라 7 너희가 나를 알았더라면 내 아버지도 알았으리로다 이제부터는 너희가 그를 알았고 또 보았느니라 8 빌립이 이르되 주여 아버지를 우리에게 보여 주옵소서 그리하면 족하겠나이다 9 예수께서 이르시되 빌립아 내가 이렇게 오래 너희와 함께 있으되 네가 나를 알지 못하느냐 나를 본 자는 아버지를 보았거늘 어찌하여 아버지를 보이라 하느냐 10 내가 아버지 안에 거하고 아버지는 내 안에 계신 것을 네가 믿지 아니하느냐 내가 너희에게 이르는 말은 스스로 하는 것이 아니라 아버지께서 내 안에 계셔서 그의 일을 하시는 것이라

예수님과 제자들이 예루살렘으로 가고 있습니다. 예루살렘에 도착하자 제자들은 그 다음이 궁금했습니다. '이제 우리가 해야 할 일이 무엇인가? 앞으로 어떤 일이 전개될 것인가?' 제자들의 궁금증을 대변하듯이 베드로가 이렇게 예수님께 물었습니다. "주님, 어디로 가시는 것입니까?"(요 13:36) 물론 베드로는 물리적인

길, 보이는 길에 관해 묻는 것이 아니었습니다. 앞으로 어느 방향으로 우리를 인도하여 가시느냐고 묻는 것입니다. 예수님이 대답하셨습니다. "내가 가는 곳에 네가 지금은 따라올 수 없으나 후에는 따라오리라."

이 대답은 베드로를 어리둥절하게 만들었습니다. 알다가도 모를 헷갈리는 말씀이었습니다. 그래서 다시 묻습니다. "주여, 어찌하여 제가 지금은 따라갈 수 없습니까? 주님을 위해 제 목숨을 버리겠습니다."

지금 당장 예수님을 따르겠다는 베드로의 말이 결국 베드로가 어려움에 처하는 것을 의미함을 예수님은 아셨습니다. 지금 당장 예수님을 따르겠다는 말은 마침내 베드로가 스승인 예수님을 부인하게 될 지경에 처하게 된다는 것을 의미함을 예수님이 알고 계셨다는 것입니다. 그래서 예수님은 베드로에게 강한 어조로 대답하십니다. "네가 나를 위하여 네 목숨을 버리겠느냐? 내가 진실로 진실로 네게 이르노니, 닭 울기 전에 네가 나를 세 번 부인하리라."

베드로는 이 말씀을 듣고 심한 충격을 받습니다. "아니 어떻게 저렇게 말씀하실 수 있는가? 목숨을 바쳐 주님을 따르겠다고 하면, '잘했다, 고맙다. 역시 너는 내 수제자야. 그래, 낙심하지 말고 끝까지 나를 따르라' 하고 격려해주시기를 바랐는데, 어떻게 일언지하에 나를 무시할 수 있는가? 내가 자기를 세 번씩이나 부인하게 된다고?" 아마 분이 가득해서 이렇게 중얼거렸을지 모릅니다. 물론 이런 말을 입 밖에 내놓지는 않았습니다.

예수님의 말씀은 베드로뿐 아니라 다른 제자들에게도 충격이었습니다. 그들은 모두 마음에 근심하기 시작했습니다. 불안과 초조가 역력했습니다. 앞으로 일이 어떻게 전개될 것인가? 우리가 따르던 주님이 우리가 따라가지 못할 곳으로 가신다니, 이게 무슨 소리인가? 앞으로 우리는 어떻게 될 것인가? 심히 근심하고 불안해하는 이 무리에게 예수님이 "너희는 마음에 근심하지 말라. 하나님을 믿으니 또 나를 믿으라" 하고 말씀하셨습니다. 다시 예수님이 말씀하십니다. "너희는 마음에 근심하지 말라. 하나님을 믿으라. 그리고 나도 믿으라." 하나님을 믿는다면 예수님도 믿으라는 것입니다.

역사 소설 『아이반호』(Ivanhoe)를 쓴 스코틀랜드의 극작가 월터 스콧(Walter Scott, 1771-1832)이 임종 직전 그의 사위에게 '책'을 가져오라고 하자, "무슨 책을 말씀하시는 겁니까? 어떤 책이죠?" 하고 사위가 물었습니다. 그러자 월터 스콧이 대답했습니다. "책이라면 그 책밖에 또 어디 있는가? 성경 말이야! 성경을 가져오게. 요한복음 14장을 읽어주게나." 모두 아시다시피, 요한복음 14장은 "너희는 마음에 근심하지 말라. 하나님을 믿으라. 또한 나를 믿으라"로 시작하는 장입니다.

"또한 나를…."

여러분이 요한복음 14장의 말씀을 생전 처음 듣는다고 가정해보십시오. 그러면 "너희는 마음에 근심하지 말라" 하는 말이 큰 위로가 될 것입니다. 이 말씀이 여러분에게 별다른 충격을 주지 않더라도, 그 다음 말인 "하나님을 믿으니 또한 나를 믿으라" 하는 구절에서는 무엇인가 이상하다는 느낌을 받게 될 것입니다. '또한'이라는 단어에서 말입니다. "또한 나를 믿으라!" "하나님을 믿으라. 하나님을 믿는다면 또한 나를 믿으라." 여기에서 말입니다.

'또한 나를'이라는 말 속에 기독교 신앙의 독특성과 유일성이 담겨 있습니다. 이 작은 말에 왜 기독교가 다른 종교들과 다른지에 대한 이유가 들어 있습니다. 왜 기독교가 유대교와 다르고, 왜 기독교가 이슬람교와 다른지, 그 이유가 이 작은 단어 안에 들어 있는 것입니다.

'또한 나를'이라는 작은 문구 안에는 예수님에 대한 위대한 신비와 비밀이 들어 있기도 합니다. 여기서 예수님은 다른 모든 위대한 종교 지도자와 길을 달리하십니다. 그들과 구별되신다는 말입니다. "또한 나를 믿으라" 하시는 말씀에는 예수님이 모세나 마호메트와 다르다는 사실이 들어 있습니다. 모세는 "하나님을 믿으니 또한 나를 믿으라" 하지 않습니다. 마호메트도 "하나님을 믿으니 또한 나를 믿으라" 하고 말하지 않습니다.

하나님께 마땅히 신뢰와 예배를 드려야 하듯이 예수님께도 신뢰와 예배를 드려야 한다고 예수님이 말씀하십니다. 누군가 왜 그래야 하느냐고 묻는다면, 그에 대한 대답을 9절에서 찾을 수 있습니다. "나를 본 자는 아버지를 보았다."

'아버지 하나님을 믿는다는 것' 그 자체는 아무것도 의미하지 않습니다. 마귀도 하나님을 믿기 때문입니다. 사도 야고보도 "네가 하나님은 한 분이신 줄을 믿느냐? 잘한다. 귀신들도 믿고 떠느니라"(약 2:19)고 말했습니다.

'하나님을 믿는다'는 것 자체는 아무런 의미가 없습니다. 이런 이유로 예수님은 "하나님을 믿으라. 그리고 또한 나를 믿으라"고 하신 것입니다.

우리가 어떻게 예수님을 떠나서 하나님은 사랑이시라는 사실을 증명할 수 있겠습니까? 우리가 어떻게 예수님을 떠나서 온 세상을 자기의 손안에 두신 분이 계시다고 확신할 수 있다는 말입니까? 우리가 어떻게 예수님을 떠나서 '지구'라고 부르는 이 큰 공이 광활한 우주의 대양을 목적 없이 표류하고 있지 않다고 확신할 수 있다는 말입니까? 우리가 어떻게 예수님을 떠나서 우리의 삶을 지켜보시고 우리의 출입을 지키시는 분이 계시다는 사실을 확신한다는 말입니까?

교회가 "하나님을 믿으라. 또한 예수님이 착한 사람이었고 위대한 예언자였다는 사실을 믿으라"는 메시지를 가졌다면 어떻게 2천 년 동안이나 견뎌낼 수 있었겠습니까?

하나님 믿기와 예수님 믿기

예수님이 하나님과 똑같이 선하신 분이라는 성경의 주장을 둔탁하게 하려는 수많은 시도가 매 세기에 있었고, 특별히 우리가 살아가는 오늘날에도 있습니다. 그러나 역사기록을 살펴보면, 이런 일이 일어날 때마다, 다시 말해 교회가 하나님을 믿는 일이 예수님을 믿는 일과 동등하다는 고백에서 이탈할 때마다, 교회가 "하나님을 믿으라. 그리고 또한 나를 믿으라" 하시는 예수님의 말씀을 흐리게 할 때마다, 교회는 삶을 변화시키는 능력이 되기를 멈추었습니다.

예수님이 말씀하신 것은 하나님이 하시는 말씀입니다. 지붕을 뚫고 내려진 침대에 누운 중풍병자를 보고 예수님이 하신 말씀은 곧 하나님이 하시는 말씀이었습니다. "아이야, 네 죄가 용서함을 받았느니라." 그 자리에 앉아 있던 몇몇 서기관들이 마음속으로 이렇게 말했습니다. "예수가 어떻게 이렇게 말할 수 있는가? 신성모독이다. 하나님 외에 누가 감히 죄를 용서할 수 있다는 말인가?"

그렇습니다. 예수님이 말씀하시는 것은 곧 하나님이 말씀하시는 것입니다. 예수님이 행하시는 것은 곧 하나님이 행하시는 것입니다.

교회는 지난 2천 년 동안 생존해왔습니다. 그 이유는 "하나님을 믿으라. 그렇다면 또한 예수님을 믿으라" 하는 메시지를 갖고 있었기 때문입니다. 이 메시지는 아직도 교회의 중심적인 신조(信條)로 남아 있습니다. 교회가 이 신조에서, 이 신앙 고백에서 벗어날 때, 교회는 스스로에게 타협하는 것이며 스스로를 부정하는 것이며 스스로를 파멸에 이르게 하는 것입니다.

이전 시대에 하나님은 파편적이고 단편적이고 다양한 형태로 예언자들을 통해 말씀하셨습니다. 그러나 이 모든 날 마지막 세대에 하나님은 자기 아들을 통해 우리에게 말씀하고 계십니다. 히브리서 저자의 말입니다(히 1:1).

이 소식은 온 세상을 흔들었으며 지금도 흔들고 있습니다. 영원하시고 전능하신 하나님은 자연 세계 안에서, 예언자들의 탁월한 언변을 통해서, 성도의 환상을 통해서 자신을 계시하셨습니다. 그러나 하나님은 이 모든 일의 마지막에 가장 최상의 방식인 나사렛 예수님의 살과 피를 통해 우리에게 오십니다. 즉 하나님의 성육신 사건을 통해 하나님이 우리에게 오신 것입니다.

나사렛 예수님이 누구입니까? 성육신하신 하나님입니다. 가나의 결혼 잔치에 오셔서 모든 사람을 위한 충분한 포도주를 공급해주시는 분입니다. 이혼한 여성과 우물가에서 대화하시면서 그녀를 최초의 여성 설교자 중 하나로 만드신 분입니다. 마르다와 마리아와 함께 무덤 곁에 서서 그들의 오라버니를 위해 울어주신 분입니다. 평화를 사랑하셨기 때문에, 전쟁의 도구인 말이 아니라, 어린 나귀를 타고 예루살렘으로 입성하신 분입니다. 베드로의 발에서 흙먼지를 털어내시고 발을 씻기셨으며, 심지어 유다의 발도 씻기신 분입니다.

사실 이것은 우리가 온전히 이해하고 받아들이기에는 너무도 과분한 말씀입니다. 이것이야말로 가장 위대한 신비입니다. 오직 믿음으로만 받아들일 수 있는 신비입니다.

우리 중 어떤 이들은 목구멍에 묵직한 것을 느끼면서 차마 "나를 믿으라" 하는 이 말씀을 되뇌지 못합니다. 깊은 감동과 감격을 체험하기 때문입니다. 이 말씀("나를 믿으라!")은 그들을 그들이 가진 아주 깊고 슬픈 경험들에 연결시키고 있기 때문입니다. 얼마나 자주 우리는 예수님을 믿지 못하고 사는지요! 우리가 바로 믿음 없이 사는 사람들 아닙니까?

예수님이 이 말씀을 하셨을 때 우리가 그곳에 있었더라면, 우리는 그분이 계속해서 말씀하시기를 바랐을 것입니다. 우리는 예수님의 말씀에 대해 다르게 해석하는 소리를 들었더라면 매우 거북함을 느꼈을 것입니다. 도마나 빌립이 말하는 소리를 들었더라면 매우 실망스러웠을 것입니다. 우리는 한숨을 지으면서 "왜 이 인간들은 입을 닫고 예수님이 하시는 말씀을 가만히 듣고 있지 않을까?" 하고 중얼거렸을지 모릅니다.

예수님이 "내가 어디로 가는지 그 길을 너희가 아느니라" 하

   생명의 복음

고 말씀하시자, 도마가 말을 가로막더니 이렇게 물었습니다. "주여, 주께서 어디로 가시는지 우리가 알지 못하거늘 그 길을 어찌 알겠습니까?"

그러자 예수님이 대답하십니다. "내가 곧 길이라.… 나로 말미암지 않고는 아무도 아버지께로 올 자가 없느니라. 너희가 진정으로 나를 알았더라면 내 아버지도 알았으리라."

그러자 빌립이 말합니다. "주여, 아버지를 우리에게 보여주옵소서. 그리하면 족하겠나이다." 달리 말하자면, "주여, 우리가 당신과 함께 지금까지 살았습니다. 당신이 말씀하시는 것을 들었습니다. 당신에 대해 언제나 놀라고 놀랐습니다. 그러니 이제 솔직하게 말씀해주십시오. 하나님이 어떤 분이신지, 하나님이 어떻게 생기셨는지 저희에게 말씀해주십시오. 아버지를 저희에게 보여주십시오" 하고 말하는 것입니다.

그렇게 묻는 빌립에게 예수님은 그분이 우리에게 던지시는 가장 슬픈 질문을 하십니다. "빌립아, 내가 이렇게 오래 너희와 함께 있으되, 네가 나를 알지 못하느냐? 나를 본 자는 아버지를 보았거늘, 어찌하여 아버지를 보이라 하느냐?" 이것은 아마도 우리에게 던져질 수 있는 가장 슬픈 질문일 것입니다. "너는 내가 누구인지 알지 못하는구나", 혹은 "너는 내가 누구인지 아느냐?" 하는 질문입니다. 우리의 경우도 별반 다르지 않을 것입니다. 10년, 20년, 30년을 함께 지내고 이야기하고 생활했음에도 상대방을 잘 알지 못한다면, 이보다 더 슬픈 이야기가 어디에 있겠습니까? 목회 생활에서든, 부부 생활에서든, 부모와 자식 간의 관계에 서든, 아니면 친구 간의 관계에서든, 이런 질문("당신은 나를 정말로 아는가?")은 가장 슬픈 질문입니다.

예수님은 창문

예수님을 창문이라고 생각해보십시오. 창문이 깨끗할수록, 창문은 잘 보이지 않습니다. 창문이 있다는 사실조차 잊습니다. 완벽할 정도로 깨끗한 창문은 눈에 보이지 않습니다. 정말 깨끗한 창문은 사람들에게 창문 자체를 보도록 하지 않습니다. 창문을 통해 보라고 초청합니다.

예수님은 완벽하게 깨끗한 창문과 같습니다. 그분을 보는 것은 그분을 통해서 보는 것입니다. 그분을 보면, 그분을 통해, 아버지를 보게 됩니다. 예수님을 보면, 예수님을 통해, 아버지가 보인다는 말입니다.

요한복음 전체는 이런 종류의 바라봄, 즉 예수님을 통해 아버지를 보게 되는 것, 예수님을 통해 아버지를 알게 되는 것에 대해 지대한 관심을 둡니다.

복음서의 첫 장에서 이미 요한은 "아무도 하나님을 본 사람은 없다. 오직 그의 아들만이 아버지의 마음에 가장 가까이 계신 분이고, 아버지를 우리에게 알려주신 분이고, 우리가 그 아버지를 볼 수 있게 해주시는 분이고, 우리가 아무런 장애 없이 아버지를 올바로 볼 수 있게 해주시는 분입니다"라고 합니다.

요한복음 17장, 즉 '대제사장의 기도'를 담고 있는 곳에서 예수님은 이렇게 말씀하십니다. "영원한 생명은 곧 유일하신 참 하나님과 그가 보내신 자 예수 그리스도를 아는 것입니다"(3절).

요한에 따르면 하나님을 아는 것과 예수님을 아는 것은 동일합니다. 아버지와 아들이 하나이기 때문입니다.

자, 이제 여러분에게 개별적으로 적용해보겠습니다. "여러분은 예수님을 아십니까?" "좀더 개인적으로 잘 알고 계십니까?" 자신에게 물어보십시오. "나는 예수님을 잘 알고 있는가?" 예수님이 여러분에게 묻습니다. "너는 나를 잘 알고 있니? 너는 내가 누구인지 아니?" 대답해보십시오!

"네, 압니다. 저는 주님을 압니다"라고 말할 것입니다. 어려서부터 저는 주님을 알고 있습니다. 어린아이 시절 어머니의 무릎에 앉아서 이렇게 노래한 적이 있었지요. "예수 사랑하심을 성경에서 배웠네. 우리들은 약하나 예수 권세 많도다."

우리는 예수님을 알고 있습니까? 네, 그렇습니다. 그러나 동시에 그렇지 않기도 합니다. 우리는 예수님을 잘 모릅니다. 평생에 걸쳐 우리는 예수님을 알아갑니다. 예수님을 알려면 우리의 삶 전부가 필요합니다. 그분은 우리가 걸어가야 할 길이요, 우리가 추구해야 할 진리요, 우리의 유일한 생명이요, 세상의 빛이요, 생명의 양식이요, 부활과 생명이신 분입니다.

우리의 삶 전부를 통과해야만 그분을 알아갈 수 있습니다. 그분과 함께 살면서 그분을 알아갈 수 있는 것입니다. "내 아버지가 나를 아시고 내가 아버지를 아는 것처럼, 나는 내 양을 알고 내 양은 나를 안다"고 우리에게 말씀하신 그분을 알기 위해서 우리 삶 전체가 필요합니다.

여러분은 얼마 동안 예수님을 알고 지냈습니까? 그분을 아신 지 얼마나 됐습니까? 10년, 30년, 50년, 70년? 아니면 80년 동안 그분에 관해 들었습니까?

이 모든 날 동안 우리는 예수님에 관해 많은 이야기를 들었습니다. 그분에 관해 많은 설교를 들었습니다. 그분께 수많은 기도를 드렸습니다. 그분을 노래하고 찬양했습니다. 그분께 고백해 왔습니다. 그렇다면 여러분은 정말로 예수님을 아십니까? '네' 그리고 '아니요'일 것입니다. 왜냐하면 예수님이 하나님과 똑같은 분이시라는 사실을 깨닫는 데 평생이 걸리기 때문입니다.

교회는 이 사실을 이해하는 데 처음부터 어려움을 겪었습니다. 이 사실을 받아들이는 데 힘들어했습니다. 이미 2세기경에 로마 교회에 있던 마르키온이라고 하는 열정적인 장로는 구약이 말하는 하나님과 신약의 예수님이 말씀하는 하나님을 분리해야 한다고 주장했습니다. 그는 교회가 구약 전체를 버려야 한다고 했습니다.

교회가 마르키온을 이단으로 정죄하고 배척했어도 문제는 사라지지 않았고, 오늘날에도 우리 안에 그대로 남아 있습니다. 우리 중 대부분이 역시 이 문제에 대해 고민하고 갈등합니다. 문

생명의 복음

제의 핵심은 예수님과 하나님을 따로 생각한다는 것입니다.

하나님이 이런 분이라면, 예수님은 저런 분이라고 생각하는 것입니다. 하나님이 정의로운 분이라면, 예수님은 사랑하는 분이라는 것입니다. 하나님은 엄한 아버지와 같아서 자녀들이 잘못 행동하면 화를 내며 분노하고 벌을 내리는 분이고, 예수님은 이와는 대조적으로 어머니와 같아서 자녀들의 실패와 잘못들을 이해하고 자녀의 고통과 괴로움과 고민을 함께 나누고 우는 분이라는 것입니다.

그리스도인들의 마음에는 언제나 이런 균열이 있었습니다. 이미 1세기의 요한은 이러한 균열과 분리를 알아챘습니다. 이 점에서 요한은 천재적인 통찰력을 갖고 있었습니다.

즉 빌립의 마음에 이미 이런 분열이 존재하고 있음을 본 것입니다. 빌립이 생각하기에는 아버지이신 하나님이 계시고, 그 다음에 예수님이 계셨습니다. 하나님 따로 예수님 따로, 그런 것입니다. 예수님의 말씀은 그런 빌립의 생각을 산산조각냈습니다. "나를 본 자는 누구든지 아버지를 보았다"는 말씀이 바로 그렇게 했습니다. 그분의 목소리는 분명합니다. "하나님을 보기 원한다면 나를 보라." "하나님은 나와 획 하나도 다르지 않다." "너희가 하나님에 대해 문제가 있다고 생각한다면, 그것은 나에 대해 문제가 있다고 생각하는 것이다." "나를 통해서, 내 안에서, 하나님은 자기 마음에 있는 것을 너희에게 말씀하신다." "나를 통해서, 내 안에서, 하나님은 자기 계획을 너희에게 말씀하신다."

이 사실을 믿으십니까? '예'인 동시에 '아니요'입니다! 그렇습니다. 우리는 믿습니다. 그러나 아닙니다. 우리는 믿을 수 없습니다. 왜냐하면 예수님은 우리가 감당하기에 너무 큰 분이기 때문입니다. 우리는 그분이 말씀하신 것들을 온전하게 파악할 수 없을 것입니다. 우리는 결코 그분이 행하신 일들을 충분히 이해하지 못할 것입니다. 예수님은 끝이 없는 분입니다. 그분에게는 다함이 없는 무엇이 있습니다. 그분에게는 우리가 파악할 수 없는 그 무엇이 늘 있습니다. 그분에 대한 신비는 언제나 그대로 남아 있습니다. 그분이 아버지와 하나가 되신 것에 대한 신비는 도무지 꿰뚫을 수 없는 신비입니다. 그분에게는 역설이 있습니다. 태초에 하나님과 함께 계셨고, 그 후에는 육체를 가진 인간이 되셔서 우리 가운데 사시게 되었다는 것은 매우 역설적입니다.

이런 역설을 어떻게 우리가 이해할 수 있겠습니까? 그분에게는 우리가 다 파악하거나 이해할 수 없는 신비와 비밀이 있습니다.

설교의 왕이라고 불리는 미국의 위대한 설교자 가드너 테일러(Gardner Calvin Taylor, 1918-)는 이렇게 말했습니다.

그는 다른 사람의 아기 침대(마구간) 안에서 잠을 잤지만, 다른 사람의 배를 타고 노를 저었지만, 다른 사람의 당나귀를 탔지만, 다른 사람의 무덤을 빌려 묻혔지만, 이 땅과 그 가운데 충만한 것 모두가 그의 것이며 수천수만의 언덕과 초원을 거니는 모든 가축도 그의 것입니다.

생명의 복음

갓난아기였을 때 그는 왕을 놀라게 했으며, 소년이었을 때 성경 학자들을 어리둥절하게 만들었으며, 어른이 되었을 때 분노한 폭풍을 잠잠하게 하였고 바다를 조용히 만들었습니다. 그의 온유한 명령 한마디에 폭풍은 꼬리를 내리고 잠들었습니다. 그는 책을 쓴 일이 없지만 세상의 모든 도서관은 그에 관해 쓰인 책들을 다 소장할 수 없을 정도입니다. 그는 음악을 작곡한 일이 없지만, 위대한 작곡가들에게 영감을 불어넣어 그들의 모든 재능을 불러모아 그의 발 앞에 내려놓게 했습니다.

헤롯은 그분을 죽일 수 없었습니다. 사탄은 그분을 유혹할 수 없었습니다. 죄는 그분에게 감히 대적할 수 없었습니다. 죄인들은 그분을 거절할 수 없었습니다. 죽음은 그분을 파괴할 수 없었습니다. 무덤은 그분을 붙잡아둘 수 없었습니다. 왜냐하면 그분과 하나님이 같은 분이기 때문입니다. 그분을 본 사람은 아버지를 본 것입니다. 아멘.

13 〔현존〕 성령이 하시는 일들

요한복음 14:15-20

15 너희가 나를 사랑하면 나의 계명을 지키리라 16 내가 아버지께 구하겠으니 그가 또 다른 보혜사를 너희에게 주사 영원토록 너희와 함께 있게 하리니 17 그는 진리의 영이라 세상은 능히 그를 받지 못하나니 이는 그를 보지도 못하고 알지도 못함이라 그러나 너희는 그를 아나니 그는 너희와 함께 거하심이요 또 너희 속에 계시겠음이라 18 내가 너희를 고아와 같이 버려두지 아니하고 너희에게로 오리라 19 조금 있으면 세상은 다시 나를 보지 못할 것이로되 너희는 나를 보리니 이는 내가 살아 있고 너희도 살아 있겠음이라 20 그 날에는 내가 아버지 안에, 너희가 내 안에, 내가 너희 안에 있는 것을 너희가 알리라

요한복음 16:7-15

7 그러나 내가 너희에게 실상을 말하노니 내가 떠나가는 것이 너희에게 유익이라 내가 떠나가지 아니하면 보혜사가 너희에게로 오시지 아니할 것이요 가면 내가 그를 너희에게로 보내리니 8 그가 와서 죄에 대하여, 의에 대하여, 심판에 대하여 세상을 책망하시리라 9 죄에 대하여라 함은 그들이 나를 믿지 아니함이요 10 의에 대하여라 함은 내가 아버지께로 가니 너희가 다시 나를 보지 못함이요 11 심판에 대하여라 함은 이 세상 임금이 심판을 받았음이라 12 내가 아직도 너희에게 이를 것이 많으나 지금은 너희가 감당하지 못하리라 13 그러나 진리의 성령이 오시면 그가 너희를 모든 진리 가운데로 인도하시리니 그가 스스로 말하지 않고 오직 들은 것을 말하며 장래 일을 너희에게 알리시리라 14 그가 내 영광을 나타내리니 내 것을 가지고 너희에게 알리시겠음이라 15 무릇 아버지께 있는 것은 다 내 것이라 그러므로 내가 말하기를 그가 내 것을 가지고 너희에게 알리시리라 하였노라

성령은 누구십니까? 성령의 정체가 궁금합니다. 인격적인 분입니까, 아니면 일종의 힘이나 세력입니까? 아니면 어떤 유령과 같은 존재입니까? 이런 질문을 하다 보면, 성령에 대해 대부분 그리스

도인이 가진 인식이 아주 흐릿하다는 사실을 알게 됩니다. 성령은 우리 의식의 시계(視界) 안에 분명하게 들어오지 않습니다. 마치 자욱하게 낀 안개와 같습니다. 성령은 우리의 마음속에 어떤 이미지나 심상을 제공하지 않습니다. '성령' 하면 마음에 떠오르는 이미지가 별로 없습니다.

어느 날 여러분이 삼위일체 하나님이 사시는 동네에 갔다고 생각해보십시오. 그곳에 가면 여러분은 적어도 세 분을 만날 수 있을 것입니다. 성부 하나님과 성자 하나님과 성령 하나님을 모두 만날 것입니다. 비록 처음 만나러 가면서도 여러분은 마음으로 대충 그분들의 모습이나 이미지를 떠올리면서 갈 것입니다. '거룩하신 아버지'(성부) 하나님이나 '거룩하신 아들'(성자) 하나님은 어느 정도 머리와 마음으로 생각할 수 있는데, '거룩하신 영'(성령) 하나님에 대해서는 전혀 감을 잡을 수 없습니다.

우리는 성부 하나님을 예배하고 사랑합니다. 우리는 성자 하나님을 사랑하고 그분을 따르려고 애씁니다. 그러나 성령 하나님에 대해서는 어떻게 해야 할지 잘 모릅니다. 그분을 만나면 어떻게 말을 걸어야 할지 잘 모릅니다. 그분이 누구신지, 어떤 분인지 잘 모르기 때문입니다.

예배를 시작할 때 부르는 찬송 가운데 이런 가사가 있습니다. "성부, 성자와 성령, 찬송과 영광돌려 보내세. 태초로 지금까지, 또 영원 무궁토록 성삼위께 영광, 영광. 아멘"(3장). 우리는 이렇게 노래합니다. 분명히 성령도 우리의 예배와 찬양을 받으시는 분입니다. 그런데 성령이 누구실까, 어떤 분일까, 주로 무슨 일을 하시는가 하는 질문을 대하면 머뭇거리게 됩니다.

이전에는 성령(聖靈)을 성신(聖神)이라고 불렀습니다. 아직도 그렇게 부르는 분들이 있습니다. 영어로 성령을 '홀리 스피릿'(Holy Spirit)이라고 부르지만, 옛날식 영어로는 '홀리 고스트'(Holy Ghost)라고 했습니다. 거룩한 귀신? 고스트(Ghost) 하면 무엇이 떠오릅니까? 유령이나 귀신들이 떠오를 것입니다. 그러니 옛 스코틀랜드의 기도문 가운데 이런 구절이 있었다는 것도 놀랍거나 이상하지 않을 것입니다.

물론 우리는 더 이상 이런 구닥다리 귀신이나 유령들을 믿지 않습니다. 그렇다면 왜 우리는 '거룩한 신'(Holy Ghost)을 믿어야 합니까? "나는 성령을 믿습니다"라고 매 주일 신앙을 고백하지 않습니까? 그렇다면 무엇을 믿는다는 것입니까? 성령을 믿는다는 말이 무슨 뜻입니까? 성령에 대해 우리가 믿는 것이 무엇입니까?(인격) 성령이 하시는 일이 무엇이라고 믿는다는 것입니까?(사역)

이런 질문을 여러분 혼자만 하는 것이 아니니 너무 걱정하지 마십시오. 이미 사도 요한이 살던 시대에 몇몇 그리스도인이 이런 질문들을 했기 때문입니다. 사도 요한이 요한복음을 쓰게 된 여러 이유 중 하나가 바로 그들의 질문에 답하기 위해서였습니다. 그들의 질문은 이런 것이었습니다. "성령은 무엇을 하십니까?" "성령이 하시는 일은 어떤 일입니까?" "성령이 주로 하시는 일이 무엇입니까?"

첫 번째 일

요한복음 14:17 이하에 요한의 대답이 있습니다. 여기에서 예수님은 이렇게 말씀하십니다. "[성령]이 영원토록 너희와 함께 있게 될 것이다. 성령이 너희 안에 있을 것이다." "내가 너희를 고아와 같이 버려두지 아니하고 너희에게 오리라."

다른 말로 하면, 예수님은 이렇게 말씀하시는 것입니다. "성령을 통하여, 나 예수가 너희와 함께 살 것이다. 성령을 통하여, 나 예수가 너희 안에 있을 것이다. 성령을 통하여, 나 예수는 그저 기억 속에만 남아 있지 않을 것이다. 성령을 통하여, 나는 과거의 추억이 아니라 현재의 경험이 될 것이다. 성령을 통하여, 너희는 나를 그저 기억만 하는 것이 아니라 나를 몸소 경험하게 될 것이다"라고 말입니다.

예수님이 당시의 제자들과 21세기를 살아가는 제자인 우리에게 말씀하시려는 바는 이것입니다. "성령이 없이는, 나는 너희

 생명의 복음

에게서 멀리 떨어져 있는 것이다. 나는 과거에 머물러 있을 뿐이다. 나는 그저 추억일 뿐이다. 내가 전했던 복음은 죽은 편지에 불과하다. 내가 세운 교회는 그저 기관(institution)에 불과하다." 그러나 "나는 성령과 함께, 성령을 통하여, 너희에게 가까이 온다(멀리 떨어져 있지 않다). 나는 지금 너희 가운데 임재(臨在)한다(과거가 아니다). 나는 너희의 경험 안에 들어간다(단지 추억이 아니다). 복음은 구원하시는 하나님의 능력이다(죽은 편지가 아니다). 교회는 나의 몸(body)이다(단순히 기관이나 기구가 아니다)"라고 하십니다.

"내가 너희를 고아와 같이 버려두지 않을 것이다. 내가 너희에게 오리라." 예수님이 이 말씀을 하실 때, 제자들은 외롭고 고독했습니다. 주님이 말씀하시는 고별사를 듣고 있었기 때문입니다. 그들이 지도자 없이 버려진 상태가 될 것이라는 점을 스스로도 알고 있었기 때문입니다. 아무런 프로그램도, 아무런 계획과 목표도, 아무런 희망도 없이 그들을 그저 고아처럼 버려둔 채로 주님이 떠나시게 되었다는 것을 알게 되었기 때문입니다.

"내가 너희를 고아와 같이 버려두지 않을 것이다"라고 예수님이 약속하십니다. 예수님은 제자들이 떨어질 수 있는 깊고 깊은 구덩이에 대해 말씀하고 있는 것입니다. 하나님에게 버림을 받는다는 것에 대해 말입니다.

고아와 같이 버림을 받는다는 것은 마치 "오, 도대체 내가 어디서 그분을 찾아야 한다는 말인가?" 하고 부르짖었던 욥의 심정과 같은 것입니다. 고아처럼 홀로 남겨진다는 것은 지옥으로 내려가는 것이며, 하늘 아래 돌봐줄 사람이 아무도 없음을 경험하는 것입니다.

그러나 여기에 복음이 있습니다. 희소식이 있습니다. 기쁜 소식입니다. 성령은 우리 안에 계시는 예수님의 현존과 임재입니다. 성령은 예수님이 계속해서 우리에게 오고 계시는 것을 말합니다. 우리가 결코 홀로 있지 않다는 보증이 바로 성령입니다.

예수님이 제자들을 떠나셔야만 했던 이유는 성령을 통해 그들과 영원히 함께 계시기 위해서입니다. 예수님이 이 땅에서 육체를 입고 계신 동안에는 공간과 시간에 제약을 받으실 수밖에 없었습니다. 한 번에 한 곳에만 머물러 계실 수 있었습니다.

이러한 환경과 조건 아래서 그분과 교제하고 사귄다는 것은 시간이 되면 그분이 다시 떠나심을 의미합니다. 오고 가는 일입니다. 만나고 헤어지는 일입니다.

그러나 성령의 오심을 통해, 예수님은 언제 어디서라도 계실 수 있게 된 것입니다. 성령의 오심을 통해, 우리가 예수 그리스도와 헤어지거나 떨어져야 할 장소와 시간이 이 세상에 없게 된 것입니다. "내가 너희를 고아와 같이 버려두지 않을 것이다." "외롭고 쓸쓸하게 남겨두지 않겠다. 내가 너희에게 오리라." 이것이 성령이 하시는 일입니다.

두 번째 일

성령이 하시는 또 다른 일이 있습니다. 요한복음 16:8-11에 그 내용이 들어 있습니다. 여기에서 예수님이 이렇게 말씀하십니다. "성령이 오시면, 그분이 세상에게 그 죄를 알려주신다"는 것입니다. 세상에게 "너희의 죄가 이것이다"라고 분명하게 말씀하신다는 뜻입니다. 아무도 그 지적과 고발을 피할 수 없게 된다는 뜻입니다. 성령이 이 세상에게 조목조목 지적하여 들춰내는 것이 무엇입니까? '죄'에 대해서, '의'에 대해서, '심판'에 대해서입니다. 죄에 대해서라 함은 사람들이 예수님을 믿지 않기 때문이며, 의에 대해서라 함은 예수님이 아버지께로 가시게 되었기 때문이며, 심판에 대해서라 함은 이 세상의 지배자가 정죄되었기 때문입니다.

달리 말하자면, 성령은 우리에게 다음과 같은 사실을 보라고 강권하신다는 뜻입니다. "예수 그리스도를 믿지 않는 것이 죄를 짓는 것이다!"라고 말입니다. 이 사실을 확실하게 보라고 성령이 강권하신다는 것입니다. 언제 성령이 이런 일을 하십니까? 가장 먼저 오순절에 성령이 이런 일을 하셨습니다.

오순절 주일, 이날 성령은 베드로의 설교를 들었던 사람들의 마음을 휘저어 이 사실을 보게 하셨습니다. 예수 그리스도를 믿지 않는 것이 죄를 짓는 것이라고 외쳤던 베드로의 설교에 귀를 기울이게 하신 분이 성령이었던 것입니다.

그러자 사람들 마음에 큰 찔림이 있었습니다. 그래서 가슴을 치면서 "어떻게 해야 합니까?" 하고 물었습니다. 누가 그들에게 그런 마음이 들게 했을까요? 누가 그들을 휘저어 죄책감을 느끼게 했을까요? 성령이 그렇게 하신 것입니다. 성령이 하시는 일이 그것입니다.

성령이 오셔서 하시는 일은 이것입니다. 사람들에게 그들의 죄를 확신시킵니다. 종국에 그들이 하나님의 심판대 앞에 서게 된다는 사실을 확신시킵니다.

성령에 관한 찬송가(190장 "성령이여 강림하사")의 가사가 오늘따라 제게 새삼 충격적이고 놀라움을 줍니다. 성령강림절(오순절)이 되면 보통 우리는 영적으로 '뜨거운' 일이 일어나면 좋겠다는 생각을 합니다. 조심해야 합니다. 잘못하다가는 화상을 입을지도 모릅니다! 그렇다면 성령강림절에 우리가 간구하고 기도해야 하는 것이 무엇입니까? 가슴에 뜨거운 그 무엇을 기다리는 것입니까? 아닙니다. "성령이여 강림하사"는 제가 어렸을 때 기도원에서 종종 성령의 오심을 간구하고 불렀던 찬송가입니다. 그런데 가사를 자세히 음미했더니 이 찬송이 죄에 대한 애통과 회개의 마음으로 충만하게 해달라는 찬송임을 깨닫고 굉장히 놀란 적이 있습니다. 한번 읊조리면서 불러보십시오.

성령이여, 강림하사 나를 감화하시고
애통하며 회개한 마음 충만하게 하소서.
예수여, 비오니 나의 기도 들으사

성령이 하시는 일이 우리가 죄를 깨닫고 통회하며 자복하게 하시는 일이라는 것입니다. 그런 일은 우리 스스로 할 수 없습니다. 우리가 하는 일이 아닙니다. 우리가 해서도 안 됩니다. 우리 이웃에게 "당신들은 죄인이며 언젠가 하나님의 심판대 앞에 서게 될 것입니다" 하고 말할 필요가 없다는 말입니다. 그건 여러분의 몫이 아닙니다. 성령이 하시는 일입니다.

지금까지의 말씀을 요약해보겠습니다. 첫째로, 성령은 예수님을 우리에게 모셔옵니다. 성령을 통해, 우리는 예수님이 우리에게 오시고 우리와 함께 걷는 분이심을 알게 되었습니다. 둘째로, 성령은 우리에게 죄와 심판을 분명히 알고 깨닫게 하십니다.

세 번째 일

성령이 하시는 세 번째 일이 있습니다. 요한복음 16:13-14에 따르면, 성령은 우리를 모든 진리로 인도하시는 분입니다. 그분은 자기 말을 하시지 않습니다. 그분은 들은 것만 말씀하십니다. 그분은 장차 올 것에 대해서 우리에게 말씀하십니다. 그분은 예수님의 것을 가져오셔서 우리에게 알려주십니다. 이렇게 하시면서 성령은 예수님을 높이고 영화롭게 하십니다.

달리 말해, 성령은 무대 뒤에서 일하시는 분입니다. 음지에서 일하시는 분입니다. 자신을 내세우지 않고 뒤에서 조용히 일하시는 분입니다. 그분은 자신의 존재를 눈에 띄지 않게 하시는 분입니다. 표면에 나서지 않습니다. 그분은 자신에게 초점을 맞추시지 않습니다. 그분은 예수님께 집중하라고 우리에게 온 힘을 다해 외치십니다.

아마 여러분은 이렇게 말할지도 모릅니다. "성령은 세례자 요한과 같군요." 그렇습니다. 맞습니다. 성령은 세례자 요한과 같습니다. 세례자 요한은 자신을 가리켜 "나는 광야에서 외치는 소리일 뿐이다", "주님이 오신다. 그분을 위해 길을 곧게 만들라" 하고 외치는 소리였습니다. 세례자 요한은 자기 자신에 대해 이렇게 말합니다. "나는 쇠해야 하고 예수님은 흥해야 한다." "나는 점점 약해져야 하고 예수님은 점점 잘 되어야 한다."

이처럼 성령은 세례자 요한과 같습니다. 그분은 부단히 예수님을 위한 길을 준비하고 계십니다. 그분은 계속해서 말씀하십니다. "나는 쇠해야 하고 예수님은 흥해야 한다." 그분은 예수님이 말씀하신 것을 듣고, 그렇게 들으신 것만 우리에게 말씀하십니다(14:26). 그분은 예수님에 대해 증거하십니다(15:26). 그분은 예수님께 속한 것을 우리에게 알려주심으로써 예수님을 영화롭게 하십니다(16:14).

생명의 복음

성령과 그리스도인의 삶

성령의 이런 활동은 직접적으로 우리 그리스도인의 삶에 연결됩니다. 예를 들어, "우리가 성령으로 가득한지 아닌지를 어떻게 알 수 있습니까?" 하는 질문에 대답할 수 있습니다. 우리가 성령으로 충만한 때가 언제입니까? 방언으로 말할 때입니까? 들썩들썩할 때입니까? 마루에 쓰러질 때입니까? 거룩한 웃음을 지을 때입니까?

아닙니다. 사도 요한은 이렇게 말합니다. 여러분이 성령의 현존과 임재를 의식하지 못할 때가 여러분이 성령으로 충만할 때입니다. 여러분이 예수 그리스도를 깊이 의식할 때가 여러분이 성령으로 충만할 때입니다.

달리 말해, 성령으로 가득 채워져 있는 상태는 성령으로 가득 차 있다는 것을 느끼는 것과는 다르다는 말입니다. 성령으로 충만한 것과 성령 충만하다고 느끼는 것과는 다르다는 말입니다. 실제로는 성령으로 충만하지 않으면서도 성령으로 충만한 것처럼 느낄 수가 있습니다. 다시금 말합니다. 성령으로 가득하다고 느끼지 않지만 실제로는 성령으로 가득할 수 있습니다.

요한복음 16:14에 따르면, 성령이 하시는 일은 예수 그리스도를 높이고 예수 그리스도를 영예롭게 하는 일이기 때문입니다. 예수님이 말씀하십니다. "성령은 내 것을 가지고 너희에게 알려 내 영광을 나타낼 것이다."

어떤 사람들은 성령에 대해 말을 많이 합니다. 그들 입에서 성령이라는 단어가 떠나지 않습니다. 성령을 충만하게 받아야 한다느니, 성령이 그들의 삶에서 행하신 놀라운 기적들이 있다느니, 성령이 말씀을 들려주셨다느니, 성령으로 충만할 때 그 기분이 말할 수 없이 좋았다느니 하고 말입니다.

그런 말을 듣다 보면 "아하, 나는 이류 신자인가 보다. 나는 아직도 멀었나 보다. 저 사람은 정말로 성령 충만해서 사나 보다. 늘 찬송하고 기도하면 한두 시간 정도는 보통 방언으로 기도한다던데, 그러면 나는 뭐야? 성령이 그에게 길을 보여주신다고 하던데…. 이곳에 투자하라, 어느 곳에는 가지 마라, 누구에게 가서 기도를 해주라 등 직접적인 계시를 받는 일이 있다고 하던데…." 그리고 열등감이나 자괴감, 부족함과 무력감을 느끼게 됩니다. 이게 맞는 말입니까? 아닙니다! 정말로 아닙니다! 그렇게 말한다고 해서 성령의 임재가 있는 것은 아닙니다.

그렇다면, 언제 성령의 현존(임재) 안에 있는 것입니까? 사람들이 예수님의 이름을 높이고 그분이 행하신 일에 영광을 돌릴 때입니다. 바로 그때 그곳에 성령이 우리와 함께 계십니다. 성령이 하시는 일은 그리스도를 높이고 영예롭게 하는 것이기 때문입니다.

종종 성령이 삼위일체 하나님 가운데 신데렐라(한국말로는 콩쥐)라는 말을 합니다. 삼위 하나님 중에서 가장 무시되거나 구박받거나 잊힌 분이라는 것입니다. 그래서 성령을 재발견할 때 비로소 오순절의 능력을 재발견하고 회복하게 될 것이라고 주장합니다.

정말 그럴까요? 선교신학자 데일 브루너(F. Dale Bruner)는 윌리엄 홀던(William Hordern)과 함께 쓴 책에서 이렇게 경고한 적이 있습니다.[10]

> 나는 교회에 절실하게 필요한 것이 새롭게 성령에 집중하는 것이라는 주장에 동의할 수 없습니다. 교회들이 새로워지기 위해 성령께 새롭게 초점을 맞추어야 하는 것입니까? 나는 그렇게 믿지 않습니다. 내가 그런 주장에 동의할 수 없는 분명하고도 단순한 이유가 있습니다. 성령이 하는 가장 중심적인 일은 교회로 하여금 반복해서 예수 그리스도께 초점을 맞추는 것이라고 예수님이 말씀하시기 때문입니다.

성령은 자기가 무시되거나 구박받는 신데렐라 신세가 된다고 해도 별로 신경을 쓰지 않는 분입니다. 적어도 왕자님만 존경을 받고 영광스럽게 된다고 하면 자기는 어떻게 돼도 상관하지 않는 분입니다. 성령은 사람들이 예수님께 관심이 없거나 무시하지 않는 한, 자신이 무시된다 해도 전혀 상관하지 않는 분입니다.

변화산 정상에서 성부 하나님은 이 사실을 분명하게 보여주셨습니다. 산 정상의 구름 한가운데서 성부 하나님의 음성이 들려왔습니다.

무슨 뜻입니까? 놀라운 환상이나 기적 같은 일이나 황홀경에 도취되지 말라는 것입니다. 여러분의 초점을 예수님께 두라는 것입니다. 그분이 여러분의 관심과 초점이 되게 하라는 것입니다. 성령이 여러분의 관심이나 초점이 되게 하지 말라는 것입니다. 성경이 여러분의 관심과 초점이 되게 하지 말고 성경의 영감과 무오성에 관해 너무 관심을 두지 말라는 것입니다. 여러분의 눈을 오직 예수 그리스도께 고정시키라는 것입니다. 그분이 말씀하시는 것을 들으라는 것입니다.…만일 그렇게 하지 않는다면, 여러분은 성경이 말하고자 하는 전반적인 요점을 놓치고 마는 것입니다. 성경은 성경에 관해 말하지 않습니다. 성경은 성경에 관한 책이 아닙니다. 마치 성령이 성령에 관해 말하지 않는 것과 같은 이치입니다.

성경이 말하고자 하는 중심에 '예수 그리스도'가 있습니다. 성령도 역시 예수 그리스도께 속한 것을 우리에게 알려 주심으로써 그분께 영광을 돌립니다.

언제 이런 일이 일어납니까? 언제 예수 그리스도께 영광이 돌아갈까요? 성령이 예수님의 것을 가지고 우리에게 알리실 때가 언제인가요? 그렇게 함으로써 예수님께 영광을 돌리게 될 때가 언제인가요? 복음을 설교하고 가르칠 때입니다. 복음에 대한 신실한 설교와 교육을 통해, 하나님은 교회의 역사 가운데 자기의 영을 교회의 삶 속에 넣어주셨습니다.

개혁신학의 전통에 서 있는 우리는 '복음의 선포' 없이는, '복음의 설교' 없이는 성령이 우리에게 오시지 않는다고 믿습니다. 개혁신학의 전통에 서 있는 우리는 성찬의 시행 없이 성령이 우리에게 오신다고 믿지 않습니다. 하나님의 말씀과 상관이 없는 영, 성례와 상관이 없는 영은 마치 부실하고 믿을 수 없는 대포와 같습니다. 위험천만하기 그지없습니다. "성령은 내게 있는 것을 가져다가 너희에게 알려준다"고 말씀하신 분은 예수님입니다.

14 [인도] 증거 본문이 필요 없는 영광

> 5 지금 내가 나를 보내신 이에게로 가는데 너희 중에서 나더러 어디로 가는지 묻는 자가 없고 6 도리어 내가 이 말을 하므로 너희 마음에 근심이 가득하였도다 7 그러나 내가 너희에게 실상을 말하노니 내가 떠나가는 것이 너희에게 유익이라 내가 떠나가지 아니하면 보혜사가 너희에게로 오시지 아니할 것이요 가면 내가 그를 너희에게로 보내리니 8 그가 와서 죄에 대하여, 의에 대하여, 심판에 대하여 세상을 책망하시리라 9 죄에 대하여라 함은 그들이 나를 믿지 아니함이요 10 의에 대하여라 함은 내가 아버지께로 가니 너희가 다시 나를 보지 못함이요 11 심판에 대하여라 함은 이 세상 임금이 심판을 받았음이라 12 내가 아직도 너희에게 이를 것이 많으나 지금은 너희가 감당하지 못하리라 13 그러나 진리의 성령이 오시면 그가 너희를 모든 진리 가운데로 인도하시리니 그가 스스로 말하지 않고 오직 들은 것을 말하며 장래 일을 너희에게 알리시리라 14 그가 내 영광을 나타내리니 내 것을 가지고 너희에게 알리시겠음이라 15 무릇 아버지께 있는 것은 다 내 것이라 그러므로 내가 말하기를 그가 내 것을 가지고 너희에게 알리시리라 하였노라 16 조금 있으면 너희가 나를 보지 못하겠고 또 조금 있으면 나를 보리라 하시니

"진리의 성령이 오시면, 그가 너희를 모든 진리 가운데로 인도하실 것이다. 그는 스스로 말씀하시지 않고, 오직 들은 것을 말씀하신다. 그가 장래 일을 너희에게 알리실 것이다. 그가 내 영광을 나타내시리니, 내 것을 가지고 너희에게 알리실 것이다"(요 16:13-14). 성령의 사역이 가진 한 단면을 우리에게 소개하는 예수님의 이 말씀은 아쉽게도 교회와 신학교에서 잘 강조되지 않습니다.

사도 요한의 말에 의하면, 성령은 교회가 진리 전체를 잘 이

해할 수 있도록 교회를 안내하시는 분입니다. 사실 우리는 기록
된 예수님의 가르침들 안에 있는 것보다 더 많은 것을 배워야 합
니다. 예수님이 지상에 계셨을 때 제자들에게 말씀하셨던 것보다
더 많은 것을 하나님이 우리에게 말씀하시기 때문입니다. 그 일
을 하실 분, 우리에게 온전한 진리를 가르쳐주실 분이 성령입니
다. 그분은 예수님이 이 세상에 계실 때 하신 말씀이 지금 각 사
람에게 어떻게 적용되는지, 그 의미가 무엇인지 설명해주시는 분
입니다.

레슬리 뉴비긴(Lesslie Newbigin)은 '계시'에 대해 이렇게 썼습
니다.

> 계시는 사람이 하나님의 온전한 마음을 알기 위해 받아들여야만 하
> 는 무시간적 진리들을 전달하는 것이 아닙니다. 계시는 하나님이
> 세상과 그분의 자녀들을 인도하시는 '방향'을 드러내 보여주는 것
> 입니다. 성경에 실린 내용들은 약속과 성취에 관한 것입니다. 성경
> 은 여정 이야기이며 순례 이야기이며 움직임과 이동에 관한 이야기
> 입니다.[11]

예수님의 승천 이후 시대는 성령의 시대입니다. 교회가 여러 새
로운 문화, 새로운 언어와 민족, 새로운 형태의 사고방식, 새로운
정치질서와 구조, 새로운 사회적 기능을 만날 때, 그 교회를 인도
하시는 분이 성령입니다. 이러한 다양하고 급변하는 환경과 상황

생명의 복음

을 만날 때 앵무새처럼 단순히 예수님의 말씀을 반복하는 것만으로는 충분하지 않습니다. 그것은 시간 낭비이며 아무런 쓸모가 없습니다. 성령은 우리가 가야 할 길과 방향을 보여주시는 분입니다. 예수님 당시에는 결코 제기되지 않았던 수많은 문제와 질문을 후대 교회가 잘 다룰 수 있도록 지혜를 주시는 분이 진리의 성령입니다.

사도행전 10장과 11장에는 고넬료의 개종과 회심에 관한 이야기가 나옵니다. 고넬료는 이방인이었으며 로마의 백부장이었습니다. 오늘날의 육군 대대장입니다. 그런데 베드로가 그의 집에 방문하게 되었습니다. 무엇 때문에 베드로가 그의 집에 갔습니까? 선교에 대한 베드로의 열정 때문이었습니까? 아니면 교회에 대해 그가 가진 파격적이고 대담한 입장 때문이었습니까? 아닙니다. 베드로가 고넬료의 집을 방문한 것은 스스로 마음먹고 내린 결정이 아니었습니다. 그가 고넬료의 집을 찾아가게 된 것은 성령이 그에게 그렇게 하라고 명하셨기 때문입니다. "시몬아, 세 사람이 너를 찾고 있다. 그러므로 일어나 아래층으로 내려가 보아라. 그들과 함께 가기를 주저하지 마라. 내가 그들을 네게 보냈다."

고넬료를 방문하라고 베드로에게 말씀하신 분은 성령입니다. 고넬료에게 임하셔서 사도 베드로가 경험했던 것과 동일한 경험을 하게 하신 분도 성령입니다. 성령이 고넬료에게 임하셨다는 사실을 알게 되자 베드로가 말했습니다. "고넬료가 물로 세례받는 것을 누가 막을 수 있겠습니까? 그도 우리처럼 성령을 받았습니다!"

베드로는 성령이 인도하시는 대로 따라갔던 것입니다. 물론 예수님이 지상에 계실 때 이런 문제에 대해 베드로에게 말씀하신 일은 없었습니다. 그래도 베드로는 이 난감한 문제를 잘 처리했습니다. 성령의 인도하심에 따라 그렇게 한 것입니다. 이럴 경우에 이렇게 하라 혹은 저럴 경우에 저렇게 하라는 '증명 본문들'이 없었지만, 문제를 만날 때 성령의 인도하심을 받아 따라간 것입니다.

고넬료를 방문한 후에 베드로가 예루살렘에 가게 되었습니다. 그러자 예루살렘 교회의 몇몇 형제들이 베드로의 고넬료 방문을 꼬집어 문제를 삼기 시작했습니다. 그들이 베드로에게 물었습니다. "이방인의 집에서 무슨 일을 했습니까?" "이방인들과 함께 식사 자리에 있었다지요?" "이방인에게 세례를 베풀었다고 하던데, 제정신입니까?"

그들은 이런저런 신학적·교리적 잣대를 들이대며 베드로를 다그쳤습니다. 그러자 베드로가 뭐라고 답변했습니까? "성령이 내게 이 일을 시키셨습니다. 하나님이 우리에게 주셨던 동일한 성령을 고넬료와 그의 가족에게도 주셨습니다. 그와 그의 가족이 주 예수 그리스도를 믿었습니다!" 그는 일어난 일을 담대하게 증언했습니다. "내가 누구라고 감히 하나님을 대적한다는 말입니까?" "내가 어떻게 감히 그들에게 세례를 베풀지 않을 수 있다는 말입니까?" "성령이 나를 강권해서 그렇게 하게 하시는데, 어떻게 내가 하지 않을 수 있습니까?"

예루살렘에 있는 형제들이 이 말을 듣고 더 이상 할 말을 잃었습니다. 그들은 모두 입을 다물었습니다. 그들이 더 이상 말할 수 없었던 것은 전혀 예기치 못한, 예측할 수도 없었던 새로운 일이 일어나고 있다는 것을 인정하지 않을 수 없었기 때문입니다. 그들이 전에 한 번도 가지 않았던 길을 가게 하신 분이 성령이었기 때문입니다. 오히려 놀라운 일이 일어났습니다. 그들이 하나님을 찬양하기 시작했습니다. 그들은 "하나님이 심지어 이방인들에게도 생명에 이르게 하는 회개를 주셨다"고 했습니다.

이 얼마나 아름다운 이야기입니까? 교회 역사를 통해 반복적으로 들려지는 이야기입니다. 우리 시대에 우리 교회에서, 우리가 속한 교단에서 반복되어야 할 이야기입니다.

그렇습니다. 성령이 교회를 인도하십니다. 항상 그래 왔던 것처럼, 앞으로도 항상 그럴 것입니다. 그렇다면 오늘날 성령이 교회를 어떻게 인도하십니까? 오늘날 성령이 우리 교회를 어떻게 이끌어가십니까? 성령이 어떻게 우리 노회와 총회를 인도하십니까?

모든 문제에 대한 대답이 성경에서 바로 나오는 것은 아닙니다. 예를 들어, 어떤 여자와 결혼할까요? 이번 사업에 투자해야 할까요, 말아야 할까요? 서점을 하려고 자리를 알아보는데, 한 곳은 2층이고 다른 곳은 1층입니다. 어느 것을 선택해야 합니까? 이와 같은 개인적인 문제와 사업과 관련된 문제로부터, 여성에게도 안수를 주어 목회자가 되게 할 수 있는가 하는 신학적인 문제에 이르기까지 우리의 질문은 다양합니다. 그러나 여러분은 그런 문제에 대한 직접적인 대답을 성경에서 찾을 수 없을 것입니다. 예를 들어, 여성을 교회의 직분자로 세우기 위해 안수하는 일에 관해서 이야기해봅시다. 어떤 사람들은 여성안수에 대한 성경적인 근거가 충분히 있다고 생각합니다. 그러나 다른 분들은 그렇지 않다고 생각합니다. 그렇다면 누가 맞고 누가 틀린 것입니까? 노회와 총회는 이 문제들을 어떻게 풀어가야 합니까?

적어도 성경적인 대답은 있습니다. 이방인들의 세례 문제가 해결된 것과 동일한 방식으로 풀어가야 할 것입니다. 먼저 우리는 성령이 우리를 위해 이 문제를 풀어주실 것을 하나님께 기도해야 합니다. 진리의 성령이 노회와 총회의 참석자들을 인도하셔서, 논의하는 과정을 통해 그리스도께 영광을 돌리게 해달라고 기도해야 합니다. 여기에 무엇과도 타협할 수 없는 본질적인 선이 있습니다. 한쪽이 이기고 다른 한쪽이 지는 일이 있어서는 안 됩니다. 오직 그리스도만 영광을 받으셔야 합니다. 이것이 본질적인 선입니다.

예수님이 진리의 성령에 대해 말씀하시는 요한복음 16:14을 읽어보십시오. "그가 내게 영광을 돌릴 것이다." "그가 내 것을 가져다가 너희에게 알림으로써 내게 영광을 돌릴 것이다." 성령의 인도하심에 대한 혼적은 성령이 예수님을 영화롭게 하시는 것에서 찾을 수 있습니다. 성령은 항상 예수님을 영화롭게 하십니다.

이것이 성령의 본질적인 역할입니다.

마르틴 루터가 이렇게 말한 적이 있습니다. "마치 성령의 '날개들과 모든 것을' 삼켜버린 것처럼 행동하는 사람들의 모습과 성령이 동일시되어서는 안 된다. 오히려 반대로, 성령은 모든 영광을 그리스도께 돌리는 사람들의 행위와 동일시되어야 한다."

성령으로 충만한 사람들은 기꺼이 가장 열정적으로 예수님을 섬기려는 사람들입니다. 달리 말해, 성령으로 가득한 사람들은 자신들이 성령으로 가득하다는 것을 거의 의식하지 않는 사람들입니다. 왜냐하면 그들의 초점은 성령이 아니라 예수님께 있기 때문입니다. 진짜 성령 충만한 사람은 성령을 거의 의식하지 않는다는 말입니다. 그는 오로지 예수님을 바라보고 그분을 섬기는 일에 몰두하기 때문입니다.

성령으로 가득한 것과 성령으로 가득한 것처럼 느끼는 것은 아주 다릅니다. 성령으로 충만한 것처럼 느낀다고 성령으로 충만한 것은 아닙니다. 거꾸로, 성령으로 가득한 것처럼 느끼지 않으면서도 실제로 성령으로 충만할 수 있다는 말입니다. 그러므로 성령으로 가득하기 위해서 얼굴과 심령에 광채가 나고 어둠 속 횃불처럼 불타올라야 하는 것은 아닙니다. 성령 충만하기 위해 목소리가 허스키하게 되고, 항상 '할렐루야'를 외치고, 큰소리로 방언을 말해야 하는 것은 아닙니다.

산 위에서 하신 예수님의 설교 첫 마디를 기억해보십시오. "심령이 가난한 사람들은 복되도다." 무슨 뜻입니까? 하나님의 약속들에 대해 절망하면서 동시에 그 약속들에 대한 희망을 놓지 않는 사람들이 진짜 복된 사람들이며 하늘 왕국이 그들의 소유라는 것입니다. 하늘나라는 오색 창연한 물안개가 피어오르고 찬란한 광채가 나타나는 사람들의 것이 아닙니다. 마음과 심령이 부요한 사람들의 것이 아닙니다. 심령과 마음이 가난한 사람들에게, 즉 성령님을 거의 의식하지 않는 사람들에게 하나님 나라가 그들의 것이라고 예수님이 말씀하시는 것입니다.

데일 브루너(F. Dale Bruner)가 성령에 대해 이렇게 쓴 일이 있습니다.

> 성령은 결코 나대시는 분이 아닙니다. 하나님의 성령은 수줍음과 부끄러움이 있는 분입니다. 그분의 수줍음은 거리를 두려고 하시는 수줍음입니다. 그분의 부끄러움은 몸 둘 바를 모르는 부끄러움입니다. 다른 분에게 시선과 관심을 돌리시려는 수줍음입니다. "나를 쳐다보지 말고 예수님을 쳐다보라" 하는 수줍음입니다. "나에게 영광을 돌리지 말고 예수님께 영광을 돌리라" 하는 부끄러움입니다.

자기가 성령으로 충만한 사람이라고 나대고 뽐내고 말하는 그리스도인들이 간혹 있습니다. 참으로 역겹고 다른 사람들에게 상처를 입히는 사람들입니다. 간혹 입만 열면 성령에 대해 말하고, 자기 혼자 성령을 독점한 것처럼 이야기하는 허풍쟁이 부흥사들도 있습니다. 그들의 가장 치명적인 실수는 성령이 성령 자신에게 초점을 맞추는 것처럼 보이게 한다는 데 있습니다. 심할 경우에는 성령을 강조하면서 모든 초점을 자기 자신에게 맞추게 하기도 합니다.

그러나 성령은 결코 자신에게 초점을 맞추시지 않습니다. 성령은 예수님께 무대 중앙을 양보하시는 분입니다. 무대 중앙에 자신을 위한 자리가 없어도 전혀 서운해하지 않는 분입니다. 성령은 예수님이 모든 관심과 영광을 받으신다면 자신은 무명 배우의 역할을 해도 전혀 개의치 않는 분입니다.

놀랍게도 성령은 예수님이 중심이 되시고 주연 역할을 하실 때, 그런 곳이라면 언제든지 가장 실질적으로 임재하시고 현존하십니다. 그러므로 성령의 임재와 현존을 가장 잘 경험하는 시간과 장소가 있다면 바로 오직 예수님께만 영광이 돌아가는 곳과 때입니다. 그때 그곳에서 여러분은 성령의 임재와 충만한 현존을 경험하게 될 것입니다.

마르틴 루터는 그의 많은 설교 가운데 한 설교에서, 성령의 본업은 복음을 통해 하나님이 그리스도 안에서 우리를 위해 행하셨던 위대한 일들을 드러내는 것이라고 했습니다. 무엇이 위대한 일입니까? 하나님이 그리스도를 통해 우리를 죄와 죽음과 마귀의 세력에서 속량하신 일, 하나님이 그리스도를 통해 우리를 자기의 은혜와 보호 안으로 들이신 일, 우리를 위해 하나님이 그리스도를 통해 자신을 전적으로 온전하게 내주신 일입니다.

요한 사도는 "성령이 하시는 일은 영광을 예수님께 돌려드리는 것이다"라고 말합니다. 그렇습니다. 성령은 그리스도의 영광을 제외한 다른 모든 일에 대해서 부끄러워하고 수줍어하십니다. 그분의 유일한 관심은 예수님께 영광을 돌려드리는 일입니다. 성령은 그 일을 위해서라면 기꺼이 자신이 무명의 존재로 남는다고 해도 전혀 개의치 않는 분입니다. 예수님을 위해서라면, 예수님의 영광을 위해서라면 성령은 기꺼이 백의종군하시는 분입니다.

성령의 위대한 사역은 그리스도가 전파되도록 하는 것입니다. 사람들이 그리스도를 믿게 하는 것입니다. 사람들이 그리스도께 순종하도록 하는 것입니다.

그리스도가 우리에게 알려지는 중요한 수단은 복음이 신실하게 설교되고, 성례가 온전하게 집행되는 것입니다. 하나님은 그분의 성령이 이러한 은혜의 통로가 되시도록, 역사 속에 존재하는 교회의 삶으로 그분을 보내셨습니다. 교회가 설교에 신실하고 성례를 집행할 때 사람들은 성령으로 충만하게 됩니다. 왜냐하면 그들의 삶이 예수님께 초점을 맞추고 있기 때문입니다.

성령의 사역은 예수 그리스도를 영예롭게 하고 그분을 존귀하게 높이는 것입니다. 마르틴 루터가 이야기하듯이, 성령은 오직 예수 그리스도만 선포되고 설교되기를 바라십니다. 우리의 '가련한' 성령은 그 외의 것에 대해서는 아무것도 모르십니다! 성령의 본업은 "예수님께 귀를 기울이시오! 그분의 말씀을 들으시오! 예수님을 믿으시오! 예수님께 순종하시오!"라고 말씀하시는 것입니다. 성령은 그리스도의 것을 가져다가 우리에게 알려주십

니다. 그렇게 하심으로써 그리스도를 영화롭게 하십니다. 그러므
로 우리도 성령처럼 그리스도를 영화롭게 해야 합니다. 그리스도
께 영광을 돌려야 하는 것입니다. 이것이 예배의 본질입니다.

15 〔두려움〕 세상에서 너희가 환난을 당하리라

···세상에서는 너희가 환난을 당하나 담대하여라
내가 세상을 이기었노라

요한복음 16:33을 말씀하실 때 예수님이 매우 고통스러우셨을 것입니다. 지난 3년 동안 같이 지내며 동고동락했던 제자들을 남겨두고 떠날 시간이 되었기 때문입니다. 어떤 말이 고별사로 적합하겠습니까? 만일 제가 고별사를 하게 된다면 아마 이렇게 하겠지요. "지난 여러 해 동안 여러모로 고마웠습니다. 하나님이 여러분을 지켜주실 것입니다. 담대하게 사세요. 걱정하지 마세요. 하나님이 계시잖아요?"

예수님은 사랑하던 제자들을 이 세상에 남겨두고 가시면서 무슨 말씀을 하셨습니까? "너희가 이 세상에서 환난을 당하지 않을 것이다." "무슨 일이 있어도 내가 너희를 보살펴주겠다." "걱정하지 마라. 모든 문제는 내가 해결해줄 것이다." 이렇게 하셨더라면 얼마나 좋았을까요? 그러나 놀랍게도 예수님은 그런 식으로 말씀하시지 않았습니다. "세상에서는 너희가 환난을 당한다. 그러나 담대하라. 내가 세상을 이기었노라." "세상에서 너희가 환난을 당한다"는 말이 도대체 무슨 말입니까?

　　예수님이 하신 말씀을 들여다보면 이런 뜻입니다. "예수님은 우리를 환난에서(from) 직접 구출하시지 않는다. 예수님은 환난을 통해(through) 우리를 구출해주신다. 예수님은 우리를 고난과 역경에서 구원하시지 않는다. 그분은 우리가 고난과 역경을 지나는 동안에 우리를 구원해내신다. 예수님은 우리 위에 계셔서 우리를 끌어올리시는 분이 아니다. 그분은 우리 옆에 계시면서 우리가 고난과 환난을 지나는 것을 보고 계신다. 예수님은 힘의 근원이 되셔서 우리가 고통과 괴로움 가운데 있을 때 우리가 견뎌낼 수 있는 힘과 용기를 공급하시는 분이지, 우리를 고통 그 자체에서 구출하시지 않는다." 즉 예수님은 환난 중에 현존하시는 도움이지, 환난으로부터 구출해내시는 분은 아니라는 것입니다.

　　"세상에서는 너희가 환난을 당하나 담대하라. 내가 세상을 이기었노라." 그렇다면 여기서 말하는 세상은 무엇입니까? 예수님이 세상에 대해 뭐라고 말씀하시는 것입니까? 우리가 읽고 있는 요한복음 16장에서, 예수님은 '세상'에 대해 세 가지를 말씀하십니다.

세상에 관한 첫 번째 말씀

첫째, 세상은 예수님께 아무런 힘도 못 씁니다. 예수님에 대해 맥을 못 춘다는 것입니다. 세상이 그분을 감당하지 못하고, 미워하

생명의 복음

지 못하고, 제거하지 못한다는 것입니다.

예수님은 자신이 죽음에 이르시게 될 시간을 해산하는 여인의 진통 시간에 비견하여 말씀하십니다. 해산할 여인이 '때'가 이르렀기 때문에 진통하는 것처럼, 그분의 '때' 역시 고통스러울 것이라고 말씀하십니다. "내가 십자가에 달리는 시간은 고통스러울 것이다. 왜냐하면 그때 그 시간은 세상이 나를 증오하고 미워하고 있다는 사실이 온 천하에 드러나는 시간이기 때문이다."

이것이 첫 번째로 기억해야 할 사실입니다. 세상이 예수님을 미워하고 싫어한다는 것입니다. 그리고 이런 증오와 미움이 예수님을 십자가에 처형하는 일로 절정에 이르게 됩니다. 바로 이런 세상에 대해 예수님이 "내가 이 세상을 이기었노라" 하고 말씀하시는 것입니다.

세상에 관한 두 번째 말씀

그러나 이것이 전부가 아닙니다. 목자를 죽이는 것으로 만족하지 못한 이 세상은 그 목자의 양 떼도 공격하고 죽이려 듭니다. 이것이 예수님이 세상에 대해 말씀하시려는 두 번째 사실입니다. 세상은 예수님을 미워할 뿐 아니라 예수님을 따르는 자들도 미워하고 싫어한다는 것입니다.

요한복음 15장에서 예수님은 제자들에게 말씀하십니다. 세상이 그들을 미워한다면, 그것은 사실 예수님을 미워하는 것이라는 사실을 기억하라고 말입니다.

여러분이 세상에 속했다면, 세상은 여러분이 자기편인 줄 알고 여러분을 사랑하고 좋아할 것입니다. 그러나 여러분은 이 세상에 속하지 않았습니다. "나는 너희를 이 세상에서 불러내어 택하였다. 이런 이유 때문에 세상이 너희를 미워하는 것이다. 제자는 스승보다 더 위대하지 않기 때문이다"라고 그분이 말씀하십니다. 세상이 예수님을 미워했다면 그 제자들도 미워할 것입니다. 세상이 예수님을 핍박했다면 그 제자들 역시 핍박할 것입니다.

비록 제자들이 지금 이 세상에 있지만, 그들에게는 '고국'(古國)이 따로 있습니다. 비록 여기서 살기는 하지만, 그들은 다른 곳으로부터 삶의 동력을 공급받아 살고 있는 것입니다. 비록 이 세상에 살고 있기는 하지만, 그들은 다른 나라, 다른 곳에 계신 왕에게 충성을 바치고 있는 자들입니다.

세상은 이 사실을 알아차리고 증오와 미움으로 무섭게 반응하는 것입니다. 세상이 예수님을 미워했으므로 제자들도 미워할 것입니다. 세상이 예수님을 핍박했으므로 제자들도 핍박할 것입니다. 제자는 결코 스승보다 더 위대하지 않기 때문입니다.

만일 여러분이 이런 증오와 미움이 옛날이야기이며, 지나간 시대에 해당되는 이야기라고 생각한다면 큰 오산입니다. 순교는 지금도 벌어지는 일이기 때문입니다. 아직도 많은 나라에서 믿는다는 이유 하나만으로, 그리스도인들이 혹독한 값을 치루고 있기 때문입니다. 1990년 3월 18일에 발행된 미국의 기독교 잡지 「크

 생명의 복음

리스채너티투데이」(*Christianity Today*)에 실린 편집장 사설에 따르면, 매년 평균 30만 명의 그리스도인들이 세계 도처에서 순교를 당한다고 합니다. 순교는 어느 특정한 시대에만 있었던 예외적 사건이 아닙니다. 박해와 핍박과 고난은 오히려 기독교 2천 년 역사에서 반복되는, 그리스도인들의 운명이며 패턴입니다.

"형제들아, 세상이 너희를 미워하여도 이상히 여기지 말라"(요일 3:13)고 사도 요한도 경고하고 있습니다. 왜 그렇습니까? 여러분은 죽음에서 생명으로 옮겨진 사람들이기 때문입니다. 여러분은 여러분의 생명을 다른 근원에서 길어올리는 사람들이기 때문입니다. 여러분은 새로운 질서, 다른 질서에 속했기 때문입니다. 이 사실을 기억하십시오. 세상이 이것을 알아차리고 못마땅해할 뿐만 아니라 분노하고 있습니다.

지금 예수님이 제자들에게 바로 이런 세상을 드러내시고 있습니다. 이 세상은 예수님에 대한 증오의 포문을 그분의 제자들에게도 향하고 있습니다. 바로 이런 세상을 보시며 예수님이 우리에게 말씀하십니다. "너희들은 담대하여라. 내가 세상을 이기었노라."

세상에 관한 세 번째 말씀

그러나 이것이 전부는 아닙니다. 예수님은 이 세상을 또 다른 각도에서 우리에게 보여주십니다. 예수님이 '세상'이라고 부르시는 곳은 우리가 전혀 있고 싶지 않은 곳입니다. 어떤 곳입니까? 우리 자신 안에 있는 세상입니다. 환난과 핍박의 때에 제자들은 이 세상이 자신들 안에 있음을 깨닫게 될 것입니다.

적대적이고 비우호적인 세상이 서서히 우리에게 밀고 들어올 때, 예수님이 말씀하신 대로 이 세상이 온갖 것들을 우리에게 퍼붓기 시작할 때, 제자들은 그 '세상'이 자신들 안에 있다는 사실을 알고 깜짝 놀라게 될 것입니다.

때가 올 것입니다. 우리의 힘과 가진 모든 것이 다 고갈될 때, 내가 그토록 단단하게 지키겠노라고 했던 방어진지가 무너져내릴 때, 더 이상 이 세상의 공격을 감당할 수 없을 때, 하나님을 향해 절망적으로 부르짖을 때, 하나님께 실망하여 좌절을 느낄 때 말입니다. 때가 올 것입니다. 그리스도가 가장 가까운 추종자들에 의해 배신당할 때가 올 것입니다.

예수님은 요한복음 16:32에서 제자들에게 말씀하십니다. "보라, 너희가 다 각각 제 곳으로 흩어지고 나를 혼자 둘 때가 오나니…." 이것이 바로 예수님이 세 번째로 말씀하시려는 세상입니다. 우리 내면에 있는 세상입니다. 예수님은 바로 이 세상에 대해 "담대해라. 내가 세상을 이겼노라"고 말씀하십니다.

시몬 베드로의 인생은 '세상'이 우리 안에 있다는 사실을 가장 강력하게 보여줍니다. 네 복음서 모두가 베드로를 보여줍니다. 대표적인 제자, 제자들의 대표, 역사적으로 교회가 자신을 가장 강력하게 동일시하고 있는 그 제자 베드로 말입니다.

생명의 복음

왜 그럴까요? 왜 초기 교회는 베드로를 제자들의 대표로 생각했을까요? 베드로가 언제나 강함과 약함 사이에서 왔다갔다 한 사람이었기 때문입니다. 그는 용기와 비겁함 사이를 오고 간 인물입니다. 그는 통찰과 맹목 사이를 오고 간 사람이었습니다.

어느 날 예루살렘에서 예수님께 맹세했던 베드로를 기억해 보십시오. 베드로는 "필요하다면 저는 기꺼이 죽을 준비가 되어 있습니다" 하고 말했습니다. 그냥 지나가는 말로 그렇게 말한 것이 아니었습니다. 진심에서 우러나온 충정이었습니다. 이러한 영웅적인 고백은 네 복음서 모두에 기록되어 있습니다. 그러나 이 말이 그의 입술에서 아직 맴돌고 있을 때, 놀랍게도 그는 예수님을 부인하게 됩니다.

예수님이 체포되었을 때, 잡혀가시는 예수님을 따라 베드로만 혼자 담대하게 대제사장의 집안으로 들어갔습니다. 그러나 누군가 베드로를 보고 예수님을 따르는 일당 중 한 명이라고 소리치자, 베드로의 용기는 비겁함으로 바뀝니다. 그는 즉시 자기와 예수님은 아무런 관련이 없다고 발을 뺐습니다. "내가 그 사람을 알았다면 차라리 나를 죽여주십시오." 얼마나 뻔뻔한 모습입니까? 얼마나 치사한 모습입니까? 조금 전까지 뭐라고 큰소리를 쳤습니까? "여기 모든 사람이 주님을 배반하고 버린다 할지라도, 나는 끝까지 당신을 따르겠습니다. 당신을 위해서라면 기꺼이 목숨도 내놓겠습니다"라고 하지 않았습니까?

마태가 복음서를 쓰면서 마음에 두고 있던 교회에게—즉 많

은 그리스도인이 핍박과 박해의 압력 때문에 자신들이 섬기던 주
님을 부인했던 교회에게―베드로의 부인(否認) 이야기는 깊은 고뇌
와 부끄러움, 그리고 많은 생각을 불러일으키기에 충분했습니다.

꼬리를 내리고 뒤로 움츠리며 물러갔던 그리스도인들은 베드
로의 배반과 배신으로부터 위안을 받았습니다. 그들은 베드로의
옆에 서서, 때로는 베드로의 뒤에 숨어서, 베드로를 결코 내버리시
지 않고 오히려 그를 감싸 안으시고 다시금 온전한 사람으로 회복
시켜 지도자의 위치로 올려놓으신 예수님을 보았던 것입니다.

예수님이 왜 그런 일을 하셨습니까? 예수님은 세상을 이기신
분이기 때문입니다. 즉 그분은 가장 헌신되고 충성스러운 제자들
안에 있던 세상을 이기신 것입니다. "세상에서는 너희가 환난을
당할 것이다." 여기서 '환난'에 해당하는 그리스어는 '드립시스'
(*thlipsis*)입니다. "세상에서 너희는 '드립시스'를 갖게 될 것이다."
예수님은 이미 16:21에서도 '드립시스'라는 단어를 사용하신 일
이 있습니다.

내면의 '드립시스'

"여자가 해산하게 되면 그 때가 이르렀으므로 근심하나, 아기를
낳으면 세상에 사람 난 기쁨으로 말미암아 그 '고통'(드립시스)을
다시 기억하지 아니하느니라." 해산 중인 여인의 '드립시스'는 진
통입니다. 견디기 힘든 고통입니다. 그러나 진통은 해산하는 여

생명의 복음

인의 마지막 경험도, 또 마지막 기억도 아닙니다. 진통과 고통의 기억은 그 후에 따라오는 기쁨의 빛이 비치기 시작하면 안개처럼 점차 사라집니다.

"세상에서 너희는 '드립시스'를 갖게 될 것이다." 마르틴 루터의 독일어 번역은 이 구절을 "세상에서 너희는 '앙스트'(Angst)를 갖게 될 것이다"라고 옮겼습니다. 다른 언어로 번역될 수 없는 몇 가지 독특한 독일어 단어 중 하나가 바로 '앙스트'입니다. '앙스트'는 아주 날카롭고 정교한 근심과 염려의 느낌입니다.

여러분은 '앙스트'를 한밤중에 흐르는 식은땀과 같은 것으로 경험합니다. 어디를 보아도 길이 보이지 않는 상황입니다. 정말 답답하여 어찌할 줄 모르는 상태입니다. 철저하게 절망적입니다.

'앙스트'라는 단어를 사용하는 것이 의미를 전달함에 있어서 단순히 '근심'이나 '환난'이나 '두통거리'보다 훨씬 나은 것 같습니다. 예를 들어 자동차, 눈, 건강과 같은 것들에 대해 걱정을 하는 사람들이 있다고 합시다. 그들이 이 세상에서 '환난'을 당한다고 할 수 있겠습니까? 물론 그들이 겪는 일들이 '어려움'이기는 하지만, 그것을 가리켜 '환난'이라고는 할 수 없을 것입니다. 여기서 말하고 있는 환난이나 걱정은 그런 것이 아닙니다.

그리스어 '드립시스'를 '환난'으로 번역하면 우리는 주로 외적인 어려움, 즉 외부에서 오는 고통을 생각하게 됩니다. 물론 그것도 이 단어가 가진 부분적인 의미입니다. 그러나 '앙스트'는 그 이상을 말합니다. '드립시스'라는 단어를 '앙스트'로 번역할 때 우리는 우리에게 큰 고통을 주는 것이 외부가 아니라 우리 자신의 내부에서 옴을 말하는 것입니다.

그리스도인들은 번민하고 고뇌하는 사람들입니다. 고뇌와 염려로 고통을 겪는 사람들입니다. 어떤 사람들은 종종 이런 일들이 잘못이라고 단정을 짓지만, 예수님은 이런 일들을 정죄하지 않으십니다. 예수님은 "그건 잘못이야. 왜 고뇌하니? 행복한 얼굴을 해"라고 말씀하시지 않습니다. 사실 이런 식으로 말할 때 더 큰 해(害)가 됩니다.

그리스도인들은 기뻐하고 즐거워하는 사람들입니다. 그러나 그렇다고 늘 행복하기만 한 사람들은 아닙니다. 행복은 온도계 안의 수은주와 같습니다. 날씨와 함께 수은주가 오르락내리락합니다. 이처럼 행복은 생체 화학과 깊이 관련되어 있습니다.

그러나 기쁨은 다릅니다. 기쁨은 다른 근원에서 옵니다. 기쁨은 다른 세상에서 옵니다. 기쁨은 성령의 열매입니다.

많은 그리스도인에게 그리스도인들은 항상 행복해야 한다는 잘못된 환상이 있는 것 같습니다. 참된 신앙인들은 어떤 비극이 일어나더라도 행복해야 된다고 생각하는 사람들이 많습니다. 그러나 이런 생각은 이 세상에서 제대로 살도록 우리를 잘 준비시키는 것이 아닙니다. 영적인 정상에 오르는 쾌감을 추구하는 기독교, 즉 영적으로 흥분되고 기분 좋은 상태로 남아 있도록 분위기를 만드는 그런 종류의 기독교는 우리 바깥에 있는 세상과 우리 안에 있는 세상이라는 바위에 부딪히면 산산조각이 날 것입니다.

생명의 복음

요한복음 16:33의 마지막 구절을 담은 패를 집안 거실 벽에 걸어놓는 사람이 있습니다. "담대해라. 내가 세상을 이기었노라!" 요즘 흔히 하는 말로 긍정의 힘을 믿는 사람입니다.

그러나 그 패의 문구 안에는 정작 있어야 할 중요한 앞부분은 없습니다. "이 세상에서 너희는 '드립시스', '앙스트'를 갖게 될 것이다!" 그렇습니다. 전자 없이 후자만을 가질 수 없습니다. 요한복음 16:33의 전반부 없이 후반부만을 가질 수 없습니다. 달리 말해, 무덤의 이쪽에 있을 때 우리는 '앙스트' 없이 기쁨을 가질 수 없습니다. 우리가 분당(分黨)에 사는 동안 '앙스트'가 있겠지만, 동시에 기쁨도 갖게 될 것입니다. '앙스트'와 함께 기쁨을 가질 수 있다는 것입니다.

경기가 안 좋고 상황이 좋지 않을 때 그리스도인이 무엇을 고백할 수 있습니까? "비록 내 육체와 마음은 시들어갈지라도, 하나님은 내 마음의 힘이 되시고 영원히 내 기업이 되실 것입니다!" 하는 말이 아닐까요?

그리스도인의 신앙은 '고뇌하는 신앙'입니다. 우리가 걸어가기로 기대하고 있어야 할 길이 있다면, 그것은 바로 환난과 어려움의 길입니다. 비탄과 근심입니다. 걱정과 염려입니다. '앙스트'입니다. 그러나 담대하십시오! 예수님이 이미 세상을 이기셨습니다. '앙스트'와 '기쁨'은 이렇게 마지막까지 함께 가는 것입니다.

16 〔식민지〕 외국인 거주자들처럼

11 나는 세상에 더 있지 아니하오나 그들은 세상에 있사옵고 나는 아버지께로 가옵나니 거룩하신 아버지여 내게 주신 아버지의 이름으로 그들을 보전하사 우리와 같이 그들도 하나가 되게 하옵소서 12 내가 그들과 함께 있을 때에 내게 주신 아버지의 이름으로 그들을 보전하고 지키었나이다 그 중의 하나도 멸망하지 않고 다만 멸망의 자식뿐이오니 이는 성경을 응하게 함이니이다 13 지금 내가 아버지께로 가오니 내가 세상에서 이 말을 하옵는 것은 그들로 내 기쁨을 그들 안에 충만히 가지게 하려 함이니이다 14 내가 아버지의 말씀을 그들에게 주었사오매 세상이 그들을 미워하였사오니 이는 내가 세상에 속하지 아니함 같이 그들도 세상에 속하지 아니함으로 인함이니이다 15 내가 비옵는 것은 그들을 세상에서 데려가시기를 위함이 아니요 다만 악에 빠지지 않게 보전하시기를 위함이니이다 16 내가 세상에 속하지 아니함 같이 그들도 세상에 속하지 아니하였사옵나이다 17 그들을 진리로 거룩하게 하옵소서 아버지의 말씀은 진리니이다 18 아버지께서 나를 세상에 보내신 것 같이 나도 그들을 세상에 보내었고 19 또 그들을 위하여 내가 나를 거룩하게 하오니 이는 그들도 진리로 거룩함을 얻게 하려 함이니이다

예수님은 누구신가?

예수님은 누구신가? 예수님의 정체는 무엇인가? 네 명의 복음서 기자는 서로 다른 각도에서 이 질문에 대한 대답을 합니다.

[마가복음] 마가복음은 "예수님은 위대한 미지의 인물이십니다"라고 합니다. 마가복음을 읽어보면, 아무도 예수님이 누구신지 알지 못함을 알게 됩니다. 그분은 알다가도 모를 분입니

다. 그분의 가족과 친척도 예수님이 누구신지 몰랐습니다. 예루살렘의 신학자들도 예수님을 알아보지 못했습니다. 심지어 예수님과 함께 지내던 제자들도 예수님이 누구신지 몰랐습니다. 예수님이 풍랑을 잔잔하게 하신 일을 본 후에 제자들이 뭐라고 했습니까? "도대체 이 사람이 누구냐?" 하며 놀라지 않았습니까? 제자들은 예수님이 누구신지 몰랐던 것입니다.

[마태복음] 예수님은 누구십니까? 예수님이라는 분은 어떤 분입니까? 그분의 정체는 무엇입니까? 마태복음은 "예수님은 이스라엘의 이야기 안에서 이미 기대된 분이다. 성경을 알고 있는 사람들에게는 별다른 소개가 필요하지 않은 분이다"라고 말합니다.

[누가복음] 예수님은 누구십니까? 예수님의 정체는 무엇입니까? 누가복음에 따르면, 예수님은 전 세계적인 공동체를 창립하신 분입니다. 이 공동체 안에서 남성과 여성, 자유인과 노예, 이방인과 유대인 사이의 장벽과 분리는 아무런 힘을 발휘하지 못합니다. 그런 전 세계적인 공동체를 시작하시는 분이 예수님입니다.

[요한복음] 예수님은 누구십니까? 예수님은 어떤 분입니까? 요한복음은 이에 대해 뭐라고 대답합니까? 요한복음은 "예수님은 아버지로부터 오신 분, 아버지가 보내신 분"이라고 합니다. 이제 이 사실을 확실하게 붙잡지 않으면, 다시 말해 예수님이 아버지로부터 오신 분이고, 아버지에 의해 보내심을 받

 생명의 복음

은 분이라는 사실을 확실하게 붙잡지 않으면, 여러분은 예수 님이 누구신지 모른다는 것입니다.

예수님이 모세나 이사야나 바울과 전혀 구별되고 다른 분이 신 이유가 있습니다. 예수님이 위에서 오신 분이고, 아버지로부 터 오신 분이고, 아버지가 보내신 분이기 때문입니다. 이 세상 누 구도 예수님처럼 위에서 오지도, 아버지가 보내지도, 아버지로부 터 오지도 않았습니다. 오직 예수님만이 그렇다는 것입니다.

만일 예수님이 아버지로부터 오시지 않았다면, 아버지가 보내 신 분이 아니었다면, 설령 그분이 놀라운 것을 많이 가르치셨다고 해도 기껏해야 종교 창시자 정도밖에 되지 않았을 것입니다. 그리 고 그분이 십자가에 죽으신 것은 종교적인 이상주의자 한 사람이 맞이한 비극적인 죽음에 불과했을 것입니다.

요한복음에서 예수님은 전적으로 '아버지로부터 오신 분', '아 버지가 보내신 분'일 뿐입니다. 예수님은 아버지가 보내신 메시지 를 전달하는 우편배달부가 아닙니다. 예수님은 언제라도 바뀔 수 있는 우편배달부가 아닙니다. 예수님은 모세나 이사야나 바울이 메신저 역할을 했던 것과 같은 방식의 메신저도 아닙니다.

모세나 바울이 어쩌다가 일찍 죽었다면 누군가 그들의 역할 을 대신할 수 있었을 것입니다. 그러나 예수님의 경우는 그럴 수 가 없다는 것입니다. 하나님은 인류에게 메시지를 보내기 위해서 예수님을 보내신 것이 아닙니다. 하나님 아버지가 보내신 것은 다른 메시지가 아니라 예수님 자신이었습니다.

예수님은 아버지가 이 세상을 향해 말씀하셔야만 하는 전부였습니다. 아버지는 예수님 외에 아무런 말씀도 하실 것이 없었습니다. 예수님 자체가 하나님의 말씀이라는 것입니다. 예수님은 메시지를 갖고 오시지 않았습니다. 그분 자체가 메시지입니다. 예수님은 진리를 전달하시는 분이 아닙니다. 그분이 진리입니다. 예수님은 하늘로부터 오는 떡을 주시지 않습니다. 그분이 하늘의 떡입니다. 예수님은 우리에게 생명을 주시지 않습니다. 그분이 생명입니다.

우리는 누구인가?

예수님은 자신이 누구인지 말씀하신 후, 자신이 아버지로부터 왔다고 말씀하신 후, 자신이 아버지에 의해 보냄을 받았다고 말씀하신 후, 우리가 누구인지에 대해 우리에게 말씀하십니다.

요한복음 17:18에서 "아버지가 나를 이 세상에 보내신 것같이 나도 너희를 이 세상에 보내노라"고 말씀하십니다. 달리 말해, 예수님처럼 우리도 우리의 사명(mission)과 동일시된다는 것입니다. 우리가 사명을 갖고 있는 것이 아니라, 예수님처럼, 우리 자신이 사명이라는 것입니다. '미션'(mission)은 보냄을 받는다는 뜻입니다. 쉽게 말해, 우리도 '보냄을 받은 자'라는 것입니다. 예수님이 아버지로부터 이 세상에 오신 메시지인 것처럼, 우리 역시 예수님이 이 세상에 보내신 메시지라는 것입니다.

우리가 하는 모든 것, 우리가 하는 모든 일, 즉 걷고 잠자며, 먹고 마시며, 일하고 쉬며, 말하고 침묵하는 모든 일 가운데로 예수 그리스도가 '보내신 자들'이 바로 우리입니다. 우리는 예수 그리스도를 반영하는 '거울들'입니다. 우리는 예수님을 대신하는 '대사들'입니다. 그렇기 때문에 이 세상은 우리를 좋아하지 않습니다. 그리스도가 우리의 삶이기 때문에 세상은 우리를 싫어합니다.

예수님이 우리를 대신해서 아버지께 하신 기도를 들어보십시오.

자, 이제 15절입니다. "내가 비옵는 것은 그들을 세상에서 데려가시기를 위함이 아니요, 다만 악에 빠지지 않게 보전하시기를 위함이니이다." 달리 말하면, 이 세상으로부터 떨어져 사는 것이 아니라 이 세상 안에서 보전되는 것, 이 세상으로부터 도피하는 것이 아니라 이 세상에 깊은 관심을 갖고 들어가는 것, 이 세상에 대해 포기하는 것이 아니라 우리의 삶을 이 세상에 투자하는 것입니다. "내가 기도하는 것은 그들을 세상에서 데려가시기를 위함이 아니요, 다만 악에 빠지지 않게 보전하시기를 위함이니이다."

그리스도인의 삶에 대한 두 가지 모델

그리스도인의 삶에 대한 모형은 두 가지로 생각할 수 있습니다. 첫 번째 모델은 순례자의 모델입니다. 여기서 말하는 순례자는 존 버니언(John Bunyan)의 유명한 책 『천로역정』(*Pilgrim's Progress*, 포이에마 역간)에 잘 묘사되어 있는 그리스도인의 모습입니다. 이 모델의 강조점은 이 세상과의 결연한 결별입니다. '크리스천' (Christian)이라는 이름을 가진 사람이 '악한 도성'(우리말로 번역할 때 장망성[將亡城]이라고 했는데, 장차 멸망하게 될 마을을 뜻함―지은이 주)을 떠나 다른 세계에 있는 우리의 진정한 집으로 가는 과정을 그린 작품입니다.

이처럼 천로역정(순례자의 여정) 모델에 따르면 이 세상은 무엇보다도 위협이요 전염성의 근원이기 때문에, 그리스도인들은 전염되지 않고 깨끗하게 남아 있어야 합니다. 세상은 악한 곳이고, 하루속히 떠날 준비를 해야 하는 곳이고, 가치 있는 것이라고는 아무것도 없는 곳입니다. 그러므로 구원을 받는다는 것은 이 세상과 철저하게 결별하는 것입니다.

천로역정 모델은 이미 구약의 롯과 가족 이야기 안에 잘 드러나 있습니다. 그들은 악의 도시인 소돔에서 도망쳐 나와야 했기 때문입니다. 그들은 이 세상과 철저하게 단절해야만 했습니다. 그러므로 천로역정 모델은 분명히 성경적인 근거가 있는 모델입니다.

생명의 복음

그리스도인의 삶을 대변하는 두 번째 모델로는 요나 모델이 있습니다. 구약의 예언자 요나를 기억해보십시오. 여기에서 중심 무대는 악한 도시 니느웨입니다. 천로역정과 마찬가지로 악한 도시가 중심 무대입니다. 그러나 하나님은 요나에게 악한 도시로 들어가라고 명하십니다.

이야기의 끝 부분에 나오는 요나의 모습은 어떻습니까? 그는 악한 도시가 멸망하기를 기다렸습니다. 그러나 그는 기분이 몹시 상했습니다. 그 도시가 망하기는커녕, 오히려 사람들이 회개하고 있었기 때문입니다. 불평과 불만으로 가득한 요나에게 하나님이 탄원하십니다. "내가 이 큰 도시에 관심을 두지 말아야 한다는 말이냐? 이 큰 성읍 니느웨에 천진난만한 어린아이들과 가축도 많이 있는데, 내가 어찌 불쌍히 여기지 않겠느냐?"

요나 모델 역시 성경에 그 근거를 둡니다. 예를 들어, 호세아를 보십시오. 하나님은 그에게 가서 음란한 여성을 취하여 아내로 삼으라고 말씀하셨습니다. 이와 같이 요나도 니느웨라는 악한 도시로 보냄을 받았습니다.

이 두 가지 모델, 즉 천로역정 모델과 요나 모델은 서로 충돌하는 것처럼 보입니다. 그러나 이 두 가지 모델은 모두 성경적인 근거가 있습니다. 이처럼 여러분 앞에는 두 가지 모델, 두 가지 방향이 있습니다. 이 두 가지 모델 중 하나는 도시를 떠나는 것이고, 다른 하나는 도시 안으로 들어가는 것입니다.

하늘 식민지 모델

어떻게 이 두 가지를 연관시킬 수 있습니까? 사도 바울은 이 두 가지 모델을 하나로 묶었습니다. 빌립보 사람들에게 보낸 편지에서 그랬습니다. 그곳에서 바울은 우리 그리스도인을 가리켜 "우리는 하늘의 식민지입니다"라고 합니다. 하늘 식민지(植民地, colony)는 해안 교두보와 같습니다. 상륙 거점과 같습니다. 그곳에서 전선이 시작되어 이 세상으로 밀고 들어갑니다. 하늘의 식민지는 전방 초소이며 전진기지(outpost)입니다. 다른 문화 한가운데 떠 있는 또 다른 문화의 섬입니다. 고국의 가치들이 보존되고 유지되고 다음 세대에 전수되는 곳입니다. '외국인 거주자'(resident aliens)의 독특하고도 유별난 삶의 방식이 보존되고 배양되는 곳입니다.

그리스도인들은 외국인 거주자들입니다. 하늘의 식민지 거주민들입니다. 그리스도인으로서 우리는 이 세상의 문화에 대해 '대항문화'(counterculture)를 형성합니다. 우리는 다른 문화의 한가운데 떠 있는 또 다른 문화의 섬입니다.

2, 3세기의 무명 그리스도인이 남긴 말을 들어보십시오. 그때는 물론 지금도 너무나 적실성 있는 말입니다. 외국인 거주자들이 어떻게 행동해야 하는지 잘 보여주는 말입니다.

국적이나 언어나 습관이나 풍습으로 구별되는 것은 아닙니다.

그리스도인들은 자기들만의 도시에 살지 않습니다.…
모든 외국과 낯선 땅이 그들의 조국입니다.

그러나 모든 조국은 그들에게 언제나 낯설고 물 선 외국입니다.

모든 사람이 그렇듯이, 그들도 결혼하여 자녀를 갖습니다.

그러나 그들은 자기 자녀들을 내버리지 않습니다.

그들은 공동의 식사 자리를 만들지만

공동의 침대를 갖지는 않습니다.

(달리 말해, 아무나하고 잠자리를 갖지 않습니다.)

그들의 운명은 '육체 안에' 던져졌지만

그러나 그렇다고 '육체를 따라서' 살지는 않습니다.

(운명이라고 하며 마음대로 함부로 사는 사람들은 아니라는 것입니다.)

그들은 이 땅에서 시간을 보내지만

그들의 시민권은 하늘에 있습니다.

그들은 정해진 법들에 순종하지만

모든 사람에게 박해를 받습니다.

그들은 오해받으며 살고

정죄됩니다.

그들은 조롱받으면서도

다른 이들을 축복합니다.

그리스도인으로서 우리는 '외국인 거주자'(resident aliens)입니다. 하늘의 식민지에 사는 거주자(colonist)입니다. 그러므로 우리를 위한 그리스도의 기도는 아버지가 우리를 이 세상에서 데려가 달라는 것이 아니라, 우리를 이 세상 안에서 보존하고 보호해달라는 것이었습니다.

외국인 거주자들은 이 땅에 살면서도 그들만의 관습과 억양과 행동 양식이 있습니다. 그들은 이 땅의 본토인들에게 언제나 소외(왕따)를 당합니다. 본토인들은 그들이 걷는 모습을 보고 웃습니다. 본토인들은 그들이 말하는 억양을 듣고 웃습니다. 그러나 외국인 거주자들은 그들만의 문화를 만들어가며 삽니다. 그들의 나라로부터 유래한 생활양식과 가치관을 갖고 삽니다.

이 땅의 사람들이 뭐라고 해도 그들은 부끄러워하지 않습니다. 왕따를 당해도 웃어넘깁니다. '왕'을 따르는 사람들이 반드시 겪어야 하는 과정으로 이해하기 때문입니다. 왕을 따르는 사람들은 원래 따로 노는 법이라며 대수롭지 않게 생각합니다. 그들에게는 그들이 속한 나라가 따로 있기 때문입니다. 그 나라를 생각하면 마음에 생기는 울렁거림을 참을 수 없습니다. 그 나라를 향한 그리움으로 눈물짓곤 합니다. 그리스도인은, 루이스(C. S. Lewis)가 잘 표현한 대로, 어떤 누구도 '위로할 길이 없는 비밀'(inconsolable secret)을 간직하며 사는 나그네요 순례자입니다.

하늘의 식민지, 하늘의 전진기지에 사는 여러분이 혹시라도 이 땅의 사람들이 가진 언어 습관이나 사고방식 혹은 가치관을 대할 때 전혀 이상하게 느껴지지 않고 오히려 자연스럽게 느껴진다면, 여러분은 이미 이 땅에 상당히 동화된 사람들입니다. 그러나 이 땅의 사람들이 가진 말투나 생각하는 방식, 혹은 그들이 옷 입는 모습이 생소하거나 이상하게 보이거든, 여러분은 아직도 외국인 거주자로 이 세상을 살아가고 있는 것입니다. 이 점에 대해 하나님께 감사하십시오. 무슨 뜻입니까? 다음 이야기를 들으면서 이해해보십시오.

제 아버지는 42세의 젊은 나이로 세상을 떠나시기 전까지 버스 기사로 사셨습니다. 지금부터 50년 전 이야기입니다. 당시 제가 살던 시골 동네는 한 시간 반에 한 번꼴로 다니는 시외버스가 있었습니다. 5대가 전부였습니다. 아버지는 정규직 버스 기사가 아니라, 정규직 기사가 휴무이거나 아파서 못 나오게 되면 대타로 운전대를 잡는 대기 기사셨습니다. 당시에는 '스페어'(spare)라고 불렀습니다. 예비 기사 혹은 대기 기사라는 뜻입니다. 어렸던 저는 왜 우리 아버지가 정식 기사가 아닌지 의아했습니다. 동네 친구들에게 창피했습니다. 동네를 다니던 버스가 모두 5대밖에 없어서, 고정 기사가 누구인지 스페어 기사가 누구인지 모두 알고 있었기 때문입니다. 그러나 저는 아버지에 대해 한 가지는 확실하게 알고 있었습니다. 아버지는 아주 신실한 '예수쟁이'였습니다. 주일이면 무슨 일이 있어도 우리 식구 6명 전부를 데리고 교회에 가셨습니다. 족히 40분 이상 되는 거리를 걸어서, 신작로와 논두렁을 타고 멀리 읍내의 교회로 갔습니다. 당시 시골 동네에 미신 숭배가 얼마나 많았던지, 동네 여기저기서 2-3일 걸러 고사를 지냈습니다. 시골 동네에서 거의 유일한 예수쟁이가 우리 아버지였습니다. 동네 사람들이 수군거리는 제1호는 언제나 우리 아버지였습니다. 그런 분이 스페어 기사 노릇을 하고 있었으니, 어린 제 자존심도 역시 몹시 상했습니다. 그리고 그분은 스페어 기사로 이 세상을 떠나셨습니다.

얼마 전, 거의 40년이 지난 어느 날 저는 깜짝 놀랄 만한 이야기를 들었습니다. 아버지의 처남, 즉 어머니의 막내 동생 되는 분, 그러니까 제게는 숙부이신 분이 아버지에 대한 이야기를 시작하셨습니다. "너는 왜 네 아버지가 스페어 기사로 있었는지 아니?" 저는 가볍게 웃으면서 "아마 고정적인 자리가 없었거나, 아니면 운전 실력이 모자라셨나 보죠" 하고 대답했습니다. 그러자 숙부가 진지한 표정으로 말씀하셨습니다. "아니야. 정규직 기사로 일할 수도 있었는데, 네 아버지가 스페어 기사를 자원한 거야. 이유는 단 한 가지, 주일에 교회에 가기 위해서였어. 주일성수(主日聖守)를 위해서였지. 신앙에 대해서 그렇게 철저했단다." 숙부는 말을 이어가셨습니다. "당시는 정

           생명의 복음

규직 기사라도 일요일에 운행 순번이 돌아오면 무슨 일이 있어도 운전을 해야 했지. 그러나 스페어 기사는 안한다고 말하면 운전하지 않아도 됐어. 일요일에 일을 못 하겠다고 하니 다른 평일에도 일거리를 주지 않았지. 그래서 너희가 힘들게 살았던 거야." 신앙의 길에 들어선 지 그리 오래되지 않은 숙부뿐 아니라 저도, 다시금 이 세상에서 신앙인으로 사는 것이 무엇을 의미하는지, 그리스도인들이 외국인 거주자처럼 산다는 것이 무엇을 뜻하는지 알게 됐습니다.

여러분은 전과 같이 지금도 이 세상이 그리스도인들의 삶의 방식에 대해, 외국인 거주자의 도덕성에 대해 전쟁을 선언하고 있음을 알 것입니다. "예수 말고도 다른 구원의 길이 있다." "좀 편하게 신앙생활 하지, 그렇게 살 이유가 있는가?" "세상의 가치관에 어느 정도 타협하고 살아도 되지 않는가?" "마약은 괜찮다." "섹스도 자유다." "낙태는 여성의 자유다." "모든 종류의 권위는 자유를 침해하는 것이다." 이렇게 외치는 세상 속에 살고 있습니다.

그러나 바람을 뿌렸더니 회오리바람을 거두고 있습니다. 자기만족을 위한 신앙생활이 주류를 이루게 되었습니다. 사람들은 더 이상 예수쟁이라는 말을 듣고 싶어하지 않습니다. 익명(匿名)의 그리스도인으로 남아 있기를 원합니다. 자기희생이 없는 종교생활로 전락하고 있습니다. 마약과의 전쟁에서 지고 있습니다. 범죄율이 점점 높아지고 있습니다. 십대의 임신율이 높아지고 있습니다. 사방에서 공공연하게 낙태가 이루어집니다. 성에 대해 매우 자유분방한 시대가 되었습니다. 더 이상 권위에 순종하지 않는 시대입니다. 십계명은 고대의 법으로, 박물관에서나 찾아볼 수 있는 문헌이 되었습니다.

그렇다면 우리는 이 세상에 대해 심각하게 반응하고 살아야 하지 않겠습니까? 주님을 위해서라면, 우리의 왕을 위해서라면, 기꺼이 '왕따' 당하는 것을 부끄러워하지 말아야 하지 않겠습니까?

우리를 위한 그리스도의 기도는 우리에게 이 세상을 포기하고 살라고 하지 않습니다. 세상과 담을 쌓고 살라는 것도 아닙니다. 이 세상에서 도피하여 산속으로 들어가라는 것도 아닙니다. 이 세상에서 그분의 증인들이 되라는 것입니다. 이 세상에 빛을 비추는 방식으로 살라는 것입니다. 이 세상에 빛을 비추는 방식으로 그리스도의 증인이 되라는 것입니다.

그리스도께서 우리에게 말씀하십니다. "나의 기도는 하나님이 너희를 이 세상에서 데려가라고 하는 것이 아니라, 하나님이 너희를 악으로부터, 악한 자로부터 보호해달라고 하는 것이다." 아멘.

17 〔기쁨〕 마리아야, 울지 마라

요한복음 20:1-18

1 안식 후 첫날 일찍이 아직 어두울 때에 막달라 마리아가 무덤에 와서 돌이 무덤에서 옮겨진 것을 보고 2 시몬 베드로와 예수께서 사랑하시던 그 다른 제자에게 달려가서 말하되 사람들이 주님을 무덤에서 가져다가 어디 두었는지 우리가 알지 못하겠다 하니 3 베드로와 그 다른 제자가 나가서 무덤으로 갈새 4 둘이 같이 달음질하더니 그 다른 제자가 베드로보다 더 빨리 달려가서 먼저 무덤에 이르러 5 구부려 세마포 놓인 것을 보았으나 들어가지는 아니하였더니 6 시몬 베드로는 따라와서 무덤에 들어가 보니 세마포가 놓였고 7 또 머리를 쌌던 수건은 세마포와 함께 놓이지 않고 딴 곳에 쌌던 대로 놓여 있더라 8 그 때에야 무덤에 먼저 갔던 그 다른 제자도 들어가 보고 믿더라 9 (그들은 성경에 그가 죽은 자 가운데서 다시 살아나야 하리라 하신 말씀을 아직 알지 못하더라) 10 이에 두 제자가 자기들의 집으로 돌아가니라

11 마리아는 무덤 밖에 서서 울고 있더니 울면서 구부려 무덤 안을 들여다 보니 12 흰 옷 입은 두 천사가 예수의 시체 뉘었던 곳에 하나는 머리 편에, 하나는 발 편에 앉았더라 13 천사들이 이르되 여자여 어찌하여 우느냐 이르되 사람들이 내 주님을 옮겨다가 어디 두었는지 내가 알지 못함이니이다 14 이 말을 하고 뒤로 돌이켜 예수께서 서 계신 것을 보았으나 예수이신 줄은 알지 못하더라 15 예수께서 이르시되 여자여 어찌하여 울며 누구를 찾느냐 하시니 마리아는 그가 동산지기인 줄 알고 이르되 주여 당신이 옮겼거든 어디 두었는지 내게 이르소서 그리하면 내가 가져가리이다 16 예수께서 마리아야 하시거늘 마리아가 돌이켜 히브리 말로 랍오니 하니 (이는 선생님이라는 말이라) 17 예수께서 이르시되 나를 붙들지 말라 내가 아직 아버지께로 올라가지 아니하였노라 너는 내 형제들에게 가서 이르되 내가 내 아버지 곧 너희 아버지, 내 하나님 곧 너희 하나님께로 올라간다 하라 하시니 18 막달라 마리아가 가서 제자들에게 내가 주를 보았다 하고 또 주께서 자기에게 이렇게 말씀하셨다 이르니라

예수님의 부활은 우리의 마음을 부수는 사건입니다. 예수님의 십자가는 우리의 가슴을 부수는 사건입니다. 예수님의 빈 무덤은

우리의 마음을 무너뜨리는 사건입니다. 우리의 마음과 가슴은 함께 부서질 필요가 있습니다. 그래야만 우리는 부활절을 경험할 수 있습니다. 그래야만 우리는 부활절의 기쁨을 경험할 수 있는 것입니다.

부활절의 기쁨, 그것은 어떤 기쁨인가요? 이 기쁨은 결코 작은 의미의 기쁨이 아닙니다. 이 기쁨은 결코 순간적인 의미의 기쁨도 아닙니다. 이 기쁨은 우주(宇宙)적인 의미에서의 기쁨입니다. 세상을 감싸는 한없는 기쁨입니다.

부활의 사람들인 우리는 기뻐하고 가슴 벅차해 하는 백성입니다. 왜냐하면 하나님이 모든 것을 통제하고 계시다는 것을 우리가 알고 있기 때문입니다. 아무것도 하나님을 좌절시킬 수 없다는 것을 알고 있기 때문입니다. 예언자들의 모든 약속이 마침내 이루어진다는 것을 알기 때문입니다. '새 하늘과 새 땅이 있을 것'을 알고 있기 때문입니다.

물론 우리에게 슬픔도 있음을 압니다. 그러나 슬픔 중에도 우리는 즐거워하고 기뻐합니다. 이야기의 결국(結局)을 알기 때문입니다. 우리 주 예수님이 살아나셨다는 것을 알기 때문입니다. 무덤이 비었다는 사실을 알기 때문입니다.

그리고 빈 무덤이 우리에게 가르치는 것이 있습니다. 세상일들이 우리에게 달려 있지 않다는 것을 가르칩니다. 우리가 예수님을 돌볼 필요가 없다는 것을 가르칩니다. 우리가 예수님에 대해 걱정할 필요가 없다는 것을 가르칩니다. 예수님이 자신의 문제를 다 처리하실 수 있다는 것을 가르칩니다. 이 얼마나 감사한 일인지요!

빈 무덤은 우리가 예수님을 지킬 필요가 없다는 사실을 가르칩니다. 우리가 예수님을 보호할 필요가 없다는 것을 가르칩니다. 우리가 예수님을 변호할 필요가 없다는 것을 가르칩니다. 우리가 마음 편히 기뻐할 수 있다는 사실을 가르칩니다.

여러분과 저는 '믿음'(신앙)을 위해 열심히 노력합니다. 우리는 신앙에 대해 고민하고 갈등합니다. 우리는 하나님 나라의 도래(到來)가 우리에게 달려 있다고 생각합니다.

그러나 빈 무덤이 우리에게 말해주는 것은 다릅니다. 하나님의 사람들이여, 긴장을 풀고 편안하게 앉으십시오. 하나님이 스스로 자신의 나라를 이루실 것입니다. 하나님은 자신이 정하신 시간과 장소에 자신의 나라를 세우실 것입니다. 당신들이 할 수 있는 일은 아무것도 없습니다!

긴장을 풀고 편하게 있는 것은 특별한 열심이 있는 그리스도인들에게 힘든 일일 것입니다. 다른 사람이 그렇게 있는 것을 보는 것조차도 견디기 힘든 일일지도 모릅니다. 왜냐하면 우리 그리스도인은 마치 "오, 주님! 저는 당신의 종입니다. 제발 저를 잊지 마십시오. 제가 새벽녘에 태양을 떠오르게 할 것입니다" 하고 기도하는 수탉과 같기 때문입니다.

긴장을 풀고 편하게 있는 것은 그들에게 힘든 일일 것입니다. 우리는 마치 "오, 주님! 제가 집을 지키고 있습니다. 제가 여기 있지 않으면 누가 이 집을 지키겠습니까? 누가 당신의 양 떼를 돌보겠습니까? 누가 저처럼 충성스럽게 집을 지키겠습니까? 주님과 저 외에, 누가 '충실'(忠實)이란 말의 의미를 이해하겠습니까?" 하고 기도하는 개와 같기 때문입니다.

빈 무덤은 그러한 기도와 노력에 대한 하나님의 강력한 부정입니다. 빈 무덤은 우리에게 "우리가 없다고 태양계가 함몰(陷沒)하거나 꺼져버리지 않는다!"고, "우리가 없다고 교회가 쓰러지는 것은 아니다!"라고 말해주고 있습니다.

우리는 예수님을 위해 무엇인가를 반드시 하고 싶어합니다. 우리에게는 그분을 변호해드리고 싶은 마음이 간절합니다. 우리는 그분을 잘 보살펴드리기를 원합니다. 그러나 빈 무덤은 크게 선언합니다. "그런 일이 필요 없다! 너희가 예수님을 잘 보살필 필요가 없다. 예수님은 우리의 도움을 필요로 하시지 않는다. 예수님은 스스로를 잘 추스르신다" 하고 말입니다.

무덤이 텅 비어 있습니다. 가서 보십시오. 막달라 마리아와 함께 가보십시오. 주님의 날 이른 아침에 그녀를 따라 무덤으로 가보십시오. 아직도 어둠으로 덮여 있는 이른 새벽에 무덤으로 가보십시오.

왜 마리아는 그곳에 갑니까? 예수님의 시신(屍身)에 향유를 바르기 위해서가 아니었습니다. 이미 아리마대 요셉과 니고데모가 성 금요일에 향유를 발랐습니다. 그들은 75파운드나 되는 몰약과 침향(沈香)을 주님의 몸에 발랐습니다.

그렇다면 마리아는 왜 무덤에 갔을까요? 애곡(哀哭)하러 간 것입니다. 가장 가깝고 가장 사랑했던 사람으로서의 의무를 행하기 위함이었습니다. 무덤 곁에 앉아 주님을 슬퍼하기 위해서였습니다. 예수님을 위해 무엇인가를 하기 위해서 간 것입니다.

그러나 마리아가 그곳에 이르렀을 때, 그녀는 그렇게도 원했던 것을 할 수 없음을 알게 됩니다. 그녀는 이미 무덤을 막았던 돌이 치워져 있고 시신(屍身)이 없어졌음을 알게 됩니다.

마리아는 무덤이 도굴(盜掘)되었다고 생각했습니다. 아리마대 요셉과 니고데모가 매우 값비싼 향료로 예수님의 시신을 쌌기 때문에, 무덤 도굴꾼들이 이 값비싼 향료를 훔치기 위해 무덤을 열었다고 생각한 것입니다.

무덤이 빈 것을 발견한 마리아는 베드로와 요한에게 달려갑니다. 그리고 소식을 전합니다. "사람들이 주님의 시신을 치웠습니다. 그들이 어디에 두었는지 모르겠습니다." 그러자 제자들이 무덤으로 급히 달려갔습니다. 왜냐하면 그들 역시 예수님을 위해 무엇인가 해야 한다고 생각했기 때문입니다. 예수님이 살아 계실 때 그분을 위해 하지 못했던 것을 지금이라도 하기를 원했기 때문입니다. 지금 그들은 돌아가신 예수님을 보호하기를 원하는 것입니다.

베드로와 요한이 무덤에 도착했을 때, 그들은 무덤이 텅 비었다는 사실을 발견하고 아연실색(啞然失色)하지 않을 수 없었습니다. 그러나 완전히 텅 빈 무덤은 아니었습니다. 요한이 허리를 굽혀 무덤 안을 들여다보았을 때, 그곳에는 예수님의 몸을 쌌던 천이 고스란히 놓여 있었습니다.

베드로가 무덤 안으로 들어갔을 때, 그도 동일한 것을 봤습니다. 예수님의 몸을 쌌던 천과 머리를 쌌던 천이, 푹 꺼져 있는 모습이기는 했지만, 원래 싸맸던 모습대로 고스란히 그 자리에 놓여 있었습니다. 이것이 베드로와 요한이 본 것입니다. 그들은 예수님의 시신을 안치했던 넓적하고 두꺼운 석판(石板)을 보았습니다. 예수님의 시신을 쌌던 것들이 원래의 상태로 놓여 있었지만, 더 이상 예수님의 몸을 싸고 있지는 않았습니다. 예수님의 몸이 수의(壽衣)를 건드리지 않고 그대로 통과한 것입니다.

빈 무덤과 텅 빈 수의(壽衣)에 관한 이야기는 예수님을 인간의 보호와 구금(拘禁)과 관리(管理) 아래 두려는 모든 노력에 대한 하나님의 부정, 불호령 같은 '아니!'라고 하시는 음성입니다. 이 이야기는 마리아와 베드로와 요한에게 말씀하신 것처럼 우리에게도 말씀하십니다. "당신들은 예수님이 도움과 보호가 필요하다고 생각하는 것 같은데, 천만의 말씀이오. 예수님은 여러분의 도움이 없이도 스스로를 추스리시는 분입니다!"

무덤은 비었습니다. 자, 이제 여러분의 등을 젖혀서 의자에 기대고 편하고 즐거운 마음으로 기뻐하십시오. 하나님의 백성인 여러분, 서성거리지 말고 앉으십시오. 하나님은 자신이 정하신 때에, 자신이 원하시는 곳에 자신의 나라를 세우실 것입니다. 여러분이 할 수 있는 일이라고는 아무것도 없습니다. 그분이 시작하시고, 그분이 진행하시고, 그분이 결말을 내십니다.

　빈 무덤이 선포하는 메시지, 빈 수의(壽衣)가 전하는 메시지는 단 하나의 단어로 요약될 수 있습니다. '은혜'(grace). 은혜는 하나님이 우리를 위해 베푸시는 것입니다. 은혜는 하나님이 우리에게 내려주시는 것입니다. 그러므로 은혜는 종교와 반대됩니다. 종교는 우리가 하나님을 위해 하는 것이기 때문입니다. 종교는 우리가 하나님께 드리는 것입니다.

　종교는 우리가 피우는 향의 냄새가 좋다는 것을 하나님께 보여드리려는 시도입니다. 의도는 좋으나 방향을 잘못 잡은 인간의 노력입니다. 종교는 하나님의 호의를 얻어내려는 우리 인간의 제의와 의식과 의례와 의무와 도덕성의 조합이라고 할 수 있습니다. 종교는 하나님의 면전에 올라가려는 인간의 '사닥다리'입니다.

　그러나 은총과 은혜는 그와 정반대의 것입니다. 은혜는 하나님이 우리를 끌어올리기 위해 내리시는 '밧줄'입니다. 은혜의 삶은 하나님이 모든 것을 정상적으로 움직여가신다는 것을 믿는 단순한 믿음의 삶입니다. 은혜의 삶은 우리가 할 일이 오직 "감사합니다!"라고 말하는 것임을 단순하게 믿는 삶입니다. 그리고 입을 다무는 삶입니다.

　요한과 베드로는 무덤으로 달려갔습니다. 예수님을 위해서 무언가를 하기 원했기 때문입니다. 예수님의 시신을 보호하기 원했던 것입니다. 무덤에 도착했을 때 요한은 증거를 관찰하고 재빨리 생각했습니다. 그리고 믿었습니다. 무덤 도굴꾼이 아니라 하나님이 일하고 계심을 믿었습니다.

만일 도굴꾼들이었다면 값비싼 향료를 훔치기 위해 예수님의 몸에서 수의(壽衣)를 벗겼을 것입니다. 그러다 보면 무덤 안이 온통 어지럽게 난장판이 되었을 것입니다. 아니면 아예 깨끗하게 시체를 가지고 도망갔을 것입니다. 그렇습니다. 무덤 안을 난장판으로 만들어놓든지, 아니면 무덤에서 모든 것을 다 가지고 나가든지 했을 것입니다.

그러나 그러한 일들은 벌어지지 않았습니다. 예수님의 시신을 쌌던 세마포(細麻布)가 그대로 가지런히 놓여 있었습니다. 요한은 자신이 기대했던 것을 보지 못했습니다. 요한은 인간의 욕심과 탐욕의 증거를 보기 원했습니다.

그러나 지금 요한이 보고 있는 것은 '하나님의 능력의 증거'입니다. 요한은 자신이 원하던 것을 얻을 수 없었습니다. 요한은 죽임을 당하신 예수님의 위엄(威嚴)을 보전하기를 기대했습니다. 그러나 하나님은 이미 이 문제를 다 처리하신 것입니다.

이 시점에 이르러 베드로와 요한은 이 이야기의 배경으로 사라지고, 그 대신 막달라 마리아가 부활절 아침의 빛 아래로 들어옵니다. 그녀는 무덤 밖에 서서 울고 있습니다. 일곱 귀신 들렸던 자신을 고쳐주신 분의 죽음에 대해 울고 있습니다. 그녀는 울면서 무덤 안을 들여다봅니다. 그리고 흰옷을 입은 두 명의 천사를 보게 됩니다. 그들이 물었습니다. "왜 여기서 우느냐?" 마리아는 "제가 여기에 온 목적을 이룰 수 없기 때문에 웁니다. 주님의 죽음에 대해 슬퍼하고 있습니다"라고 대답했습니다. 그녀는 이렇게 말을 한 후에 뒤를 돌아보았습니다. 그녀는 눈물을 흘리면서 무덤 곁에 있는, 정원을 돌보는 사람처럼 보이는 어떤 사람을 보게 됩니다. 왜 여기서 우느냐고 그는 묻습니다.

마리아는 천사들에게 대답했던 대로 말했습니다. 만일 당신이 주님의 시신이 어디에 있는지 알면 제발 말해달라고, 그러면 자신이 이곳에 와서 하려던 일을 할 수 있을 것이라고 말입니다. 예수님은 그러한 요청에 대답하시는 대신에 그녀의 이름을 부릅니다. "마리아야!" 이것이 그분이 하신 말씀 전부입니다. 아니 이것이 그분이 그녀에게 말씀하셔야만 했던 모든 것입니다.

아마도 마리아는 그 목소리를 결코 모를 수 없었을 것입니다. 어떤 목소리입니까? 일곱 귀신을 쫓아내실 때 그녀의 이름을 부르셨던 목소리가 아닙니까? 그녀는 그 목소리의 주인을 어디에 서든지 알아차릴 수 있었을 것입니다. 자신의 일생을 바꾸어놓은 그 목소리! 죽음의 세계에서 새로운 삶의 길로 들어서게 하셨던 그 목소리를 말입니다. 어떻게 그분의 목소리를 잊을 수 있겠습니까?

이제 그 목소리는 그녀의 가슴속을 꼭 틀어막고 있던 무거운 슬픔의 돌문을 굴려내고 있는 것입니다. 그리고 그 목소리는 예수님이 죽은 자들 가운데서 다시 사셨음을 다시금 확신시키고 있는 것입니다. 이 장면이야말로 성경에 기록된 감동적인 장면들 중에서도 단연 압권일 것입니다. 예수님이 마리아의 뒤에 조용히

서 계십니다.

부활하신 예수님이 정원지기인 줄 알고 간곡하게 부탁하는 마리아의 탄원을 들어보십시오. "당신이 어디에 그분을 두었는지 제발 말씀해주십시오. 제가 그분을 가져가겠습니다." 그러자 이야기는 아주 빠른 속도로 진행됩니다.

- 부드럽고 아주 인간적인 예수님의 부르심: "마리아야!"
- 마리아의 갑작스런 인식(認識)과 개안(開眼): "나의 랍오니!"
- 마리아의 외마디 외침: "나의 선생님!"
- 그리고 기쁨의 눈물
- 그리고 경배

이보다 더 아름답고 이보다 더 부드러운 장면이 그 어디에 있겠습니까?

요한복음에는 저녁이나 밤(夜) 장면들이 많이 나옵니다. 니고데모는 밤에 예수님을 찾아옵니다. 대제사장들과 바리새인들이 예수님을 죽이려는 음모를 꾸미고 있었을 때, 예수님은 마리아와 마르다와 나사로의 집에서 저녁 식사를 하고 계십니다. 자신이 배반당할 것을 예수님 스스로 예보(豫報)하신 최후의 만찬 때도 밤이 깊어가고 있었습니다. 유다가 군인들을 이끌고 예수님을 잡으러 왔던 겟세마네 동산의 밤도 역시 그랬습니다. 예수님이 십자가에 못 박힘을 당하신 후에 백일(白日)이 무광(無光)하며 천지를 덮었던 어둠을 여러분은 기억하실 것입니다. 이것들이 모두 어둠으로 덮인 장면들입니다.

그러나 그 어둠이 지나가면 더 이상 밤(夜)이 없을 것입니다. 어둠은 과거입니다. 아무리 세상이 어두워 보인다고 하더라도, 그리스도가 이 세상을 통제(統制)하고 계십니다. 볼 수 있는 눈(眼)을 가진 사람들, 그리고 믿을 수 있는 가슴을 가진 사람들에게 다시는 어둠이 없을 것입니다. 결코 그들에게는 진짜 어둠, 참으로 숨 막히게 하는 암흑이 더 이상 존재하지 않을 것입니다. 왜냐하면 빛이 어둠을 극복했기 때문입니다. 광명(光明)이 흑암(黑暗)을 정복했기 때문입니다!

- 이것이 부활의 메시지입니다.
- 이것이 부활절의 약속입니다.

밤은 영원히 사라졌습니다. 그리스도가 태양과 같이 떠오르셨습니다.

마리아에게 나타나셨던 주 예수님, 그녀의 이름을 부르시고 그녀의 슬픔을 몰아내신 주 예수님! 우리에게도 오셔서 우리의 이름을 불러 주십시오. 그러면 우리의 가슴속에 기쁨이 가득 찰 것입니다. 아멘.

18 〔아침〕 부활절 아침 햇살이 온 하늘을 비추던 순간

1 안식 후 첫날 일찍이 아직 어두울 때에 막달라 마리아가 무덤에 와서 돌이 무덤에서 옮겨진 것을 보고 2 시몬 베드로와 예수께서 사랑하시던 그 다른 제자에게 달려가서 말하되 사람들이 주님을 무덤에서 가져다가 어디 두었는지 우리가 알지 못하겠다 하니 3 베드로와 그 다른 제자가 나가서 무덤으로 갈새 4 둘이 같이 달음질하더니 그 다른 제자가 베드로보다 더 빨리 달려가서 먼저 무덤에 이르러 5 구부려 세마포 놓인 것을 보았으나 들어가지는 아니하였더니 6 시몬 베드로는 따라와서 무덤에 들어가 보니 세마포가 놓였고 7 또 머리를 쌌던 수건은 세마포와 함께 놓이지 않고 딴 곳에 쌌던 대로 놓여 있더라 8 그 때에야 무덤에 먼저 갔던 그 다른 제자도 들어가 보고 믿더라 9 (그들은 성경에 그가 죽은 자 가운데서 다시 살아나야 하리라 하신 말씀을 아직 알지 못하더라) 10 이에 두 제자가 자기들의 집으로 돌아가니라

11 마리아는 무덤 밖에 서서 울고 있더니 울면서 구부려 무덤 안을 들여다보니 12 흰 옷 입은 두 천사가 예수의 시체 뉘었던 곳에 하나는 머리 편에, 하나는 발 편에 앉았더라 13 천사들이 이르되 여자여 어찌하여 우느냐 이르되 사람들이 내 주님을 옮겨다가 어디 두었는지 내가 알지 못함이니이다 14 이 말을 하고 뒤로 돌이켜 예수께서 서 계신 것을 보았으나 예수이신 줄은 알지 못하더라 15 예수께서 이르시되 여자여 어찌하여 울며 누구를 찾느냐 하시니 마리아는 그가 동산지기인 줄 알고 이르되 주여 당신이 옮겼거든 어디 두었는지 내게 이르소서 그리하면 내가 가져가리이다 16 예수께서 마리아야 하시거늘 마리아가 돌이켜 히브리 말로 랍오니 하니 (이는 선생님이라는 말이라) 17 예수께서 이르시되 나를 붙들지 말라 내가 아직 아버지께로 올라가지 아니하였노라 너는 내 형제들에게 가서 이르되 내가 내 아버지 곧 너희 아버지, 내 하나님 곧 너희 하나님께로 올라간다 하라 하시니 18 막달라 마리아가 가서 제자들에게 내가 주를 보았다 하고 또 주께서 자기에게 이렇게 말씀하셨다 이르니라

여러분은 아침이면 잠자리에서 일어나 아침 식사를 하고 옷을 차려입고 일터로 나갈 것입니다. 왜 그래야만 하는지 깊이 생각해본 일은 없었고, 왜 아침에 일어나 일하러 나가야 하는지 확실치 않을 때도 있었지만 말입니다.

점심 시간이 되면 직장 동료들과 모여 식사를 하면서 이런저런 이야기를 나눕니다. 먹는 시간만큼 즐거운 시간도 별로 없을 것입니다. 점심 시간이 지나면 다시 일을 하러 갑니다.

저녁 6시경이 되면 주섬주섬 일한 자리를 정리합니다. 집으로 돌아가는 퇴근 시간입니다. 좋은 아빠라면 시간을 내어 자녀와 놀아줄 것입니다. 저녁 식사를 마치고는 텔레비전 앞에 앉아 뉴스를 보거나 신문을 읽다가 잠자리에 듭니다. 가만히 생각해보면, 우리는 하루에도 상당히 많은 '경험'을 하는 셈입니다. 이러한 경험들은 '삶'(인생)이라고 부르는 커다란 퍼즐을 이루는 수많은 조각입니다.

때때로 우리는 이런 질문을 합니다. "이 모든 퍼즐 조각이 서로 어울리는 것일까?" "정말로 이 모든 퍼즐 조각이 하나의 커다란 그림을 만드는 것일까?" "이 모든 퍼즐 조각 뒤에 그것들을 하나로 묶는 하나의 커다란 패턴이 있는 것일까?" "영원하고 지속적인 그 무엇이 있는 것일까?"

"일터로 가고, 점심을 먹고, 아이들과 놀아주고, 저녁을 먹고, 뉴스를 보고, 신문을 읽는 등의 이 모든 하찮아 보이는 일상적인 일들이 정말로 서로 연관되어 하나의 커다란 그림을 이루는가?"

"아니면 서로 아무런 연관이 없는 많은 모래알일 뿐인가?" 하지만 만일 그것들을 하나로 묶어주는 커다란 패턴이 없다면, 삶은 지루하고 피곤하고 싫증이 나는 일이 될 것입니다. 삶은 '무의미'할 것입니다.

그러나 사소한 것처럼 보이는 이 모든 일이 서로 얽혀 하나의 큰 그림을 이룬다면, 그렇다면 우리의 삶은 희망적일 것입니다. 무엇인가 만들어져가고 있다는 생각이 들 때 삶에서 느끼게 되는 '의미'가 있기 때문입니다. 오늘의 본문을 통해 사도 요한이 우리에게 말하려고 하는 것이 바로 이런 것입니다.

요한복음은 예수님이 이 세상에 계실 때 수많은 '표적', '표징', '징조'를 행하셨다고 말합니다. 여기서 '표적' 혹은 '표징'으로 번역된 그리스어는 '세메이온'(*semeion*)입니다. 표면적으로는 '이적'이나 '기적'(miracle)을 의미하지만, 그것이 전부가 아닙니다. 무엇인가를 가리키는 '징조'나 '표징'이라고 할 수 있습니다. 그래서 영어 성경은 종종 이 단어를 '사인'(sign)으로 번역합니다.

그렇다면 무엇을 가리키는 표징이라는 말입니까? 우리에게 똑바른 방향을 가리키는 사인들입니다. 이 세상 뒤에 있는 저 세상을 가리키는 표징들입니다. 하나님이 예수님을 통해 무엇을 하고 계시는지 보여주는 사인입니다. 겉으로는 아무런 연관이 없어 보이는 우리의 수많은 경험이지만, 지금 그 밑에 '영원'이라 불리는 것이 직조(織造)되고 있다는 사실을 우리에게 확신시켜주는 표적들입니다.

　　그리고 요한은 예수님이 이런 표적들을 행하시는 목적이 있다고 말합니다. 사람들이 그 징표들을 보고 "예수님은 하나님의 아들이시다. 예수님은 하늘에서 오신 분이시다. 새로운 세계, 새로운 생명이라는 것이 있구나. 죽음이 인생의 최후가 아니구나" 하는 것을 믿고 알게 하기 위함이었다는 것입니다.

　　이런 사실은 요한복음에 나타난 여러 '표적 이야기'를 살펴보면 좀더 분명해질 것입니다. (1) 예수님은 첫 번째 표징(sign)을 갈릴리 지방의 가나라는 마을에서 열린 결혼 잔치에서 행하셨습니다. 그곳에서 그분은 물을 포도주로 바꾸셨고, 제자들은 처음으로 그분을 믿었습니다. (2) 예수님은 두 번째 표징도 갈릴리 지방의 가나에서 행하셨습니다. 왕궁의 높은 관료의 아들이 가버나움에서 병들어 누워 있었습니다. 관료인 아버지는 예수님이 오셔서 아들을 고쳐주시기를 간청했습니다. 사경을 헤매는 아들을 위해 부디 예수님이 오셔서 친히 고쳐달라는 간청이었습니다. 그러자 예수님은 "네 아들이 죽지 않고 살 것이다"라고 말씀하셨습니다. 그리고 그 아버지를 비롯해 가족 전체가 예수님을 믿었습니다. (3) 예수님의 세 번째 표징은 심한 장애로 인해 38년 동안 전혀 거동할 수 없었던 사람을 고치신 일이었습니다. 예수님이 "네 병상을 집어들고 걸어라!" 하고 말씀하시자 즉시 고침을 받았습니다. 자리를 털고 일어나 걷기 시작했습니다. (4) 예수님이 행하신 그다음 표징은 물고기 두 마리와 떡 다섯 조각으로 오천 명이나 되는 많은 군중을 먹이신 일이었습니다. 이러한 표징을 보자

사람들은 "정말로 이 사람은 이 세상에 와야 할 바로 그 '선지자'
다!"라고 말했습니다. (5) 그다음에 예수님은 태어날 때부터 앞을
보지 못하는 시각장애인을 고치셨습니다. 다섯 번째 표징이었습
니다. 하나님이 하시는 '일'을 그의 인생을 통해서 펼쳐 보여주시
기 위해서였습니다. (6) 그다음 표적은 죽은 나사로를 살리신 일
이었습니다. 예수님이 나사로를 죽은 자 가운데서 일으키신 목적
은 사람들이 그 일(표적)을 통해 하나님의 영광을 보게 하기 위함
이었습니다. 나사로가 무덤에서 나오는 것을 보자 많은 사람이
예수님을 믿었습니다. 그렇습니다. 예수님이 표적을 행하신 목적
은 그 표적을 보고 사람들이 예수님을 '믿도록' 하기 위해서였습
니다.

빈 수의: 절망 속에 피어난 일곱 번째 표적

그러나 문제는 예수님이 표적을 행하신 후에 모든 사람이 믿게
된 것은 아니라는 것입니다. 오히려 검은 구름이 다시 찾아와 그
위를 덮는 것 같기도 했습니다. 마치 예수님이 행하신 표적들이
아무런 지속 효과도 없는 것처럼 보였습니다. 구름이 다시 덮였
습니다. 그리고 마침내 어느 날 구름이 첩첩이 쌓이더니 너무도
캄캄한 흑암을 만들어내고, 모든 것이 완전히 절망적인 것처럼
보였습니다.

미래에 될 일들, 새로운 세계, 새로운 생명, 새로운 삶을 미리

보여주시기 위해 '표징들'을 행하셨던 예수님이 죽으시고 장사되셨습니다. 아리마대 요셉과 니고데모가 예수님의 시신을 묻었습니다. 예수님이 죽으셨습니다. 그분의 죽음과 함께 그분을 따르던 자들의 모든 희망도 함께 죽었습니다. 예수님이 행하신 표적들은 모두 한결같이 거짓말이 되었습니다. 예수님이 행하신 표적들은 모두 한결같이 아무것도 '가리키지' 않게 되었습니다. 이것이 예수님이 죽으셨을 때 제자들이 경험한 것입니다. 그래서 그들이 절망한 것입니다.

요한복음 20:1은 이렇게 시작합니다.

놀란 막달라 마리아는 시몬 베드로와 요한에게 달려가 이 사실을 알렸습니다. 그러자 베드로와 요한이 급히 무덤으로 달려갔습니다. 먼저 도착한 요한이 허리를 굽혀 무덤 안을 들여다보았습니다. 그러나 들어가지는 않았습니다. 그는 수의가 그곳에 그대로 놓여 있는 것을 보았습니다.

베드로가 조금 늦게 도착했습니다. 요한과 베드로는 함께 무덤 안으로 들어갔습니다. 시신을 쌌던 세마포 수의가 푹 꺼져 있는 것이 보였습니다. 시신의 머리맡에는 머리를 싸매었던 천이 가지런히 개켜져 있는 것도 보았습니다. 머리를 쌌던 천은 몸을 쌌던 수의와 함께 있었던 것이 아니라 머리맡에 따로 있었습니다. 그것도 아무렇게나 펼쳐져 있었던 것이 아니라 시신을 눕혀 놨던 석관(石棺) 위에 가지런히 개켜져 있었습니다. 베드로와 요한은 예수님의 몸과 머리를 쌌던 수의와 머리 천에 사람의 손이 닿지 않았다는 것을 금방 알 수 있었습니다. 그들은 시신을 쌌던 천들이 그대로 남겨져 있는 것을 보았습니다. 그 천들이 더 이상 예수님의 몸을 싸고 있지 않다는 사실을 알게 된 것입니다. 수의를 그대로 두고 예수님의 몸만 빠져나왔습니다. 몸을 싸맸던 수의와 머리를 쌌던 천이 폭삭 가라앉아 있다는 사실을 알았습니다.

여러분은 나사로가 무덤에서 나올 때 수의를 입은 채로 나왔다는 사실을 기억하실 것입니다. 그리고 후에 그가 다시 죽었다는 사실도 아실 것입니다. 그러나 예수님은 수의를 걸치지 않은 채로 무덤에서 나오셨고, 다시는 죽지 않으셨다는 사실을 기억하십시오!

요한은 이 수의들을 쳐다보았습니다. 그리고 믿었습니다. 그는 예수님이 다시 사셨다는 것을 믿은 것입니다! 비로소 마지막 사인이 주어진 것입니다. 일곱이라는 완성의 숫자를 채운 최종적인 사인이 주어진 것입니다.

- 예수님은 물을 포도주로 바꾸셨습니다.
- 열병에 걸린 소년을 고쳐주셨습니다.

- 반신불수가 된 사람을 고쳐주셨습니다.

- 떡 다섯 개와 물고기 두 마리로 오천 명을 먹이셨습니다.

- 소경의 눈에 빛을 회복시키셨습니다.

- 나사로를 죽음에서 불러내셨습니다.

- 그리고 마지막 표적으로, 예수님은 자신을 죽음에서 불러내셨습니다.

표적은 무엇을 가리킵니까? 요한이 이 모든 표적을 그의 복음서 안에 기록한 목적은 "예수가 그리스도(메시아)요 하나님의 아들이심을 믿게 하고, 또 그렇게 믿어서 그의 이름으로 생명을 얻게 하려는 것"입니다(요 20:31).

오늘 본문에서 요한은 예수님이 행하신 마지막 표적을 상세하게 기록하고 있습니다. 이 기록을 읽는 우리도 요한과 베드로와 함께 무덤 안의 수의를 보고, 예수님이 다시 살아나셨다는 것을 믿게 하기 위해서입니다. 과거와 현재와 미래의 모든 것이 무엇인가를 '의미하고' 있다는 사실을 믿게 하기 위해서입니다. 우리의 삶에서 일어나는 수많은 조각이 우연한 발생이나 경험이 아니라는 것을 알게 하기 위해서입니다. 우리의 삶을 구성하는 수많은 사건을 가지고 아름다운 문양을 가진 하나의 직물(tapestry)을 만들어가고 계신 분이 있다는 것을 알게 하기 위해서입니다. 월요일에 일터로 나가는 것도 하나님이 만들고 계신 커다란 직물의 한 부분이라는 사실을 믿게 하기 위해서입니다. 점심 먹으

러 나가는 것도 하나님이 짜고 계신 커다란 직물의 한 부분이라는
것을 믿게 하기 위해서입니다. 우리가 하는 모든 행위가 하나님이
가지고 계신 커다란 청사진의 한 부분이라는 사실을 믿게 하기 위
해서입니다.

우리는 무덤 안의 수의를 봅니다. 그리고 믿습니다. 무덤 속
의 빈 수의를 보고 믿을 때 비로소 구름이 걷히기 시작합니다. 아
침 햇살이 구름 사이로 비쳐 내리는 것입니다. 부활절 아침 햇살
이 우리의 온 하늘을 비추기 시작하는 것입니다.

모든 아름다운 아침의 원형

요한복음 20:10-11은 "이에 두 제자가 자기 집으로 돌아갔다. 그
러나 마리아는 무덤 밖에 서서 울고 있었다"고 기록하고 있습니
다. 이 장면은 아마도 복음서 가운데 가장 인상적이고 감동적인
장면 중 하나일 것입니다.

예수님은 허리를 구부려 무덤 안을 들여다보던 마리아의 뒤
에 아무 말 없이 서 계셨습니다. 슬픔에 잠겨 울먹이면서 무덤 안
을 들여다보고 있던 마리아는 놀랐습니다. 눈부신 광채에 쌓인
두 천사가 예수님의 시신이 안치되었던 곳에 앉아 있는 것이 보
였기 때문입니다. 천사의 음성이 들려왔습니다. "마리아야, 왜 여
기서 울고 있는가?"

그녀가 대답합니다. "사람들이 주님을 어디론가 가져갔습니

다. 그들이 주님의 시신을 어디에 두었는지 모르겠습니다." 그리고 울먹이면서 주위를 둘러보았습니다. 바로 그때 그녀는 자기 뒤에 서 계신 예수님을 보았습니다. 그러나 그녀는 그가 무덤지기라고 생각했습니다. 요즘 식으로 말하자면 공원묘지 관리인인 줄 알았던 것입니다.

"선생님, 혹시 당신이 주님의 시신을 치우셨으면 어디에 두셨는지 말씀해주시겠습니까? 제가 모셔가겠습니다." 마리아가 그에게 말했습니다.

바로 그 순간 부드러운 음성이 들려왔습니다. 예수님의 목소리였습니다. "마리아야!"

바로 그 순간 마리아에게 놀라운 개안(開眼)의 기적이 일어났습니다. 그녀는 지금 자기의 이름을 부르는 분이 누구인지 알게 된 것입니다. 그래서 그녀는 큰 소리로 "랍오니!"(선생님) 하고 외쳤습니다.

그녀에게 그 목소리는 익숙한 목소리였습니다. 틀림없이 이전에 어디선가 들었던 목소리였습니다. 언제였습니까? 자신이 일곱 귀신에 들려 비참한 생활을 할 때, 그 일곱 귀신을 쫓아내시던 음성이었습니다. 이제 그 음성이 슬픔에 잠긴 마리아의 마음에서 돌을 굴려 내고 있었습니다. "마리아야!" 하는 음성에 "랍오니!"라고 대답했습니다. 이보다 더 아름답고 감동적인 장면이 어디 있습니까? 이보다 더 아름답고 찬란한 아침이 어디 있습니까?

이 아침이야말로 모든 아름다운 아침의 원형이요 새로운 창

 생명의 복음

조 세계의 원형이라고 할 수 있을 것입니다. 그리스도께서 부활의 아침에 막달라 마리아에게 가장 가까이 다가서신 것처럼 우리에게 가장 가까이 와 계실 때, 그때가 바로 새로운 창조 세계의 원형이 아니고 무엇이겠습니까?

밤에 관한 예들

요한복음에는 밤과 관련된 장면이 많이 등장합니다. 요한은 렘브란트처럼 이 세상의 어둠을 이 세상의 빛이신 그리스도와 대조하기를 즐겨하기 때문입니다.

- 여러분은 니고데모가 밤중에 예수님을 찾아온 사실을 기억하실 것입니다. 그는 어둠 속에 자신을 숨기고 찾아와 예수님께 빛의 나라에 관해 질문했습니다.
- 예수님은 찬란한 등불들로 예루살렘 성전을 밝히는 절기인 장막절 축제에 참석하시면서 '나는 세상의 빛'이라고 선언하셨습니다.
- 어둠이 짙게 깔린 늦은 저녁에 예수님은 마리아와 마르다와 나사로의 집에서 식사하고 계셨습니다. 그 늦은 시간에 대제사장은 예수님을 죽일 음모를 꾸미고 있었습니다.
- 예수님이 제자들의 발을 씻으신 일 역시 밤중에 일어났습니다.

- 예수님이 잡히신 시간도 밤이었습니다.
- 예수님이 대제사장 앞에서 심문과 재판을 받으시던 때도 밤중이었습니다.
- 베드로가 예수님을 부인하고 저주했을 때도 밤중이었습니다.

그러나 이 모든 일은 이제 다 지나가버린 것입니다. 더 이상 밤이 없게 된 것입니다.

예수님은 동이 트기 시작할 때 마리아에게 나타나셨습니다. 아니, 예수님이 마리아에게 나타나실 때 동녘이 밝아오고 있었습니다. 밤은 물러가고 있었던 것입니다.

요한복음에 나타난 상징주의를 연구한 학자들에 의하면, 이것은 요한이 전하는 메시지의 일부분입니다. 이제 아침이 영원토록 계속된다는 것을 선포하고 있는 메시지입니다.

어둠은 지나갔습니다. 흑암은 과거의 일입니다. 믿는 자에게는 결코 어둠이 없을 것입니다. 적어도 진짜 어둠, 지속되는 어둠, 앞을 보지 못하게 하는 어둠, 숨 막히게 하는 어둠은 없을 것입니다. 부활하신 예수님의 빛이 어둠 속에 이미 비추었으며, 어둠은 그것을 이기지 못했습니다. 우리는 종종 이 사실을, 이 메시지를 잊어버리는 경향이 있습니다. 이제 아침이 영원토록 계속된다는 메시지 말입니다.

미국의 장로교 목사인 존 킬링거(John Killinger)가 그의 설교

중에 들려주는 어떤 여인에 관한 이야기가 있습니다. 그 여인은 킬링거 목사의 교인이었습니다.

그녀는 아주 일찍 결혼하고 어린 아기 하나를 두고 있었습니다. 어느 날 남편이 그녀를 버렸습니다. 세상에 홀로 남게 된 것입니다. 아이와 남겨진 그녀가 의지할 수 있는 사람은 아무도 없었습니다. 그녀의 삶에서 모든 빛이 다 사라지고 말았습니다. 그녀는 고통과 불행 때문에 죽을지도 모른다는 생각을 하게 되었습니다. 마침내 더는 견딜 수 없다고 생각한 그녀는 은행에 가서 예금통장에 몇 푼 남지 않은 돈을 모두 찾았습니다. 그리고 국립공원을 찾아갔습니다. 어렸을 때 행복한 시간을 보냈던 추억이 담긴 장소였습니다. 엿새 동안 걷기도 하고 산에 오르기도 하고 바위에 앉아 이런저런 생각도 해보았습니다. 도저히 감당하기 어려운 삶의 무게를 느꼈습니다.

엿새째 날이 되었습니다. 그날 오후 그녀는 넓적한 바위 위에 자리를 잡고 앉았는데, 바위에서 풀 한 포기가 자라고 있는 것을 보았습니다. 그것은 기적이었고 경이였습니다. 그녀는 죽은 돌에서 생명이 자라고 있는 것이 기적이라고 생각했습니다.

"아, 이것이 내게 필요한 메시지구나!" 하고 그녀는 중얼거렸습니다. "내 삶은 저 바위와 같이 메말랐어." 그녀는 그때의 경험을 이렇게 기록하고 있습니다. "나는 시간이 걸리더라도 내 메마른 존재에 다시 싹이 움트고 열매를 맺게 될 것이라는 확신을 그때 갖게 되었습니다. 나는 하나님이 내 안에 무언가를 자라게 하고 계신다는 확신을 갖게 되었습니다. 마치 저 바위에서 풀 한 포기가 자라는 것처럼 말입니다." 그녀는 계속해서 이렇게 쓰고 있습니다. "그 사건은 제 인생의 전환점이 되었습니다. 저는 다시 집으로 돌아가 새로운 삶을 살게 되었습니다. 죽음에서 생명을 불러오시는 분이 하나님이심을 알았기 때문입니다."

그녀가 발견한 것은 바로 마리아가 부활의 아침에 발견했던 것입니다. "하나님은 멈추시지 않는다. 하나님은 죽음에서 생명을 불러오시는 분이다. 하나님은 죽은 사람을 일으키신다. 하나님은 부활의 하나님이다." 물론 이 사실을 안다고 해서 인생이 쉽게 풀리는 것은 아닙니다. 삶이 계속해서 어둡고 음산한 날들로 가득할지도 모릅니다. 인생이 계속해서 고통과 슬픔으로 가득 찬 날들일 수도 있습니다.

그러나 부활절의 메시지는 분명합니다. 하나님이 우리의 모든 '밤 시간'을 '영원한 아침'으로 바꾸셨다는 것입니다. 그러므로 우리가 해야 할 일은 오로지 마리아와 예수님의 이야기를 '기억' 하는 것입니다. 부활하신 예수님을 눈물로 바라보고 있는 마리아의 이야기를 '기억'해야 한다는 것입니다.

우리가 해야 할 일이 있다면, 그것은 예수님이 '첫 열매'이심을 기억하는 것입니다. 장차 올 풍성한 수확의 계절을 '가리키는' 첫 열매라는 사실 말입니다. 우리가 해야 할 일이 있다면, 그것은 예수님이 장차 올 것들에 대한 '현재적 약속'이라는 사실을 기억하는 것입니다.

 생명의 복음

미국의 잘 알려진 성공회 신부이며 작가인 말콤 보이드(Malcom Boyd, 1923-)는 자서전에서 어느 여름에 자신이 경험했던 이야기를 들려줍니다. 프랑스의 떼제(Taizé) 공동체에서 아직 젊은 신부로서 일했던 경험에 관한 이야기입니다.

춥고 비바람 부는 어느 날이었습니다. 그에게 맡겨진 임무는 진흙을 파서 사람이 다닐 수 있도록 길을 넓히는 것이었습니다. 비가 억수같이 쏟아졌고, 빗물이 장화 속까지 들어갔습니다. 삽질을 하다가 진흙탕 속에 미끄러졌을 때 "제기랄, 도서관에서 일하거나 아니면 따스한 방에 앉아 글을 쓰는 일이 주어졌더라면 좋았을걸" 하고 생각했습니다. "도대체 여기 진흙 속에서 뭘 하고 있는 거야" 하고 푸념을 털어놓고 있었습니다.

바로 그때 한 젊은 독일인 친구가 외바퀴 손수레에 재를 가득 싣고 와서 진흙탕에 뿌려 놓았습니다. 진흙 길을 시멘트처럼 굳게 하기 위해서였습니다. 그러면서 "말콤, 오늘은 하나님께 드림 직한 멋진 날이지?" 하고 말하는 것이었습니다.

보이드는 그 친구에 관한 이야기를 알고 있었습니다. 그의 아버지와 형은 제2차 세계대전 당시에 러시아군에 의해 사살되었습니다. 전쟁이 끝난 후 그는 자기 민족이 유대인들에게 정말로 끔찍한 몹쓸 짓을 했다는 사실을 알게 되었고, 그래서 히브리어를 배우고 유대 민족을 이해하고 함께 살기 위해 이스라엘로 가기도 했던 친구였습니다.

"말콤, 오늘은 하나님께 드림 직한 멋진 날이지?" 보이드는 우리가 사는 '날들'이 하나님께 드리는 선물이라고 한 번도 생각해보지 않았습니다. 만일 그랬더라면 비 오는 날보다는 햇빛 비추는 날들을 하나님께 드리는 날들로 생각하기 쉬웠을 것입니다. 그 독일 친구의 말이 보이드의 마음을 바꾸어놓았습니다. 그는 그 후로 모든 날이 하나님께 드리기에 적합한 날이라고 생각했습니다.

이것이 바로 하나님이 그리스도의 부활을 통해 우리에게 보여주시는 것입니다. 하나님은 우리 삶의 모든 날, 심지어 고통과 눈물의 날들까지도 아름답고 하나님께 드릴 만한 날이라는 사실을 그리스도의 부활을 통해 우리에게 보여주신 것입니다. 아멘.

19 〔의심〕 의심하는 이들을 위한 부활절

요한복음 20:19-29

19 이 날 곧 안식 후 첫날 저녁 때에 제자들이 유대인들을 두려워하여 모인 곳의 문들을 닫았더니 예수께서 오사 가운데 서서 이르시되 너희에게 평강이 있을지어다 20 이 말씀을 하시고 손과 옆구리를 보이시니 제자들이 주를 보고 기뻐하더라 21 예수께서 또 이르시되 너희에게 평강이 있을지어다 아버지께서 나를 보내신 것 같이 나도 너희를 보내노라 22 이 말씀을 하시고 그들을 향하사 숨을 내쉬며 이르시되 성령을 받으라 23 너희가 누구의 죄든지 사하면 사하여질 것이요 누구의 죄든지 그대로 두면 그대로 있으리라 하시니라

24 열두 제자 중의 하나로서 디두모라 불리는 도마는 예수께서 오셨을 때에 함께 있지 아니한지라 25 다른 제자들이 그에게 이르되 우리가 주를 보았노라 하니 도마가 이르되 내가 그의 손의 못 자국을 보며 내 손가락을 그 못 자국에 넣으며 내 손을 그 옆구리에 넣어 보지 않고는 믿지 아니하겠노라 하니라

26 여드레를 지나서 제자들이 다시 집 안에 있을 때에 도마도 함께 있고 문들이 닫혔는데 예수께서 오사 가운데 서서 이르시되 너희에게 평강이 있을지어다 하시고 27 도마에게 이르시되 네 손가락을 이리 내밀어 내 손을 보고 네 손을 내밀어 내 옆구리에 넣어 보라 그리하여 믿음 없는 자가 되지 말고 믿는 자가 되라 28 도마가 대답하여 이르되 나의 주님이시요 나의 하나님이시니이다 29 예수께서 이르시되 너는 나를 본 고로 믿느냐 보지 못하고 믿는 자들은 복되도다 하시니라

이 본문은 예수님이 부활하신 날로부터 여드레가 지나서 일어난 사건을 기록하고 있습니다. 다시 말해, 두 번째 부활절 주일에 관한 이야기입니다. '의심하는 도마'(doubting Thomas)에 관한 본문입니다.

의심과 믿음

우리 대부분에게 의심은 문젯거리이고, 신앙이 뭔가 잘못되고 있다는 뜻입니다. 우리는 의심이 신앙에서 탈선하는 것이라고, 우리의 신앙을 약화시킨다고 생각합니다.

이것이 하이델베르크 신앙교육문답서가 신앙과 의심에 대해 가르치고 있는 내용이 아닙니까? 하이델베르크 신앙교육문답서는 참된 믿음을 이렇게 정의하고 있습니다.

참된 믿음은 하나님이 그분의 말씀에서 우리에게 계시하신 모든 것이 진리라고 여기는 **확실한 지식**이며, 동시에 성령이 복음을 통해 내 마음속에 일으키신 **뿌리 깊은 신뢰입니다.…**

그렇다면 여기에는 의심이 설 자리가 없습니다! 참된 믿음을 갖고 있다면 의심할 수 없다는 뜻이 됩니다. 의심한다는 것은 참된 믿음을 갖고 있지 않다는 말입니다. 그렇다면 여러분 가운데 얼마나 많은 분이 참된 믿음을 갖고 계십니까? 아마도 여러분의 대답 역시 회의적일 것입니다!

여러분이 교회에서 직분을 받을 때, 즉 장로·권사·집사가 될 때 한 서약을 기억하시나요? 하나님의 말씀은 신실하고, 우리의 구원을 위해 틀림이 없는 정확무오(正確無誤)한 말씀이라고, 또한 교회의 신조들(예를 들면 사도신경, 웨스트민스터 신앙고백서, 하이델베르크

생명의 복음

신앙교육문답서) 역시 하나님의 말씀에 온전히 일치하고 있다고 믿는다는 서약 말입니다.

여기에도 의심을 위한 자리는 없습니다. 가짜 믿음이 아닌 참된 믿음, 즉 진짜 신앙을 고백했을 것입니다. 참된 믿음에 대해 말하려면 꼭 고린도전서 15장을 언급하게 됩니다. 사도 바울은 이렇게 말하고 있습니다.

하이델베르크 신앙교육문답서가 참된 믿음에 대해 말한 것을 기억하고, 또 직분자 서약을 했을 때 서약한 내용을 다시금 기억한다면, 그리고 바울이 그리스도의 부활에 관해 말한 내용을 기억한다면 여러분의 마음에 찔림이 있을 것입니다. "정말로 나는 참된 믿음을 갖고 있는가?" "의심하는 믿음이 아니라 확실한 믿음을 갖고 있는가?"

"내 믿음은 확실한 것인가?" "하나님이 말씀하신 모든 것이 언제나 진실하고 참되다고 믿는가, 아니면 의심하기도 하는가?" 이렇게 의심하는 자신에 대해 죄책감을 가질 것입니다.

그렇기 때문에 저는 복음서에 도마 이야기가 들어 있다는 사실에 대해 아주 기쁘게 생각합니다. 도마 이야기는 이렇게 외치고 있기 때문입니다.

- 의심한다고 해서 믿음이 없어지는 것은 아닙니다!
- 의심한다고 해서 믿음이 약화되는 것은 아닙니다!
- 신앙은 의심보다 더 깊고 강합니다!
- 믿음은 의심보다 훨씬 깊고 심오하고 굳건합니다!
- 내 의심이 아무리 깊어도, 하나님은 그 의심보다 더 깊으십니다!
- 내 의심이 아무리 강력해도, 나를 붙잡고 계신 하나님의 손은 그 의심보다 더 강력하십니다!

부정직한 의심

그렇지만 한 가지, '정직하지 못한 의심'을 조심해야 합니다. '부정직한 의심'이라니요? 그게 무엇입니까? 도피하려는 형태의 의심입니다. 어떤 일에서 발을 빼거나 뒤로 물러나기 위해서 하는 의심입니다. 예를 들어, 백여 명의 사람이 어떤 가치 있는 일을 하기로 했다고 합시다. 그런데 그 일에 참여하려면 시간과 물질로 헌신해야 합니다. 곰곰이 생각해보니 자기에게 여러모로 불편하고 희생을 요구하는 것 같습니다. 그 일에서 발을 빼고 싶은데, 그러자니 속이 보입니다.

생명의 복음

그럴 때 이 사람이 발을 빼는 방법 중 하나가 바로 공동체가 하려는 일에 대해 의심을 품는 것입니다. "그 일은 이러저러해서 이루어질 수 없습니다. 우리가 들이는 노력에 비하면 별로 건질 것이 없습니다. 별로 가치 있는 일이 아닙니다." 이렇게 의심하거나 부정적인 이유는 자기가 감당해야 하는 짐을 지고 싶지 않기 때문입니다. 신앙적인 언어로 말하자면, '제자도의 비용'(cost of discipleship)을 두려워하기 때문입니다. 예수님을 따르는 데 지불해야 하는 비용을 두려워하기 때문입니다. 이것이 바로 부정직한 의심입니다. 손과 발을 담그지는 않으면서, 말로만 논쟁하고 이론만 앞세우는 경우입니다. 헌신을 두려워하는 의심입니다.

정직한 의심

그러나 이와는 정반대로, '정직한 의심'이 있습니다. 헌신을 두려워하지 않고 기꺼이 헌신하려는 의심입니다. 모든 비용을 지불하고서라도 따라가려는 의심입니다. 달리 말해, 급진적인 정직함에서 흘러나오는 의심입니다. 이 의심은 이렇게 말합니다. "오, 주님! 저는 정말로 믿고 싶습니다. 참된 신앙을 갖고 싶습니다. 제게 있는 불신을 좀 어떻게 해주십시오. 의심이 많은 저를 도와주십시오."

도마는 이런 식으로 의심하고 있는 것입니다. 도마는 우리가 흔히 말하는 '모범생 그리스도인'은 아닙니다. 그는 오히려 비

주류 그리스도인이라고 분류할 만한 사람입니다. 그러나 오해는 마십시오. 그렇다고 그가 삐딱한 그리스도인, 반골 기질의 그리스도인, 자꾸만 "왜 그런데요?"라고 하며 발이나 거는 그리스도인은 아닙니다. 그는 정직하게 신앙에 대해 고민하는 사람입니다. 참된 믿음을 갖고 싶고, '이해를 추구하는 신앙'(Faith Seeking Understanding)을 갖고 싶어하는 그리스도인입니다. 정말 믿고 싶어서 알려고 애쓰는 그리스도인입니다.

도마는 제자들의 공동체에서 따로 노는 인물은 아니었지만, 그렇다고 기둥 역할을 하는 사람도 아니었습니다. 그러나 그에게는 다른 사람들이 경험하지 못하는, 그를 힘들게 하는 것이 있었습니다. 다른 사람들은 아예 생각지도 못하는 것을 생각하는 성향입니다. 이 때문에 그는 거의 정신이상자가 될 것 같았습니다.

상처 입은 의심

여러분이나 저도 의심합니다. 보통 사람들이 하는 정도의 의심을 하고 있을 것입니다. 그런데 그런 의심들을 글로 옮긴다면, 그 영향으로 다른 사람들이 상당한 타격을 받을 것입니다. 도마의 의심이 그런 의심이었습니다. 물론 도마가 의심을 즐긴 것은 아닙니다. 그는 단지 자신이 갖고 있던 심각한 의심을 표현했을 뿐입니다. 상처를 품고 있는 의심이었고, 자신을 괴롭히고 자신의 영혼에 깊은 상처를 남기는 의심이었습니다. 의심이라는 것은 이처

 생명의 복음

럼 언제나 상처를 남기기 마련입니다. 믿음의 의심은 더더욱 깊은 상처를 남깁니다. 미국의 영화배우이며 극작가인 우디 앨런(Woody Allen)이 이런 말을 했습니다.

> 지난주에 내 혀가 전동 타자기 속으로 말려들어 갔다면, 내가 어떻게 하나님을 믿을 수 있다는 말인가? 나는 수많은 의심으로 병이 들었다. 모든 것이 다 허상이고 실제로 존재하지 않는다면 어떻게 될까? 그렇다면 아마도 나는 내 카펫에 너무 많은 값을 지불한 것이다. 하나님이 내게 분명한 사인을 주신다면 몰라도…내 스위스 은행 계좌에 엄청난 금액을 집어넣어 주시는 식으로 사인을 주신다면 몰라도….

우디 앨런은 심각하게 의심하고 있는 것이며, 그의 영혼도 역시 심하게 상처를 입었습니다. 도마의 의심도 그렇습니다. 진정한 의심은 영혼에 깊은 상처를 남깁니다.

도마라는 인물

요한복음은 도마라는 인물을 여러 곳에서 그리고 있습니다. 그리고 항상 동일한 어조로 묘사합니다.

요한복음 11장에는 나사로의 누이들인 마르다와 마리아가 나옵니다. 그들이 "주님, 당신이 사랑하시는 나사로가 병이 들었습니다" 하는 메시지를 예수님께 보냈는데도, 예수님은 계시던 곳에 이틀이나 더 머무셨습니다. 그리고 그 사이에 나사로가 죽었습니다. 예수님은 그제야 제자들에게 유대 지방으로 가자고 하셨습니다. 나사로가 사는 베다니 지방으로 가자는 것이었습니다. 그러자 제자들이 예수님을 말립니다. 그리로 가시는 것은 자살행위와 다를 바가 없기 때문입니다. 지난번에 그곳에 계실 때 무슨 일이 일어났는지 예수님이 아시지 않느냐고, 사람들이 예수님을 돌로 쳐죽이려고 찾고 있다고 말입니다. 그런데 지금 그곳에 가시겠다는 것입니까?

바로 그때 도마가 동료 제자들에게 말합니다. "우리도 주님과 함께 죽으러 가자!" 무슨 생각으로 이런 말을 했을까요? 주님의 제자로서 용감하게 주님과 함께 죽으러 가겠다는 것입니까? 아닙니다. 확신에 찬 결의로 죽으러 가겠다는 것이 아닙니다. 이 말은 깊이 좌절한 영혼이 내뱉은 실망의 말입니다. 도마는 자기의 전 인생을 예수님께 걸고 지금까지 왔습니다. 도마는 예수님께 "당신은 세상의 빛이십니다. 당신의 빛이 사라지면 제게도 빛이 없습니다" 하고 말한 적이 있습니다.

이제 도마는 "자, 우리도 주님과 함께 죽으러 가자"라고 말합니다. 도마는 절망에 사로잡혀 죽으려고 하는 것입니다. 살아야할 이유를 잃었기 때문입니다. 그는 모든 희망을 걸었던 그분과 함께 죽을 준비가 되었습니다. 예수님이 잘못되면 자기도 잘못된다는 것입니다. 차라리 그분과 함께 죽겠다는 것입니다.

  생명의 복음

여러분이 이런 말을 한다면, 그것은 예수님께 여러분의 삶을 다 걸겠다는 뜻입니다. 더 이상 기다릴 대상이 없다는 말입니다. 예수님만이 내 인생의 마지막 희망이기에, 일이 안될 때 갈 다른 곳이 없다는 뜻입니다. 마지막 순간까지 예수님의 제자로 남아 있겠다는 것입니다.

의심하는 신앙인

진정으로 고민하는 정직한 회의론자인 도마를 생각하면, 저는 러시아 작가 도스토예프스키(Fyodor Mikhaylovich Dostoyevsky, 1821. 11. 11-1881. 2. 9)를 떠올립니다. 도마처럼 도스토예프스키도 회의론자였고, 철저하게 의심하는 사람이었습니다. 그러나 그는 자신의 의심을 소화해낼 수 없는 회의론자였기 때문에 철저하게 고통스러워했습니다. 자신이 의심하고 있다는 사실에 대해 깊은 고뇌에 빠졌고 괴롭고 고통스러웠습니다.

물론 도스토예프스키는 의심하고 싶지 않았습니다. 정말로 믿고 싶었습니다. 그러나 이 세상의 고통은 그가 의심을 품게 만들었습니다. 세상을 생각하면 도무지 이해할 수 없는 일들이 너무 많았습니다. 하나님이 계신다면 왜 이렇게 악이 많을까 하고 질문했습니다. 어린아이가 고통 중에 괴로워하는 모습을 보고 도저히 믿을 수가 없었습니다. 그러나 그는 믿고 싶었습니다. 의심하면 할수록 더욱더 신앙을 갖고 싶었습니다. 그래서 믿을 수 있게 해달라고 더욱 간절하게 부르짖었습니다.

도스토예프스키는 자신이 만들어낸 영웅들의 입을 통해 자기가 가진 의심과 회의를 표현했습니다. 이반 카라마조프가 바로 그런 인물 중 하나입니다. 이반 카라마조프는 도스토예프스키의 영혼 속에 있는 의심을 대변하는 사람입니다.

그는 이 세상의 현실을 그대로 받아들일 수 없었습니다. 고통으로 가득한 세상, 고통당하는 어린아이들로 가득한 세상을 받아들일 수 없었습니다. 이반이 하는 말을 들어보십시오. "나는 하나님을 받아들일 수 없다고 말하는 것이 아닙니다. 내가 받아들이지 못하는 것은 하나님이 창조하셨다는 이 세상입니다!" 부조리와 고통으로 가득한 세상을 받아들일 수 없다는 것입니다.

도스토예프스키는 의심하는 사람이었습니다! 그의 가슴은 고통당하는 어린아이들의 울부짖음 때문에 너무 심각하게 상하고 있었습니다. 어린아이가 고통당하는 이 세상을 하나님이 창조하셨다고 믿는 것보다, 차라리 고통스러워하면서 사는 게 더 낫겠다는 것입니다.

그래도 도스토예프스키의 마음은 신앙을 갈망했습니다. 그의 가슴은 그리스도를 갈망했습니다. 도스토예프스키는 다른 곳에서 이렇게 썼습니다.

나는 이 세상에 그리스도보다 더 아름답고 심오하고 매력적이고 완벽한 것은 없다고 믿습니다. 나는 그분보다 더 위대한 것은 존재하

생명의 복음

지도 않고 존재할 수도 없다고 나 자신에게 말합니다. 누군가 나에게 그리스도가 잘못되었음을 증명한다면, 그분에게 진리가 없음을 증명한다면, 나는 진리를 얻기보다는 차라리 그리스도를 붙잡을 것이며, 그리스도 없이 모든 것이 잘되는 것보다는 차라리 그리스도를 모시고 잘못되는 쪽을 선택하겠습니다.

이 말이 마치 도마가 하는 말처럼 들리지 않습니까? "자, 우리도 주님과 함께 죽으러 가자"라고 말하는 것과 비슷하지 않습니까? 도마의 이 말을 풀어보면 이렇습니다.

모든 게 자살 행위입니다. 아무것도 좋게 될 가능성이 없습니다. 자, 이제는 현실을 직시해야 합니다. 예수님 운동은 이것으로 끝입니다. 이제 최악의 상태에 직면해야 합니다. 예수님이 잘못되면 받아들여야겠지요! 그러나 나는 그분을 버리지 않을 것입니다. 심지어 그분이 실패하고 잘못되는 한이 있어도, 나는 그분을 배반하지 않을 것입니다.

여러분, 인생에서 가장 어려운 일이 무엇입니까? 삶에서 가장 힘들고 어려운 일은, 보이는 모든 환경과 돌아가는 일들이 절망적인데도 희망을 품는 것입니다. 절망 속에서 희망을 품는 것이 가장 어려운 일입니다.

조만간 우리는 "이건 아니야! 너무 힘들어. 이젠 끝장이야!"

라고 말하는 순간에 이르게 될지도 모릅니다. 사람들은 어느 정도까지는 희망의 끈을 놓지 않습니다. 그러나 그 지점을 넘어서면, 즉 바라던 희망이 성취되지 않으면 절망하고 죽음에 이르게 됩니다.

이것이 도마에게 일어난 일입니다. 희망이 자기 안에서 죽게 된 것입니다. 그러나 그는 다른 곳에서 혹은 다른 사람에게서 희망을 찾으려고 하지 않았습니다. 도마는 기꺼이 예수님에 대한 절박한 신실함 가운데서 죽으려고 했습니다. 절망적인 마지막 순간에도 예수님에 대한 충성과 신의를 지키며 죽으려고 한 것입니다. 그래서 "우리도 주와 함께 죽으러 가자!"고 말한 것입니다.

의심마저 포용하시는 분

오늘 본문에서 도마가 한 말은 바로 이와 같은 맥락에서 한 것입니다. 도마는 부활절을 건너뛰었습니다. 무슨 일인지는 몰라도 그날 교회에 오지 않은 것입니다. 부활절에 주님이 제자들에게 나타나셨을 때, 그는 그 자리에 없었습니다.

그후에 제자들이 도마에게 "우리가 부활하신 주님을 보았다"라고 하자 도마가 뭐라고 했습니까? "내가 그의 손의 못 자국을 보며 내 손가락을 그 못 자국에 넣으며 내 손을 그 옆구리에 넣어보지 않고는 믿지 아니하겠노라"고 했습니다. 일주일 후, 즉 부활절 다음 주일에 도마가 여전히 의심하고 있었을 때, 예수님이 다시 오셔서 "너희들에게 평강이 있을지어다!"라고 말씀하셨습니다. "내가 다시 살아났다는 사실을 믿지 않는 도마를 빼놓고, 나머지 사람들에게 평강이 있을지어다!"라고 하신 것이 아닙니다. 예수님이 평강의 복을 빌어주실 때, 의심하는 이도 그 복이 임해야 할 사람들에 포함하셨습니다. 예수님은 도마와 그가 가진 의심과 그의 모든 것을 받아들이신 것입니다.

그렇습니다. 예수님은 여러분을 받아들이십니다. 여러분의 의심과 여러분의 모든 것을 받아들이십니다. 왜 이럴까 궁금해하는 마음, 고민하는 마음, 고통스러워하는 마음 모두를 받아들이신다는 것입니다. 예수님은 여러분에게 어려운 질문을 하지 말라고 요구하시지 않습니다. 괴로운 질문을 하지 말라고도 하시지 않습니다. 그렇다고 여러분이 의심을 극복할 때까지 기다리시면서 내버려두시는 분도 아닙니다. 모든 의심을 해결하고 오라고 쫓아내시는 분이 아닙니다. 정직한 의심은 신앙을 파괴하지 않기 때문입니다. 솔직한 의심은 신앙을 정화시켜줍니다. 정직한 의심은 신앙에 대한 논평입니다.

프레드릭 뷰크너(Frederick Buechner)는 말했습니다. 여러분에게 정직한 의심이 없다면, 그렇다면 "여러분은 스스로를 속이거나, 스스로에게 농담하거나, 아니면 영혼의 잠을 자고 있는 것입니다. 의심은 신앙의 바지 속에 있는 개미입니다. 개미는 여러분을 깨어 있게 할 것이고, 이리저리 움직이게 할 것입니다."

우리 대부분은 의심과 숨바꼭질 놀이를 합니다. 잘 보이는 곳에 의심을 두어야 하는데, 볼 수 없는 곳에 꼭꼭 숨겨 두려는 경향이 우리에게 종종 있습니다. 도마의 이야기는 그렇게 하지 말라고 우리에게 말합니다. 도마의 이야기는 우리에게 "당신의 의심들을 표현하십시오. 그것도 큰소리로 하나님께 외쳐대십시오" 하고 말합니다.

여러분이 갖고 있는 여러 가지 의심을 표현하지 않으면, 곧 의심을 억누르고 있으면, 그것은 여러분의 믿음을 신뢰하지 않는다는 뜻이며, 여러분의 믿음보다 더 강한 진리가 있을지도 모른다고 두려워하는 것입니다. 그러나 그런 진리는 없습니다. 그런 사실은 없습니다. 믿음은 그런 진리는 없다고 말합니다. 신앙은 하나님의 신실하심을 의지하는 것입니다. 신앙은 어떤 심연(深淵)이 우리 앞에 입을 크게 벌리고 있어도, 깊은 구렁텅이 속에 빠질지도 모른다는 두려움이 있어도, 하나님이 그 모든 심연보다, 그 모든 구렁텅이보다 더 깊으신 분임을 신뢰하는 것입니다.

예수님이 도마를 부드럽게 대하신다는 점은 모든 의심하는 이들에게 위안과 위로가 될 것입니다. 예수님은 신앙대로 살려고 발버둥 치고, 믿음대로 살려고 애쓰는 여러분 앞에서 매몰차게 문을 닫으시는 분이 아닙니다. 그분은 여러분을, 때때로 의심하고 갈등하는 여러분을 그분의 부활절 축복의 말씀 속에 포함시키십니다. 여러분에게 "너희에게 평강이 있을지어다"라고 말씀하십니다.

그렇습니다. 우리는 의심하면서 믿습니다. 믿으면서 의심합

생명의 복음

니다. 이 두 가지는 항상 같이 갑니다. 의심하기 때문에 믿는 것이며, 믿으면서 의심하는 것입니다. 이것이 부활하신 주님에 대해 우리가 가지는 '긴장 속의 건강한 신앙'입니다. 주님은 의심하는 여러분을 사랑하십니다.

20 〔샬롬〕 문은 닫혔는데, 예수님은 들어오시고

요한복음 20:19-25

19 이 날 곧 안식 후 첫날 저녁 때에 제자들이 유대인들을 두려워하여 모인 곳의 문들을 닫았더니 예수께서 오사 가운데 서서 이르시되 너희에게 평강이 있을지어다 20 이 말씀을 하시고 손과 옆구리를 보이시니 제자들이 주를 보고 기뻐하더라 21 예수께서 또 이르시되 너희에게 평강이 있을지어다 아버지께서 나를 보내신 것 같이 나도 너희를 보내노라 22 이 말씀을 하시고 그들을 향하사 숨을 내쉬며 이르시되 성령을 받으라 23 너희가 누구의 죄든지 사하면 사하여질 것이요 누구의 죄든지 그대로 두면 그대로 있으리라 하시니라

24 열두 제자 중의 하나로서 디두모라 불리는 도마는 예수께서 오셨을 때에 함께 있지 아니한지라 25 다른 제자들이 그에게 이르되 우리가 주를 보았노라 하니 도마가 이르되 내가 그의 손의 못 자국을 보며 내 손가락을 그 못 자국에 넣으며 내 손을 그 옆구리에 넣어 보지 않고는 믿지 아니하겠노라 하니라

부활절에 겪는 좌절

예수님이 죽은 자들 가운데서 살아나신 바로 그 첫 부활절 아침에, 예수님이 부활하시는 광경을 찍기 위해 카메라를 들고 그곳에 있었다고 한번 가정해보십시오. 그리고 실제로 예수님이 무덤에서 떠나시는 순간에 그 모습을 사진에 담았다고 가정해보십시오. 그렇다면 그다음에 무슨 일이 일어나겠습니까? 며칠 후 필름 현상을 맡은 사진관 주인이 여러분에게 아마 다음과 같이 말할 것입니다. "죄송합니다만, 사진이 나오지 않았습니다. 빛에 과다 노출이 되었군요!"

빛에 '과다 노출'이라니요? 그렇습니다! 불명예스러운 죄인의 수치를 지닌 채 무덤에 누운 예수님의 시신이 찬란한 영광 중에 일어났는데, 여러분이 가진 카메라 필름은 그 부활의 영광을 포착할 만큼 초고성능 필름일 수 없기 때문입니다.

우리가 부활절에 겪는 좌절이 바로 이러한 것이라고 할 수 있습니다. 우리의 개념과 범주로 예수님의 부활을 이해하고 포착하려고 함으로써 겪게 되는 좌절, 부활질을 단순히 우리의 이해와 파악의 수준으로 끌어내리려고 함으로써 겪는 좌절, 이런 것이 바로 부활의 순간을 사진으로 담아보려는 노력이 경험하게 될 좌절입니다. "우리의 생각으로 부활을 포착하고 이해할 수 있을 것인가?" 하는 좌절밖에 남지 않는 것입니다.

이처럼 우리가 아무리 예수님의 부활을 잡으려 해도, 그것은 잡히지 않고 빠져나갑니다. 마치 엠마오로 내려가던 두 제자에게 그랬던 것처럼 말입니다. 그들이 부활하신 예수님을 알아본 순간 예수님이 사라지신 것을 여러분은 잘 기억하실 것입니다. 부활절도 그렇습니다. 부활이 무엇인지 확실하게 파악했다고 생각하는 순간, 부활은 어느새 우리 이해의 그물로부터 빠져나갑니다.

파편처럼 흩어져 있는 이야기의 조각들

예수님의 부활은 마치 우리 내부에서 발생하는 '전쟁'과도 같습니다. 예수님의 부활이 쉽게 믿어지는 날들이 있습니다. 그러나

생명의 복음

또한 그 사실을 도저히 믿을 수 없는 날들도 있습니다.

예수님의 부활을 믿는 신앙은 마치 강원도 동해의 오월 날씨와 같습니다. 예측하기도 어렵고 언제라도 변하는 날씨입니다. 따스한 햇살이 비추는 청명한 날이라 봄이 오는 냄새를 맡을 수 있습니다. 그러다가 갑작스레 저 멀리 구름이 몰려오더니 기온이 떨어지기 시작합니다. 그런 식으로 신앙이 급격히 떨어지면서 바닥을 치게 됩니다.

우리 속에서 벌어지는 이러한 전쟁에 대해 깊은 관심과 주의를 기울여야 하는 때가 있다면, 다름 아닌 부활절 시즌입니다. 내면에서 일어나는 신앙의 갈등에 대해 깊은 조명이 필요한 때가 부활절이기 때문입니다. 어떤 사람이 이 사실을 다음과 같이 잘 표현하고 있습니다.

예수님의 십자가가 우리의 마음(heart)을 무너뜨리는 사건이라면,
예수님의 부활은 우리의 생각(理性, mind)을 무너뜨리는 사건입니다.

부활 신앙을 가지고 산다는 것은 참으로 어려운 일입니다. 그리고 오늘의 본문이 잘 보여주는 것처럼, 항상 그래왔습니다.

오늘의 본문을 읽는 것은 마치 서로 연결되지 않는 장면들로 뒤죽박죽인 영화를 보는 것과 같습니다. 그런 영화가 있다고 상상해보십시오. 한 장면이 갑자기 다른 장면으로 전환됩니다. 그러면 관객의 입장에서 의미를 일관성 있게 파악할 수 없을 것입

니다. 장면들이 서로 연결되지 않기 때문입니다. 그럴 때 여러분은 의아하게 생각할 것입니다. "도대체 이 영화는 어떻게 돌아가고 있는 것일까? 퍼즐처럼 한 장면 한 장면이 서로 짝이 잘 맞지 않아!"

그런데 갑자기 중요한 열쇠가 되는 장면이 나옵니다. 그리고 모든 것의 전체적인 윤곽이 잡힙니다. 그러면 여러분은 "아하! 그렇구나! 그래서 그랬구나! 맞아, 그 남자가 바로 은행을 털려고 그랬던 것이었구나", 혹은 "그래서 그녀가 남편을 독극물로 살해하려고 했던 것이구나!" 하고 말할 것입니다.

이와 비슷하게, 오늘 우리가 읽은 본문에 나타나는 서로 다른 장면들을 하나로 묶어줄 단순한 방법은 없습니다. 이런 일이 일어나고, 또 저런 일이 일어납니다. 그렇다면 이 모든 일을 어떻게 하나로 묶어 이해할 수 있겠습니까? 자, 오늘의 이야기를 들어보십시오.

'닫힌 문', 문제를 해결하는 열쇠

한 주간의 첫날에 제자들이 한곳에 함께 모였습니다. 문을 걸어 잠그고 은밀하게 모였습니다. 그런데 갑자기 예수님이 그들 한가운데 나타나셔서 "샬롬 하레켐!"(너희에게 평화가 있기를!)이라고 말씀하셨습니다. 아마도 우리는 '어떻게 이곳에 들어오실 수 있었을까? 문이 굳게 닫혀 있었는데…' 하며 의아해할 것입니다.

그리고 예수님이 자신의 손과 옆구리를 그들에게 보여주셨습니다. 그러자 제자들이 그분을 보고 기뻐했습니다. 아마 우리는 '아니 상처를 보여주시는데, 어찌 기뻐할 수 있다는 말인가? 지금 제자들이 제정신인가?' 하며 의아하게 생각할 것입니다.

예수님이 다시 "너희에게 평화가 있기를!"이라고 그들에게 말씀하십니다. 아마 우리는 '방금 그렇게 말씀하시지 않았던가? 왜 두 번씩이나 똑같은 말씀을 하시는 것일까?' 하며 의아해할 것입니다.

그런데 그 후에, 앞에 있었던 장면과 전혀 연결되지 않는 일이 일어납니다. "아버지께서 나를 보내신 것같이 나도 너희를 보내노라"라고 예수님이 말씀하신 것입니다.

그다음에 무슨 일이 일어났습니까? 전혀 예측하기 어려운 일이 천방지축으로 일어나는 것 같습니다. 놀랍게도 이번에는 예수님이 제자들을 향하여 숨을 내쉬면서 "성령을 받아라!"라고 말씀하셨습니다!

자, 도대체 어떻게 된 것입니까? 일련의 행동들이 어떻게 서로 연결되고 있는 것일까요? 서로 어울리지 않는 일들이 불쑥불쑥 나타나는 것이 아니겠습니까? 한번 다음의 장면들을 연결해 보십시오. 연결이 되는지 생각해보십시오. 문이 닫혀 있는데 갑자기 예수님이 나타나셔서 "평화가 있기를!"이라고 말씀하시더니, 당황스럽게도 불쑥 자신의 못 박힌 손과 옆구리의 찔린 상처를 드러내 보이셨습니다. 그런데 그 광경을 보던 제자들이 당황하기는커녕 오히려 기뻐합니다. 그러자 예수님이 다시금 제자들에게 "평화가 있기를!"이라고 말씀하시고, 밑도 끝도 없이 "내가 너희를 보낸다!"라고 말씀하시는 것입니다. 가장 충격적인 대목은 제자들을 향해 숨을 내쉬면서 "성령을 받아라!" 하시는 것입니다.

도대체 어찌 된 일입니까? 지금이 부활절입니까, 아니면 오순절(성령강림절)입니까? 오늘의 본문 속에 들어 있는 여러 가지 장면을 하나로 묶어주는 열쇠는 무엇입니까?

열쇠는 19절의 '닫힌 문'에 있습니다! '닫힌 문 안쪽에' 이야기의 비밀을 여는 열쇠가 들어 있는 것입니다!

'두려움'의 문들

부활하신 예수님이 문이 닫혀 있는 곳 안으로 들어오셨습니다. 부활하신 예수님이 닫힌 문들을 통과해서 들어오신 것입니다. 그 문들은 어떤 문들입니까? 예수님과 제자들 사이에 있던 문들입니다. 예수님과 우리 사이에 가로놓여 있는 문들입니다. 교회가 이 세상에 있는 동안, 놀랍게도 교회 안에는 언제나 닫힌 문들이 있었습니다. 예를 들어, '두려움'이라고 불리는 닫힌 문 말입니다.

첫 번째 부활절 저녁이었습니다. 제자들이 함께 모였습니다. 유대인들을 두려워하며 문을 닫고 있었습니다. 그때 예수님이 그들 가운데 오셨습니다. 그렇습니다. 예수님은 우리의 두려움 때문에 닫힌 문들을 통과하여 들어오십니다.

두려움이 우리의 삶 속 깊이 들어와 있습니다. 우리 중 많은 사람이 무엇인가를 두려워하며 살고 있을 것입니다. 날마다 깊은 두려움과 씨름하면서 삽니다.

그런데 그러한 두려움은 이상한 일들을 합니다. 두려움은 우리를 쇠약하게 합니다. 신경쇠약 증세를 유발합니다. 두려움은 우리 자신을 다른 사람들에 대항하게 합니다. 대인공포증이 그런 것입니다. 두려움은 우리를 궁지에 몰린 고양이처럼 새파랗게 질리게 합니다. 그러다 보니 우리는 다른 사람을 두려워합니다. 변화를 두려워합니다. 나이를 먹는 것이 두려워집니다. 질병에 걸릴까 두려워합니다. 죽음을 두려워합니다. 이 세상의 종말에 대해 두려워합니다.

그러므로 두려움은 항상 '안전'(安全)을 추구하게 합니다. 마치 문들을 걸어 잠그고 모여 있던 제자들처럼, 두려움은 생존하기 위해 모인 무리에게 안전을 추구하게 합니다. 곰곰이 생각해 보면 이런 안전은 일시적인 안전이며 도피적인 안전입니다. 참호(塹壕) 속의 안전일 뿐입니다.

"제자들은 유대인들을 두려워하여 문을 모두 닫고 있었는데, 그때 예수님이 오셔서 그들 가운데 서시고 '샬롬'이라고 말씀하셨다." 이것이 우리의 두려움에 대한 예수님의 대답입니다. 두려워서 떨고 있는 제자들에게 오신 예수님! 다시 말해, '그분 자신'이 우리의 두려움에 대한 응답이요, 그분의 '현존'(現存, presence)이 우리의 두려움에 대한 대답이라는 것입니다.

예수님이 말씀하십니다. "이 세상이 다 내게 속했다. 이 세상이 결코 너희를 파괴하지 못할 것이다. 내가 이 세상을 정복했다. 무서워하지 마라! 두려워하지 마라! 나는 처음이요 마지막이다. 나는 '살아 있는' 자다. 너희 삶의 문들을 닫아놓을 필요가 없다!"

그렇습니다. 두려움이 없는 삶을 살기 원한다면, 두려움을 초월하는 삶을 바란다면, 여러분은 먼저 부활하신 그리스도께 여러분의 삶을 채워달라고 간청하는 일부터 시작해야 합니다. 여러분은 부활하신 그리스도가 여러분 위에 숨을 불어넣으시고, 성령을 부어주시기를 요청해야 합니다. 사도 바울이 잘 말했듯이, 주님(그리스도)의 영(靈)이 있는 곳에 자유가, 두려움으로부터의 자유가 있기 때문입니다.

두려움은 마치 잡초와 같습니다. 그래서 잡초처럼 비어 있는 버려진 공간에서 자라납니다. 우리의 삶에 그리스도가 안 계실 때, 우리의 삶이 영적으로 공허할 때, 그곳에 두려움이 싹트고 자라기 시작할 것입니다. 그리고 마침내 비어 있는 그 속을 가득 채울 것입니다.

'의심'의 문들

샬롬 하레켐!(너희에게 평화가 있기를!) 예수님이 하신 이 말씀은 구약적인 의미로 가득 차 있는 말씀입니다.

구약에서 '샬롬'이라는 단어의 의미는 매우 포괄적입니다. 예를 들어 건강한 삶을 누리고 있을 때, 안전, 만족, 행복을 느끼고 있을 때, 여러분의 토지가 풍작으로 많은 곡식을 낼 때, 다정한 친구들이 많을 때, 여러분의 이웃들과 화평하게 지낼 때, 두려움 없이 평안하게 잠을 잘 수 있을 때, 여러분의 삶은 샬롬의 복을 받았다고 말할 수 있습니다. 무엇보다도 샬롬은 우리의 삶이 '하나님과 조화되어 있는 상태'를 가리킵니다. 그러므로 평강(平康) 혹은 평화라고 부르는 샬롬은 예수님이 전하시는 메시지의 핵심입니다. 예수님이 나타내시려는 모든 것입니다. 예수님 자신을 의미하는 단어이기도 합니다. '평화'(샬롬)는 예수님 자신입니다.

평화는 '그것'(it)이 아닙니다. 샬롬은 단순한 객체가 아닙니다. 샬롬은 주체입니다. 샬롬은 그 무엇이 아닙니다. 샬롬은 그분(He) 자신입니다. 그리스도를 모시고 있으면, 우리는 평화가 무엇인지 아는 것입니다. 우리 안에 그리스도가 계시면, 우리는 평화를 경험하는 것입니다.

제자들이 유대인들을 두려워하며 문들을 닫아걸고 있을 때, 예수님이 오셔서 그들 가운데 서시고 '샬롬'이라고 하셨습니다. 예수님은 두려움으로 닫혀 있는 우리의 문들을 뚫고 들어오십니다.

또한 예수님은 의심과 회의(懷疑)로 인해 닫혀 있는 우리의 문들을 뚫고 들어오십니다. 여기서 제가 말하는 의심과 회의는 현학적(衒學的)인 것이 아닙니다. 상아탑에서 말하는 과학적인 회의가 아닙니다. 죽은 자는 다시 살아날 수 없다고 주장하는 식의 어쭙잖은 과학적인 의심을 말하는 게 아닙니다.

제가 지금 말하고 있는 의심은 '정직한 의심'입니다. 학문적인 토론에서 발생하는 그런 의심이 아니라, 매일 삶과 맨손으로 벌이는 투쟁에서 발생하는 의심과 회의입니다.

세례자 요한이 경험했던 종류의 의심이 바로 그런 것입니다. 세례자 요한이 감옥에 갇혔을 때, 그는 예수님이 오셔서 그를 자유롭게 풀어주시기를 기대했습니다. 그러나 예수님이 오시지 않자 요한은 절망했습니다. 그래서 사람을 보내어 예수님께 물었습니다. "당신이 우리가 기다리는 메시아입니까? 그렇지 않으면 우리가 다른 사람을 기다려야 합니까?" 요한은 정직하게 의심하고 있는 것입니다. 예수님이 정말로 메시아인가 하는 문제에 대해 정직한 회의를 품었습니다. 단순히 논리적으로, 아니면 과학적으로 의심하고 있는 것이 아닙니다. 자신의 인생 전체를 걸고 살며 믿는 문제에 대해 심각하게 질문을 던지고 있는 것입니다. 예수님이 죽음에서 일어나 부활하셨다는 사실에 대해 많은 그리스도인이 심각하고 정직하게 의심합니다.

마태복음의 마지막 부분인 28:16을 보십시오. 여기서 마태는 예수님의 부활 후에 11명의 제자들이 갈릴리로 가서, 예수님이 그들에게 가라고 하셨던 그 산에 갔다고 기록하고 있습니다. 그리고 17절에 이렇게 기록합니다. "그들이 그[부활하신 예수님]를 보자 그에게 엎드려 경배하였으나, 어떤 이들은 의심하기도 하였다."

여러분 이것이 사실입니까? 어떻게 그럴 수가 있다는 말입니까? 부활하신 예수님을 두 눈으로 본 제자들 가운데 어떤 제자들

생명의 복음

은 의심했다는 것입니다.

'의심'은 처음부터 '닫힌 문들' 중 하나였습니다. 어떤 제자들에게는 이성(理性)이 마음보다 더 큰 목소리로 말했습니다. 그들의 정신적인 유보 장치는 예수님을 문밖에 두고 잠근 것입니다.

그러나 여기 좋은 소식(복음)을 들어보십시오. 요한이 기록한 것을 읽어보십시오. "문들은 잠겼는데, 예수님이 들어오셔서 그들 가운데 서서 '평강이 너희들에게 있을지어다!'라고 말씀하셨다."

부활절은 문들이 잠겼는데도 예수님이 들어오심을 보여줍니다. 예수님이 우리의 두려움과 의심을 뚫고 들어오심을 보여줍니다. 또한 예수님이 그리스도 공동체의 지체인 우리에게 오심을 보여줍니다.

도마와 제자들의 공동체

도마는 부활절에 나타나신 예수님을 만나지 못했습니다. 그는 홀로 카메라를 들고, 다시 말해 전형적으로 이성적인 질문을 갖고 그 어딘가에 홀로 있었던 것 같습니다. 그의 말을 들어보시면 이 사실을 알 수 있습니다. "나는 내 눈으로 그의 손에서 못 자국을 보고 내 손가락을 그 못 자국에 넣어보고 또 내 손을 그의 옆구리에 넣어보지 않고서는 믿지 못하겠소."

그가 제자들의 공동체에 함께하는 일원이 되었을 때, 비로소 예수님이 그에게 나타나셨습니다. 개인적으로 도마에게 나타나셔서 그가 주님을 만나는 큰 영광을 얻게 하지 않으셨습니다. 예수님은 개인이 아니라 제자들의 공동체에 나타나셨습니다. 왜냐하면 예수님이 신자들의 공동체야말로 두려움과 의심을 서로 나누고 극복할 수 있는 장소라고 생각하셨기 때문입니다.

나는 신자들이 나누는 교제와 모임의 한 일원입니다.

- 그러므로 나 홀로 기독교의 신앙체계를 유지하고 붙들고 있는 것이 아닙니다.

나는 신자들 공동체의 일원입니다.

- 그러므로 그리스도의 몸이 할 모든 것을 내가 다 해야 한다는 생각을 벗어버려야 할 것입니다.

나는 신자들 공동체의 일원입니다.

- 그렇다고 그리스도의 몸이 반드시 믿어야 할 모든 것을 내가 한 번의 실수나 멈춤도 없이 다 믿어야 하는 것은 아닙니다.

나는 신자들 공동체의 일원입니다.

- 그렇다고 신앙고백문서(신조, 信條) 안에 담겨 있는 모든 내용을 내가 하나도 빼놓지 않고 다 믿어야 하는 것은 아닙니다.

삶은 매우 복잡하고, 혼란스럽고, 복합적이고, 때로는 힘이 많이 들 수 있습니다. 그러므로 이 모든 일을 다 믿을 수 있는 힘을 유지할 수도 없습니다. 우리가 인간이기에, 우리는 마치 욥처럼 하나님을 향해 화를 내고 원망하고 불평할 수 있습니다. 아니면 도마처럼, 그리스도의 부활이 말도 안 되는 일이라고 제쳐놓을 수도 있습니다. 바로 그러한 순간에 여러분은 자신에게 "그럼에도 불구하고 나는 믿어야만 해"라고 말하지 마십시오. 그것은 마치 무거운 짐에 눌려 쓰러지는 나귀를 채찍으로 치는 것과 같습니다. 바로 그 순간에 여러분은 짐을 가볍게 할 수 있는 일을 하십시오. 그리고 인내를 가지고 기다리십시오. 언제까지 기다려야 할까요? 힘을 다시 얻고, 균형을 다시 잡고, 전체적인 전망을 다시 가질 수 있을 때까지 그렇게 하십시오.

도마를 보십시오! 예수님의 부활을 믿지 않았음에도 불구하고, 그는 부활을 믿었던 자들의 공동체에서 떨어져나가지 않았습니다. 바로 그 공동체 안에서 예수님이 그에게 나타나시고 그의 신앙을 강하게 해주셨습니다.

신자들의 공동체는 부활하신 예수님이 나타나시는 곳이기 때문입니다. 그분이 우리의 두려움과 의심의 잠긴 문들을 관통하여 우리에게 오시는 곳이기 때문입니다. 만일 그렇지 않다면, 저를 포함하여 아무도 이 자리에 있을 필요가 없을 것입니다.

첫 번째 부활절이 그렇게 시작된 것처럼, 오늘날도 그렇습니다. 예수님을 따르는 사람들(제자)로서 우리는 두려움과 의심의 문들을 꼭 닫아 잠근 채로 함께 모여 있습니다. 그런데 예수님이 오셔서 우리 가운데 서시고 "샬롬 하레켐!"(여러분에게 평강이 있기를!)이라고 말씀하십니다.

살아 계신 그리스도여! 우리의 닫힌 문들을 뚫고 들어오소서. 우리의 두려움들을 뚫고 들어오소서. 우리의 의심들을 뚫고 들어오소서. 평화를 가지고 우리에게 오소서. 우리 가슴을 기쁨으로 채워서 벅차게 하소서. 아멘.

21 [희망] 부활절 그 이후

요한복음 20:26-29

> 26 여드레를 지나서 제자들이 다시 집 안에 있을 때에 도마도 함께 있고 문들이 닫혔는데 예수께서 오사 가운데 서서 이르시되 너희에게 평강이 있을지어다 하시고 27 도마에게 이르시되 네 손가락을 이리 내밀어 내 손을 보고 네 손을 내밀어 내 옆구리에 넣어 보라 그리하여 믿음 없는 자가 되지 말고 믿는 자가 되라 28 도마가 대답하여 이르되 나의 주님이시요 나의 하나님이시니이다 29 예수께서 이르시되 너는 나를 본 고로 믿느냐 보지 못하고 믿는 자들은 복되도다 하시니라

썰렁한 주일

오늘 본문은 부활절 후 첫 번째로 맞는 주일을 그리고 있습니다. 아직도 부활의 절기입니다. 영어로 부활의 절기를 일컫는 '이스터타이드'(Eastertide)는 부활절을 의미하는 '이스터'(Easter)와 조수나 흐름을 의미하는 '타이드'(tide)의 합성어입니다. 부활의 생명이 물결을 이루어 조수처럼 밀려드는 계절이라는 뜻입니다. 교회력에 따르면, 부활의 절기는 부활절 주일부터 성령강림절까지 50일간입니다. 부활절은 기독교회가 지키는 절기 중에서도 성탄절과 함께 쌍벽을 이룰 정도로 중요한 절기입니다. 이 두 절기 중어느 것이 더 크고 중요한 절기인지 묻는 질문에 답하기는 곤란합니다. 신학적인 중요성 면에서 막상막하이기 때문에, 사람마다 다른 관점에서 보기 때문입니다.

성탄절은 하나님이 사람이 되어 우리 가운데 거하시게 되었다는 성육신(成肉身, incarnation)의 절기이고, 그래서 우리 마음에 큰 안위와 감동을 줍니다. 물론 적지 않은 사람들이 예수님의 오심을 축하하는 성탄절을 산타클로스(Santa Claus)의 방문과 혼동하기는 하지만, 그래도 하나님이 우리와 같은 인간이 되어 우리의 친구와 이웃이 되셨다는 사실보다 더 큰 감동과 위로가 어디 있을까 하는 생각이 듭니다.

다른 한편, 부활절은 죽을 수밖에 없는 존재(mortal being)인 인간에게 영원한 숙제요 고뇌인 죽음을 예수 그리스도께서 죽이시고, 죽은 자들 가운데서 일어나신 부활을 축하하는 절기입니다. 그러니 부활절이야말로 진정으로 왕의 축제일이 아니겠습니까? 그분의 부활은 우리의 희망에 대한 확실한 담보입니다.

어쨌거나 두 절기는 하나님의 구원 사역에서 '시작'과 '절정'에 위치하고 있기 때문에, 떼려야 뗄 수 없는 사이입니다.

부활절 주일 이후 첫 번째 맞는 주일을 가리켜 외국에선 '로우 선데이'(Low Sunday)라고 합니다. 우리말로 '낮은 일요일', '저조한 일요일', '가라앉은 일요일', '침울한 일요일', '썰렁한 일요일'이라고 번역할 수 있습니다. 이날이 함의하는 복합적인 상황을 고려하여 지은 용어 같습니다. 부활절 이후 첫 번째 맞는 주일을 '낮은 일요일' 혹은 '저조한 일요일'이라고 하는 이유는 아마도 부활절의 즐거움과 북적거림, 흥분과 준비로 가득했던 활기는 사라지고, 더욱이 부활절에 높았던 교회 출석률이 그 다음 주일에

 생명의 복음

는 급격히 감소되기 때문에 붙여진 이름이라고도 생각할 수 있습니다. 출석률이 '저조한 일요일'이라는 뜻이겠지요. 서양 교회의 특성을 잘 반영하는 명칭 같습니다. 서구인들은 전통적으로 기독교 문화권 안에서 태어나고 자라기 때문에, 교회를 마치 가까운 친척집이나 되는 듯 생각합니다. 독일의 경우를 봐도, 사람들은 교회에 주기적으로 출석하지 않더라도 종교세를 냅니다. 마치 문화재 관리비처럼 생각하는 것입니다. 이 세금으로 목회자들의 사례금이 지불되고 교회가 운영됩니다. 교회에 다니지 않는 사람도 평생에 세 번 정도는 품위 있게 교회에 출석한다는 우스갯소리가 있을 정도입니다. 태어나서 세례식장으로, 성인이 되어서 결혼식장으로, 죽어서 장례식장으로 사용되는 예배당에 출석합니다. 마찬가지로, 1년에 성탄절과 부활절 정도는 교회에 나가주는 것이 최소한의 예의라고 생각합니다.

그러나 단순히 출석률이 '저조한 일요일'만은 아닐 것입니다. 수난주간과 부활절의 각종 의식과 집회와 예식이 다 끝난 다음, 그 허전함과 조용함 때문에 붙여진 이름인지도 모릅니다. '가라앉은 일요일!' 아주 적절한 이름입니다. 세차게 달리던 자동차의 변속기를 낮추듯, 분주함을 멈추고 생각해보는 반성과 성찰의 기간으로서 '차분한 일요일'이라는 뜻도 있으리라는 생각이 듭니다. "지난 주일에 무슨 일이 일어났는가? 상상치 못한 그날의 그 일이 지금 우리에게 무슨 말을 하고 있는 것일까? 그러면 우리는 어디를 향해 가야 하는가?" 이렇게 부활절에 관해 두 번째로 다시 생각하는 기간이라고 할 수 있습니다. 회상과 반성을 통해서 말입니다.

오늘의 본문은 최초의 '가라앉은 일요일'을 기록하고 있습니다. 부활 후 첫 일주일이 지난날에, 제자들이 모인 곳에 부활하신 예수님이 나타나신 일을 기록하고 있습니다. 특별히, 부활하신 예수님을 보지 못한 도마를 위한 일요일이 된 것입니다. '도마를 위한 일요일!' 사실 부활절 이후의 모든 일요일은 도마와 같은 제자들을 위한 주일입니다. 여러분과 저를 위한 날입니다.

도마를 기억하십니까? 도마를 아십니까? 2천 년의 기독교 역사 동안, 교회는 도마에게 특별한 별명을 주었습니다. '불신하는 도마'(Unbelieving Thomas)가 아니라, '의심하는 도마'(Doubting Thomas)라는 호칭입니다. "예수의 못 자국 난 손바닥을 내 두 눈으로 보기 전까지는, 예수의 창 자국 난 그 옆구리에 내 손을 집어넣어 확인해보기 전까지는, 나는 예수의 부활을 믿지 않을 것이라"(20:25) 하던 도마 말입니다.

도마를 생각하는 날

오늘은 특별히 도마를 생각하는 날입니다. 예수님의 부활 이후 첫 번째로 맞이한 일요일 저녁에 일어난 사건을 기억하면서 도마를 생각하는 날입니다. 그러나 그러한 역사적 사건 이상을 생각하는 날입니다. 무슨 뜻입니까? 부활절 기사를 읽을 때마다 종종

  생명의 복음

간과되는 일이 하나 있습니다. 놀랍고 기이하고 가슴 떨리는 부활절 기사 안에 놀랍게도 회의주의(懷疑主義)의 그림자가 짙게 드리워져 있고, 의심하는 사람들과 의아해하는 목소리들이 가득하다는 사실입니다. 부활절 이른 아침에 예수님의 무덤에 갔던 여인들이 빈 무덤에 대해 예수님의 제자들에게 말했을 때, 그들의 반응이 어떠했습니까? '정신 나간 소리'라고, '헛된 이야기'라고 일축해버리지 않았습니까? 얼빠진 여인들의 일시적인 환상이나 착각이라고 하면서 면박을 주었습니다.

부활절 기사 안에는 깊은 회의주의와 냉소주의, 패배주의가 자리잡고 있습니다. 예수님의 제자들은 그들의 주님이신 예수님이 어떤 분인지 알지 못했습니다. 3년 동안 예수님을 따라다니면서 그분의 제자들이라고 자처했지만, 진정 예수님이 누구신지, 왜 그분이 그러고 다니셨는지, 무엇을 위해 태어나신 분이신지, 심지어 자신들이 누구인지도 헷갈렸던 것입니다. 그렇지 않았다면 왜 두려움과 깊은 의심에 사로잡혀 문을 안에서 걸어 잠그고 모여 있었겠습니까? 두려움과 의심은 스스로 안에서 걸어 잠근 문과 같습니다. 그들은 의리와 연대감으로, 종교적인 의무감으로, 혹은 정의감으로 모여 있는 집단이었고, 예수님의 윤리와 도덕과 기적들에 대해서는 동의했을지도 모릅니다. 그러나 그들은 예수님이 진짜 어떤 분인지 몰랐습니다. 여러분과 저를 포함한 모든 인류가 처한 운명, 죄로 인한 죽음을 피하지 못하고 죽어야 할 그 비참한 운명에서 구출하시기 위해, 예수님이 스스로를 죽음에 내

놓아 죽음으로 죽음을 죽이시고 다시 부활하여 영원한 생명을 주시는 생명의 주님이라는 사실을 말입니다. 누구든지 그분을 믿는 자는 죽어도 살겠고 살아서 믿는 자는 영원히 죽지 않는다는 말씀의 뜻을 그들은 너무도 가볍게 지나쳐버린 것입니다.

부활절의 제자들, 예수님의 말씀대로 갈릴리에 모여든 제자들에 관해 마태는 이렇게 기록하고 있습니다. "부활 후 제자들이 갈릴리로 갔다. 예수를 보고 그에게 경배하였다. 그러나 어떤 이들은 의심하였다"(마 28:16-17). 부활을 의심한 것은 도마 혼자가 아니었습니다. 다른 제자들 역시 계속해서 예수님의 부활을 의심하고 있었던 것입니다. 부활절 후 일주일이 지난 또 다른 주일에, '낮은 일요일'에, '저조한 일요일'에, '가라앉은 일요일'에, '침울한 일요일'에 이 사실을 다시 생각해봅시다. 모든 신자가 항상 '믿는' 공동체에 속하지는 않았다는 사실을, 우리가 속해 있는 공동체는 이미 신약 교회의 초창기부터 의심과 믿음이 공존하고 혼재하던 공동체라는 사실을 말입니다.

매 주일 우리가 예수님의 부활을 기념하기 위해 모이는 것은 의심하지 않기 때문이 아닙니다. 오히려 의심과 염려와 두려움으로 가득하기 때문입니다. 매 주일 우리가 예수님의 부활을 기념하기 위해 교회로 모이는 것은 우리의 깊은 의심마저도, 그 무엇도 우리를 우리 주 예수 그리스도 안에 나타난 하나님의 사랑에서 끊을 수 없다는 약속 때문입니다(롬 8:39). "내가 세상 끝날까지 너와 함께 있을 것이다"(마 28:20) 하시는 주님의 약속 때문에 모이

 생명의 복음

는 것입니다.

예수님이 도마에게 하신 말씀은 지금 우리에게도 유효합니다. "너는 보는 고로 믿느냐? 보지 못하고 믿는 자는 복이 있도다. 보지 못하고 믿는 자는 행복한 사람이다." 하나님의 약속에 의지하여 사는 사람이야말로 행복한 사람입니다. 그렇습니다. 신앙은 내 발로 서는 것이 아니라 하나님의 은혜 위에 서는 것입니다.

말씀(예수님)으로 찾아오시는 하나님

주일마다 예수님은 '의심하는 도마들'을 찾아오십니다. 사실 많은 사람이 도마처럼 "나는 그곳에 있지 않았다"고 말합니다. "나는 부활하신 예수님의 몸을 실제로 보지도 않았어!"라고 말합니다. 그 부활의 저녁에 제자들이 유대인들을 두려워하여 한곳에 모였습니다. 문들을 걸어 닫고 모였습니다. 그날 아침 일찍 마리아의 급한 전갈을 받고 예수님의 무덤에 가보았던 베드로와 요한도 그들 가운데 있었습니다. 그들은 무덤이 비었음을 발견하고 한편으로는 부활을 믿으면서도 또 한편으로는 혼란스러워서 집으로 돌아간 제자들입니다. 그 부활의 저녁에 예수님이 닫힌 문, 걸어 잠근 문, 의심과 두려움으로 닫은 문들을 통과하여 그들 가운데 오셨습니다. 두려움에 사로잡혀 있는 제자들에게 "너희에게 평강이 있으라, 샬롬이 있으라" 하고 말씀하셨습니다. 두려움을 쫓아내신 것입니다. 그리고 제자들에게 손과 옆구리를 보이시니 그때서야 제자들이 주님을 보고 기뻐하였습니다.

그런데 바로 이런 극적인 현장에 도마가 없었습니다. 무슨 일로 그 모임에 빠졌는지 궁금합니다. 26절에 따르면 다시 부활 후 여드레를 지나 제자들이 집에 모여 있었다고 하는 것으로 보아, 그들은 분명히 정기적으로 모였을 것입니다. 그런데 무슨 일이 있었기에 도마는 그 자리에 없었을까요? 도마를 의심하거나 이상한 눈으로 보고 싶은 생각은 없습니다. 집안에 급한 일이 있었을지 모릅니다. 결혼이나 장례, 아니면 다른 급한 용무가 있었을지도 모릅니다. 좀더 개연성이 높은 추측을 하자면, 금요일에 있었던 예수님의 십자가 처형에 너무도 심한 충격을 받은 나머지 집에 돌아갔을지도 모릅니다. 예수님이 부활하신 그날 저녁에 다른 제자들은 다 함께 모였는데 그곳에 참석하지 않은 것을 보면, 그런 것 같다고 추측됩니다. 그는 금요일로부터 시작한 의심과 갈등의 심연 속에서 허우적거렸던 것 같습니다.

이런 의심과 회의는 부활하신 예수님을 두 눈으로 보았다고 주장하는 다른 제자들에게 그가 보인 강경한 태도에서도 확인됩니다. "내가 그의 손의 못 자국을 보며, 내 손가락을 그 못 자국에 넣으며, 내 손을 그 옆구리에 넣어 보지 않고는 믿지 아니하겠노라"(20:25).

누가 도마입니까? 누가 의심하는 도마입니까? 제자들 중 하나입니다! 예수님의 제자들 중 누구일 수도 있습니다. 우리 가운데 한 사람이라는 뜻입니다. 여러분일 수도 있고 저일 수도 있습

니다. 의심하는 도마가 될 가능성으로부터 도망칠 수 있는 신자
는 아무도 없습니다. 의심하는 도마들은 오늘날로 말하면 실증주
의자(實證主義者)입니다. 철저한 유물론자들이기도 합니다. 증명할
수 있어야, 손에 잡고 만지며 느낄 수 있어야 믿겠다고 항변하는
사람들입니다. 하늘에서 만나가 내려오고, 무너진 회사가 다시
살아나고, 병든 몸이 단번에 고침을 받아 벌떡 일어나야만 믿겠
다고 하는 사람들입니다. 그래야 하나님의 현존(現存)을 믿을 수
있다고 하는 사람들입니다.

　이런 사람들에게, 의심으로 찌든 우리에게, 한편으로는 믿으
면서 또 다른 한편으로는 의심하는 제자들에게 예수님(말씀)이 찾
아오십니다. 마치 파도가 세차게 치는 갈릴리 바다 위를 걷는 베
드로와 같습니다. 예수님의 부르심을 따라 힘차게 발을 떼기는 했
지만 곧 두려움과 의심 때문에 시퍼런 물속으로 빠져들어 가는
베드로 말입니다. 그렇게 의심하는 베드로와 도마를 위해, 부활하
신 예수님이 일주일 후에 다시 찾아오신 것입니다. 의심하고 갈등
하고 있는 사람 하나를 위해서 기꺼이 다시 찾아오신 것입니다.

　그분은 잃은 양 한 마리를 위해서 먼 길을 찾아 나서시는 분
입니다. 여러분이 그런 사람이라도, 그분은 반드시 여러분을 찾
아오실 것입니다. 그분은 의심하고 냉소적이기까지 한 우리를 기
꺼이 찾아오십니다. 그분께 여러분은 매우 소중한 생명입니다.
그래서 결코 여러분을 포기하지 않으실 것입니다. 어떻게 얻은
생명인데 포기하시겠습니까? 비싼 값을 주고 산 고귀한 생명이

기에 결코 우리를 놓지 않으실 것입니다.

그분이 어떻게 오십니까? 설교를 통해서 여러분에게 오고 계십니다. 설교를 들은 후에 우리의 가슴속으로 찾아오십니다. 성찬의 떡과 잔을 받은 우리에게 찾아오십니다.

첫 부활절의 '좋은 소식', '희망의 소식'이 계속해서 우리에게 오고 계신 것입니다. 부활하신 예수님이 우리에게 오고 계신 것입니다. 두려움 가운데 있는 자들에게 평안과 안심(安心)을 선포하시고, 삶의 의미를 상실한 사람들에게 새 생명의 활력을 주십니다. 의심하는 자들을 찾아오고 계십니다.

그리고 그분은 손을 내미시고 보라고 하십니다. 대못에 깊이 찔린 손바닥을 말입니다. 악수를 청하십니다. 따스한 체온이 느껴지는 그 손을 붙잡으라고 하십니다. 손을 내밀어 옆구리에 넣어보라고 하십니다. 창에 찔려 피와 물을 다 쏟으신 그 구멍 난 옆구리에 손을 집어넣어 보라고 하십니다.

이보다 더 친밀한 사랑의 초청이 어디 있겠습니까? 남의 속살을 만지는 것은 자기를 비우는 일입니다. 우리에게 스스로를 비워 그분 속으로 들어와 살라고 하시는 말씀입니다.

그런 주님이 정기적으로 우리를 찾아오십니다. 아니, 지난 주일에 여러분이 이런저런 일로 부활의 주님을 만나지 못하고 지낸 것이 안타까워, 여러분만을 위해 다시 찾아오시는 것입니다. 고단한 인생길에서 정말로 새로운 삶이 가능할까, 새로운 희망이 있을까 하고 의심하며 사는 우리 한 사람 한 사람을 위해 매 주일 찾아오시는 분입니다. 부활하신 예수 그리스도는 그런 분입니다.

여러분은 주일마다 뭐라고 고백하십니까? 죽음과 의심이 생명과 믿음보다도 더욱 가까운 우리의 친구이며, 우리 경험의 대부분은 이해할 수 없는 일과 견딜 수 없는 사건들로 가득하지만, 부활절의 소식은 우리에게 이렇게 고백하게 합니다.

- 모든 것이 이치(理致)에 맞기 때문에 믿는 것이 아닙니다!
- 삶의 모순과 부조리와 이해할 수 없는 일들 중에도, 하나님의 말씀은 다시 사신 그리스도를 여전히 우리에게 제시하십니다!
- 우리의 죽음과 의심이 결코 우리를 하나님의 생명에서, 우리를 향한 그분의 사랑에서 끊을 수 없습니다!

예수님의 말씀은 이것입니다. "믿음 없는 자가 되지 말고 믿는 자가 되라."

그렇습니다. 보지 못하고 믿는 자는 행복합니다! 믿음으로 보는 자는 행복합니다! 지금도 의심하고 있는 우리를 찾아오시는 예수 그리스도를 바라보십시오. 그리고 그분이 내미신 손을 잡아보십시오. 그분의 체온을 느끼게 될 것입니다. 그분은 결코 여러분의 손을 놓지 않으시고, 여러분을 의심과 두려움의 늪에서 건져내실 것입니다. 그분을 바라보십시오. 희망을 그분께 두십시오. 믿지 못하는, 의심하는 도마의 입에서 "나의 주님, 나의 하나님!"이라는 절대적인 호칭의 고백이 나올 것입니다.

그분은 산중에서 길을 잃고 방황하는 우리를 찾아오십니다. 우리를 발견하시고 자신의 어깨에 둘러매십니다. 부활의 주님은 우리를 들어올리실 것입니다. 그때 우리는 하늘을 보며 희망을 노래할 것입니다. 이렇게 말입니다.

날 세우시네(You Raise Me Up)

내가 깊이 낙심하여 침울할 때

내 영혼이 고단하여 피곤할 때

고난과 괴로움이 내 마음을 천근만근 누를 때

주님, 저는 여기에 가만히 있어 침묵하며 기다립니다.

주님께서 제 곁에 오셔 앉으실 때까지.

주님은 저를 들어 올리실 것입니다.

그러면 저는 저 높은 산들 위에 설 수 있을 것입니다.

주님은 저를 들어 올리실 것입니다.

그러면 저는 풍랑 이는 바다 위를 걸어갈 수 있을 것입니다.

주님이 저를 들어 당신의 어깨 위에 두실 때 저는 강해집니다.

주님은 제가 상상할 수 있는 그 이상으로 저를 일으켜 올리십니다.

When I am down, oh my soul, so weary;

When troubles come and my heart burdened be;

Then I am still and wait here in silence,

Until you come and sit awhile with me.

You raise me up, so I can stand on mountains;

You raise me up, to walk on stormy seas;

I am strong, when I am on your shoulders;

You raise me up, to more than I can be.

22 〔교제〕 해변에서의 아침 식사

요한복음 21:1-13

> 1 그 후에 예수께서 디베랴 호수에서 또 제자들에게 자기를 나타내셨으니 나타내신 일은 이러하니라 2 시몬 베드로와 디두모라 하는 도마와 갈릴리 가나 사람 나다나엘과 세베대의 아들들과 또 다른 제자 둘이 함께 있더니 3 시몬 베드로가 나는 물고기 잡으러 가노라 하니 그들이 우리도 함께 가겠다 하고 나가서 배에 올랐으나 그 날 밤에 아무 것도 잡지 못하였더니 4 날이 새어갈 때에 예수께서 바닷가에 서셨으나 제자들이 예수이신 줄 알지 못하는지라 5 예수께서 이르시되 얘들아 너희에게 고기가 있느냐 대답하되 없나이다 6 이르시되 그물을 배 오른편에 던지라 그리하면 잡으리라 하시니 이에 던졌더니 물고기가 많아 그물을 들 수 없더라 7 예수께서 사랑하시는 그 제자가 베드로에게 이르되 주님이시라 하니 시몬 베드로가 벗고 있다가 주님이라 하는 말을 듣고 겉옷을 두른 후에 바다로 뛰어 내리더라 8 다른 제자들은 육지에서 거리가 불과 한 오십 칸쯤 되므로 작은 배를 타고 물고기 든 그물을 끌고 와서 9 육지에 올라보니 숯불이 있는데 그 위에 생선이 놓였고 떡도 있더라 10 예수께서 이르시되 지금 잡은 생선을 좀 가져오라 하시니 11 시몬 베드로가 올라가서 그물을 육지에 끌어 올리니 가득히 찬 큰 물고기가 백쉰세 마리라 이같이 많으나 그물이 찢어지지 아니하였더라 12 예수께서 이르시되 와서 조반을 먹으라 하시니 제자들이 주님이신 줄 아는 고로 당신이 누구냐 감히 묻는 자가 없더라 13 예수께서 가셔서 떡을 가져다가 그들에게 주시고 생선도 그와 같이 하시니라

본문은 갈릴리 해변에서 일어난 작은 캠프파이어 장면에 집중하고 있습니다. 아주 이른 아침이었고, 이제 막 부활하신 예수님이 모닥불을 지펴 놓고 허리를 굽히시고 빵과 생선을 굽고 계신 모습이 우리 눈에 들어옵니다. 제자들 중 7명의 제자들을 위해 조반을 준비하고 계신 것입니다. 나머지 제자들은 어디에 있는지 본문은 말하고 있지 않습니다.

상상만 해도 따스하고 정겨운 장면입니다. 방금 전 예수님은 제자들을 "애들아!"라고 부르시고 "이리 와서 아침을 먹어라" 하고 말씀하셨습니다. 마치 어머니가 자녀들을 부르듯이, 그렇게 다정스럽게 부르시는 모습입니다. 예수님이 남자였다는 사실을 기억한다면 우리 남자들도 예수님처럼 음식을 할 줄 알아야 하지 않겠습니까! 어쨌거나, 남자 성도가 음식을 할 줄 알아야 한다는 것을 가르치기 위해 예수님이 이른 아침에 아침 식사를 준비하신 것은 아닙니다. 예수님이 아침 식사를 준비하신 것은 이 제자들이 어젯밤에 매우 힘든 시간을 보냈기 때문입니다. 밤새도록 그물을 던졌지만 한 마리의 물고기도 잡지 못했기 때문입니다.

그러나 그들이 힘들었던 진짜 이유는 지난 며칠 동안 그들의 구세주를 이해하려고 무던히 애를 썼지만 번번이 실패했기 때문입니다. 사실 제자들에게 고기를 못 잡는 것보다 더 힘든 일은 자기들이 따르고 믿는 예수님이 어떤 분인지 잘 알지 못한다는 것입니다. 어쨌든 제자들은 고기 잡는 것 이상으로 예수님을 파악하는 일에 아무런 보람도 없는 날들을 보냈습니다.

제자들 중에서도 특별히 베드로는 지난 몇 주 동안 정신이 없었습니다. 꿈인지 생시인지 모를 놀라운 일들을 경험했기 때문입니다. 혼란스러웠던 첫 번째 경험은 예수님이 체포되시던 밤에 있었습니다. 그때 베드로는 칼로 예수님을 보호하려고 큰소리를 쳤지만, 결국 예수님은 로마 군인들에게 체포되셨습니다. 그런 일이 있고 나서 바로 그 다음 날 예수님은 십자가에 처형되셨습

생명의 복음

니다. 정말 끔찍한 순간을 목격해야만 했습니다.

게다가 슬픔과 비통에 사로잡혀 있었을 때, 막달라 마리아가 그를 끌고 무덤에 갔습니다. 예수님의 무덤 말입니다. 그러나 예수님의 시신이 있어야 할 무덤은 텅 비어 있었습니다. 공황 상태에 빠졌습니다. 혼란스럽고 정신이 없었습니다. 그러나 여기에서 그치지 않았습니다. 며칠이 지나지 않았을 때, 두려움에 사로잡혀서 다락방에 숨어 있는 제자들에게 예수님이 나타나신 것입니다. 문은 닫혔는데 예수님이 나타나신 것입니다. 그리고는 "너희에게 평강이 있을지어다"라고 하셨습니다. 그리고 곧바로 사라지셨습니다. 도대체 무슨 일이 벌어지고 있는 것인지 알 길이 없었습니다. 다시 일주일 후에, 제자들이 모인 다락방에 예수님이 다시 나타나셨습니다. 지난번에 나타나실 때 자리에 없었던 도마를 위해 특별히 나타나신 것 같습니다. 도무지 믿을 수 없어 의심하던 도마에게 자신의 손과 옆구리를 보여주신 후에 "보지 못하고 믿는 사람들은 복된 사람들이다"라고 말씀하셨습니다. 그러고는 또 그들의 시야에서 사라지셨습니다.

베드로에게 지난 몇 주 동안은 참 힘든 시간이었습니다. 헷갈리는 시간이었습니다. 정신이 없었습니다. 예수님이 어떤 분이신지 도무지 알 수 없었습니다. 알다가도 모를 일이 연속해서 일어난 것입니다. 꿈인지 생시인지 분간할 수 없는 정신없는 시간들이었습니다. 예수님이 '살아 계셨다가-죽으셨다가-다시 살아나셨다가-여기에 계셨다가-사라지셨다가-다시 여기에 계셨다가-다시 사라지셨습니다.' 베드로에게 너무도 벅찬 일이었고 감당하기 힘든 짐이었습니다.

대체 계획

예수님 때문에 베드로는 머리가 터질 것 같았습니다. 그의 머릿속 퓨즈가 여러 번 나갔습니다. 알다가도 모를 예수님이었습니다. 그는 그럴 때마다 항상 똑같은 방식으로 반응했습니다. 예수님 때문에 헷갈릴 때마다 베드로는 언제나 똑같은 일을 했습니다. 다른 제자들에게 "나, 고기 잡으러 간다!" 하고 말했습니다. 그리고는 제자들 중 절반인 6명을 데리고 본업이었던 고기잡이 생활로 돌아간 것입니다. 고기잡이는 베드로의 '대체 계획'(fallback plan)이었습니다. 대체 계획은 이렇게 하겠다고 결심했다가 그 일이 안 되면 다시 돌아가려고 마련한 계획입니다. 여러분이 예수님을 따르겠다고 작정하고 헌신한 다음에, 생각대로 되지 않거나 어려운 일들이 생기면 그만두고 돌아가려고 마련해둔 장소나 계획을 떠올리시면 됩니다.

우리 모두는 대체 계획에 대해 잘 알고 있습니다. 여러분 가운데 이미 대체 계획들을 세워 놓은 분이 있을지 모릅니다. 보십시오. 우리 역시 예수님을 따르기로 헌신합니다. 기도합니다. 예배합니다. 찬양합니다. 봉사합니다. 그러다가 혼란스러운 일을 당하거나 혼돈 가운데 빠지면 뒤로 물러납니다. 대체 계획으로 돌아갑니다. 원래 하려고 했던 계획으로 돌아가는 것입니다. "나, 고기 잡으러 간다!"라고 하는 것입니다. 자기만 가면 좋을 텐데 다른 사람까지 데리고 갑니다. 어떻게 이럴 수가 있습니까!

베드로라는 인물

베드로는 어떤 사람이었습니까? 어떤 성격의 소유자였습니까? 아주 활동적이고 적극적이고 무엇이든 일이 되도록 하는 스타일의 사람이었습니다. 베드로는 정말로 예수님을 사랑했습니다. 그는 언제나 예수님을 도우려고 했습니다. 그는 언제나 앞장서는 사람이었습니다. 뒤끝이 없는 사람이었습니다. 역시 나잇값을 하는 사람이었습니다! 그는 예수님께 "하나님 나라가 도래하면 저를 예수님 옆에 앉게 해주세요"라고 부탁하는 그런 타입의 사람이 아니었습니다. 누가 가장 위대한 제자인가 하는 논쟁에 발을 담근 일도 없었던 사람입니다. 그는 유다처럼 예수님으로부터 무언가를 훔친 일도 없었습니다. 그는 예수님이 그의 발을 씻기려고 하실 때도 당차게 거절했던 사람입니다. 그는 예수님이 예루살렘에 죽으러 가신다고 하자 발 벗고 나서서 말린 사람입니다. 그는 믿을 만하고 담대하고 리더십 있는 사람이었습니다.

여러분은 요한복음의 초두에서 예수님이 그에게 새로운 이름을 주신 사건을 기억하실 것입니다. 그는 베드로, 즉 '바위'라는 뜻의 이름을 받았습니다. 아마 베드로는 그때 예수님이 자기를

'바위'(반석)라고 하신 것이 "너는 믿을 만한 사람이다. 누군가 도움을 요청하면 언제라도 기꺼이 도움을 줄 수 있는 믿음직한 사람이다"라는 뜻으로 생각했던 것 같습니다. 그는 언제나 믿을 만한 사람으로 남기를 바랐습니다. 믿음직한 사람이 되려고 노력했습니다. 이 사실은 다음과 같은 사건 안에 잘 드러나 있습니다. 예수님이 체포되어 대제사장의 집 뜰에서 심문을 받으면서 온갖 수모와 고문을 당하시던 그 끔찍하던 밤에, 베드로는 세 번씩이나 자기가 예수님의 제자라는 사실을 부인했습니다. 그러나 사실 그는 거짓말을 한 것은 아니었습니다. 그는 진실을 말한 것입니다. 왜냐하면 그는 마음속으로 자기가 정말 예수님의 제자가 아니라고 생각했기 때문입니다. 참 제자라고 하면 목숨을 걸고 자기의 주인을 지키고 도와야 하는 것이 아닙니까? 그런데 그는 그러지 못했습니다. 자신이 한 일을 생각해보니 참으로 한심스럽고 부끄러웠습니다. 이런 이유 때문에 베드로는 그 말(예수님을 부인한 말)을 하고 바깥에 나가 심하게 통곡했던 것입니다. 닭이 울었습니다. 새벽이 밝아온 것입니다. 믿거나 말거나 전설에 의하면 그 이후 베드로는 닭을 먹지 않았다고 합니다(그래서 저도 닭고기를 먹지 않습니다! 베드로의 후계자가 어찌 닭을 먹을 수 있다는 말입니까!).

신실한 제자

사실 베드로처럼 우리도 우리 자신이 신실한 제자, 반석 같은 제

생명의 복음

자가 되기를 간절히 소원합니다. 그렇지 않다면 왜 교회에 나오
겠습니까? 신앙의 본질은 예수님의 참 제자가 되는 것이 아닙니
까? 우리는 믿음직한 사람, 신뢰할 만한 사람, 누군가 도움이 필
요하면 언제라도 기꺼이 달려가 도움을 주는 사람, 반석과 같은
사람이기를 바랍니다. 주일 아침마다 교회에 오는 사람들은 다른
사람들을 돌보는 사람들입니다.

아이티의 재난과 불행과 비극을 볼 때 우리의 가슴은 찢어집
니다. 기꺼이 구호 헌금을 냅니다. 마땅히 우리가 해야 할 일들이
기 때문입니다. 직장의 동료나 이웃이 도움을 청하면 우리의 일
들이 아무리 크고 많아도 다 내려놓고 도움을 주러 나섭니다. 우
리가 가진 것들, 건강, 재능, 재물, 자녀, 사랑하는 사람들을 볼 때
마다 우리는 착한 청지기가 되고 싶습니다. 우리는 우리가 받은
복에 합당한 삶을 살기를 바랍니다. 우리는 우리의 행동이 우리
가 믿는 신앙고백과 신조에 합당하기를 바랍니다. 우리는 우리의
가정, 우리의 일과 직장, 우리가 살고 있는 곳에서 예수님의 참
제자들이 되기를 바랍니다.

그러나 여기에 보이지 않는 위험이 도사리고 있습니다. 주님
의 제자가 되는 일과 주님을 돕겠다는 생각을 갖는 것이 전혀 다
르다는 사실입니다. 다를 뿐 아니라 서로 충돌합니다.

부활하신 예수님은 여러 차례 베드로에게 나타나셨습니다.
그럼에도 불구하고 베드로는 오늘 고기를 잡으러 간다고 했습니
다. 대체 계획으로 돌아간 것입니다. 왜 그랬을까요? 우리는 또

왜 그럴까요?

왜 돌아갔을까?

베드로가 고기를 잡으러 간 것은 구세주를 돕겠다고 나섰다가 낭패를 봤기 때문입니다. 무슨 말입니까? 주님은 우리 방식대로 통제하거나 조절할 수 없는 분입니다. 그분의 길은 우리의 길과 다릅니다. 그분의 방식은 우리의 방식과 다릅니다. 예수님의 죽음과 부활이 선포하고 있는 핵심은 아무것도, 심지어 죽음도 예수님을 통제하거나 조절할 수 없다는 것입니다. 그분은 분명히 우리의 기대에 의해 통제되거나 조절되지 않을 것입니다.

이런 근본적인 사실에도 불구하고 우리는 종종 베드로처럼 손에 잡히지 않는 예수님에 대해 실망하고 다시 자기 길로 돌아가지 않습니까? 우리에게 자신의 부활을 알리시고 우리에게 평화가 있을 것이라고 말씀하셨음에도, 우리는 언제나 내 눈앞에 계셔야만 하는 예수님이 보이지 않으면 언제라도 옛 습관으로 돌아가려 하지 않습니까?

그렇습니다. 우리는 '고정된 하나님'을 기대합니다. 우리가 부르면 언제라도 오시는 하나님을 바랍니다. '길들여진 하나님', '가축화된 하나님', '내 손안에 계신 하나님'을 바랍니다. 내가 필요할 때는 언제라도 달려오셔야 하는 하나님, 내가 병이 들어 기도하면 달려와 고쳐주셔야 하는 하나님, 그런 하나님을 바랍니

생명의 복음

다. 자녀가 공부를 안 해서 못하는데도, 기도만 하면 그 아이의 머리가 좋아지게 해주시거나, 아니면 바라는 학교에 단박에 합격하게 해주시는 하나님을 기대합니다. 기분이 울적하면 언제라도 내 마음을 위로해주시는 하나님 말입니다.

우리가 기대하는 하나님은 이런 '편의점 하나님'입니다. 그러나 그런 기대가 깨지거나 이뤄지지 않으면 언제라도 옛날로 돌아갑니다. 뒤도 돌아보지 않고, 큰 소리로 "나는 간다. 나는 고기 잡으러 간다!"라고 외칩니다. 다른 사람까지 데리고 갑니다!

그러나 예수님을 따르는 일은 그런 게 아닙니다. 즉 제자도는 '우리가 알고 있는 것 이상의 것이 예수님께 있다는 사실을 끊임없이 발견하는 경험'입니다. 그러나 문제는 예수님을 돕겠다고 나선 사람들에게 이것이 참으로 어려운 일이라는 것입니다. 그러므로 베드로처럼, 우리가 섬기려고 애쓰는 주인이 우리를 혼란스럽게 할 때, 우리는 우리가 할 줄 아는 것으로 돌아갑니다.

예를 들어, 성경은 어린아이가 마땅히 가야 할 길로 그 어린아이를 훈련하라고 말합니다. 그래야 그가 어른이 되어서도 그 길에서 벗어나지 않을 것이기 때문입니다. 이 말씀에 따라 여러분은 자녀들을 데리고 예배당에 옵니다. 그들에게 그리스도인이 된다는 것이 무엇을 의미하는지 가르치고 보여줍니다. 그러나 종종 어른이 된 자녀들이 신앙에서 벗어나 곁길로 가는 것처럼 보일 때, 여러분은 잘 알고 있는 것을 합니다. 무엇입니까? 가장 사랑스러운 마음으로, 다시 부모 노릇을 하는 것입니다.

성경은 너희 원수가 네 뺨을 때리거든 다른 쪽 뺨도 대라고 합니다. 그래서 여러분은 긍휼의 힘을 보여주기 위해 그렇게 하려고 노력합니다. 그러나 여러분의 원수가 뺨을 또 때리고 다시 때리면 어떻게 하십니까? 뺨을 대지 않고 멀리 떨어집니다!

성경은 내일에 대해 걱정이나 근심하지 말라고 합니다. 그래서 여러분은 주위에 있는 사람들의 궁핍과 필요를 돌아보며 도움을 줍니다. 그런 식으로 여러분의 삶에서 초점을 맞추려고 애를 씁니다. 그러나 경제 사정이 악화되어 여러분의 주식이나 투자나 퇴직금을 까먹게 된다면, 여러분은 무엇을 해야 할지 잘 알 것입니다. 비용을 절감하고 다시 저축을 하기 시작합니다. 달리 말해, 여러분은 고기를 잡는 일로 다시 돌아간다는 말입니다.

꾸짖지 않으시는 주님

부활하신 예수님은 고기를 한 마리도 못 잡은 채로 길고 긴 밤을 보낸 제자들이 배 안에 있는 것을 보셨습니다. 예수님은 그들을 꾸짖지 않으셨습니다. 예수님이 여러분을 혼란스럽게 했을 때 여러분이 한 일, 즉 고기를 잡으러 간 일에 대해 꾸짖지 않으십니다. 오히려 배가 해안에 가까이 왔을 때, 그분은 그들의 **좌절 속으로** 들어가십니다. 그들의 **배 안으로** 들어가십니다. 그리고는 배의 다른 쪽에 그물을 던지라고 말씀하십니다.

고기를 잡으러 나갔다가 아무것도 잡지 못하고 허탕 치고 돌아왔을 때, 여러분이 할 수 있는 마지막 일은 해변에 있는 '누군가'로부터 충고를 듣는 일입니다. "그물을 배 오른쪽에 내려야해!" 혹은 "한번 그물을 내려보라고!"와 같은 말입니다.

제자들은 이 충고하는 목소리가 예수님의 목소리라는 생각이 들었습니다. 예수님의 말투처럼 들렸기 때문입니다. 어쨌든 그들은 들은 대로 했습니다. 그물을 배 오른쪽에 던졌습니다. 그리고 도무지 끌어올릴 수 없을 만큼 많은 물고기가 잡혔습니다.

그들이 물고기를 잡지 못했던 것은 뱃머리의 다른 쪽에 그물을 내리지 않아서도 아니고, 다시 시도해보지 않았기 때문도 아닙니다. 그들이 이런 놀라운 기적을 경험하게 된 것은 구세주가 그들 가운데 계셨기 때문입니다. 진정으로 도우시는 분이 거기에 계셨기 때문입니다.

제자도는 예수님을 돕는 일이 아닙니다. 주님은 우리의 도움을 필요로 하시지 않습니다. 우리는 주님을 위해 울 필요가 없습니다. 정작 눈물이 필요한 당사자는 주님이 아니라 우리입니다. 주님은 "나를 위해 울지 말고 너와 네 자녀를 위해 울라"고 말씀하셨습니다.

예수님은 우리와 함께 계신 하나님의 성육신이십니다. 하나님은 그 누구로부터의 도움도 필요로 하시지 않는 분입니다. 이것이 하나님 되심이 의미하는 것이기 때문입니다.

제자도는 예수님을 돕는 일이 아니라 예수님에 대해 증언하는 일에 관한 것입니다. 달리 말해, 제자도는 부활하신 예수님이 지금 이 세상에서 하시는 것을 보는 것입니다. 제자도는 여러분이 가서 해야 할 것을 하되, 어떤 기적 같은 일들이 일어나면, '지금 예수님이 일하고 계시구나' 하고 생각하는 것입니다.

탕진(蕩盡)하시는 하나님

본문은 그들이 153마리의 대어(大魚)를 잡았다고 기록하고 있습니다. 엄청나게 많은 숫자이고, 혼자서는 끌어올릴 수 없는 양입니다. 성경 어디에도 기적적으로 고기를 잡은 후에 잡은 고기 숫자를 정확하게 기록한 곳은 없습니다. 그러나 이번에는 누군가 물고기의 수를 세었습니다. 왜 그랬을까요? 대답은 어렵지 않습니다. 어부들은 항상 그들이 대어를 몇 마리 잡았는지 말하기 때문입니다. 기록적인 숫자인데 어떻게 잊어버릴 수 있겠습니까?

그들은 잡은 고기를 보고 너무 기뻤습니다. 저는 이 이야기를 좋아합니다. 왜냐하면 구세주께서 얼마나 엄청나게 베푸시는 분인지 잘 보여주기 때문입니다. 그분은 우리를 위해 한번 베풀겠다고 생각하시면 우리의 상상을 초월해서 넘치도록 쏟아부으십니다. 원래 하나님의 은혜라는 것이 이렇지 않습니까? 낭비와 같은 은혜, 헤픈 은혜, 그래서 어떤 사람은 이런 하나님을 가리켜 '탕자 하나님'(prodigal God)이라고 불렀습니다.[12] 은혜를 우리에게 탕진하듯 퍼부어주시는 하나님이라는 뜻입니다.

구주께서 우리의 삶 속에서 우리를 도우실 때, 그분은 막연하거나 추상적인 의미의 사랑으로 도움을 주시는 분이 아닙니다. 그분의 사랑은 매우 구체적이고 손에 잡을 수 있고 풍성한 방식으로 나타납니다. 여러분이 그 방식들을 세어보기 시작한다면, 예수님이 여러분에게 지금까지 주신 복이 153개 이상은 될 것입니다.

물론 여러분은 이런 복들을 잘 건사하고 관리하는 선한 청지기여야 합니다. 이 세상에서 그리스도의 사역을 돕는 방식으로 여러분의 삶을 사용해야 합니다. 그러나 예수님을 돕는다고 생각하지는 마십시오. 예수님을 돕는 것은 신앙생활의 목적도 목표도 아닙니다.

우리의 삶을 구원하시는 그분의 기이한 방식에 주의를 기울여야 합니다. 우리 삶의 모든 사명은 근본적으로 감사의 표현이기 때문입니다. 우리가 사명을 계속 감당할 수 있는 것은 예수님이 우리를 위해 행하신 모든 것에 대해 우리가 감사하기 때문입니다.

이제 다시 해변에서의 아침 식사 장면으로 돌아가 보겠습니다. 153마리의 대어로 가득한 배를 해변으로 끌어올리고 나서, 제자들은 예수님이 준비해놓으신 아침 식사 자리에 앉았습니다. 혹시나 이전처럼 군중이 모이는 것이 아닌가 하고 둘러보았을지도 모릅니다. 예수님이 보리떡 5개와 물고기 2마리로 5000명을 기적적으로 먹이셨던 때가 생각났기 때문입니다. 그러나 이번만큼은 군중이 보이지 않았습니다. 이번에는 오로지 사랑하는 제자들을 위해 음식을 준비하시는 예수님의 친밀함만 있었습니다. 얼마나 오붓한 시간입니까?

예수님은 아마 지금 꽤나 분주하시고 할 일이 많으실 것입니다. 아프가니스탄, 이란, 아이티, 북한, 소말리아 등지에서 해결하셔야 할 산적한 문제들이 있을 것입니다. 그래서 여러분 가운데 어떤 분들은 "그분은 우리를 위해 시간을 낼 수 없는 분일 거야!"라고 생각할지도 모릅니다. 마치 어린애가 아빠에게 "같이 놀아 줘! 이것 좀 해줘!"라고 하면 종종 돌아오는 답이 "지금 말고, 나중에. 아빠는 지금 바쁘단 말이야!"인 것처럼 말입니다! 그러나 우리 구세주는 그렇지 않습니다. "그래, 그럴게!" 하시는 분입니다. 그런데도 왜 우리는 그분께 말하지 않는 것일까요? 왜 "나같이 별 볼 일 없는 사람이 하는 말을 들어주시기나 할까?" "내가 제출한 탄원서는 아마 제일 밑에 깔려 있을 거야!"라고 말하십니까? 찬송가 가사 중에 "사람들이 어찌하여 아뢸 줄을 모를까!" 하는 부분을 기억하십니까?(찬송가 369장)

기적은 언제나 있다!

여러분을 위한 기적은 언제나 있습니다. 기적은 여러분의 그물에 있는 물고기 숫자와는 별로 상관이 없습니다. 진짜 기적은 자기의 손안에 세상을 붙들고 계신 하나님이 여러분을 돌보기 위해 멈추어 서신다는 사실을 발견하는 것과 상관이 있습니다.

　　　　　　　　　　　　　　　생명의 복음

본문은 우리에게 "예수께서 가서서 떡을 가져다가 그들에게 주시고 생선도 그와 같이 하시니라"라고 말합니다. 이 말은 성찬식 때 여러분이 듣는 말씀과 거의 흡사합니다. 해변에서의 아침 식사 장면과 그분이 '떡을 가져다가 그들에게 주시고 생선도 그와 같이 하시는 모습'은 하나님이 보통의 방식으로, 일상의 평범한 방식으로 우리와 교통하신다는 사실을 선포하는 것입니다. 이것이 예수님이 즐겨 사용하시는 우리와의 교제 방식입니다.

일상적이고 평범한 방식으로, 예수님은 매일 여러분을 돌보고 계십니다. 이것에 대해서는 의심할 여지가 없습니다. 사실이기 때문입니다. 그러나 문제는 여러분이 이것을 보고 있느냐 하는 것입니다. 정말 주님의 도움이 필요하다면 여러분은 이것을 보아야 합니다. 왜냐하면 그분이 주시기 위해, 여러분은 먼저 받아야 하기 때문입니다. 그러나 여러분은 이미 받았습니다. 그렇지 않습니까?

23 〔제자도〕삶의 초점을 어디에 맞추어야 하는가

> 18 내가 진실로 진실로 네게 이르노니 네가 젊어서는 스스로 띠 띠고 원하는 곳으로 다녔거니와 늙어서는 네 팔을 벌리리니 남이 네게 띠 띠우고 원하지 아니하는 곳으로 데려가리라 19 이 말씀을 하심은 베드로가 어떠한 죽음으로 하나님께 영광을 돌릴 것을 가리키심이러라 이 말씀을 하시고 베드로에게 이르시되 나를 따르라 하시니 20 베드로가 돌이켜 예수께서 사랑하시는 그 제자가 따르는 것을 보니 그는 만찬석에서 예수의 품에 의지하여 주님 주님을 파는 자가 누구오니이까 묻던 자더라 21 이에 베드로가 그를 보고 예수께 여짜오되 주님 이 사람은 어떻게 되겠사옵나이까 22 예수께서 이르시되 내가 올 때까지 그를 머물게 하고자 할지라도 네게 무슨 상관이냐 너는 나를 따르라 하시더라 23 이 말씀이 형제들에게 나가서 그 제자는 죽지 아니하겠다 하였으나 예수의 말씀은 그가 죽지 않겠다 하신 것이 아니라 내가 올 때까지 그를 머물게 하고자 할지라도 네게 무슨 상관이냐 하신 것이러라

지체되는 예수님의 재림, 그리고 성도의 좌절

요한복음은 21장으로 끝맺습니다. 요한복음의 마지막 장은 우리가 겪는 깊은 좌절에 초점을 맞추고 있습니다. 어떤 좌절입니까? 오늘날 많은 그리스도인이 느끼는 깊은 좌절입니다. 특별히 그리스도의 재림이 지체됨으로써 겪는 신앙적인 좌절입니다.

그리스도의 재림처럼 환상적이고 흥분되는 희망은 없을 것입니다. 그분이 다시 오신다는 소식처럼 우리 그리스도인들에게 희망을 주는 메시지는 없을 것입니다. 그러나 오늘날 많은 그리스도인이 더는 예수님의 재림에 대해 흥분하거나 가슴이 뛰

는 경험을 하지 않습니다. 그리스도의 재림에 대한 환상적인 희망을 꿈꾸는 데 어려움을 느끼는 사람들에 대해 프레드릭 뷰크너(Frederick Buechner)가 이렇게 말했습니다. "아이러니하게도 그 꿈이 우리에게 너무도 환상적이기 때문에 우리는 더 이상 그 희망을 꿈꾸지 않습니다. 생각해보십시오. 하나님이 과거에 환상적이고 놀라운 일들을 행하셨다고 우리는 믿습니다. 그러면서도 미래에 무슨 일이 일어날지 모른다고 말하고 있다니, 이 얼마나 모순입니까?"

뷰크너가 말을 이어갑니다. "그러므로 그리스도의 이름으로 나는 여러분에게 '미래는 하나님께 속했다!'는 이 환상적인 희망을 적극 추천하고자 합니다. 즉 그리스도께서 우리의 세상으로 다시 돌아오신다는 이 환상적인 희망을 여러분에게 적극적으로 천거하는 바입니다. 왜냐하면 지금보다 더 그분의 귀환이 무르익은 때는 없다고 생각하기 때문입니다. 나는 그분께서 다시 오시기를 간절히 기도합니다. 나는 이 기도가 여러분의 기도가 되기를 소원합니다."

그렇습니다. 우리는 그분이 절실하게 필요합니다. 그분이 계셔야만 합니다. 1세기 후반에 살고 있던 그리스도인들은 지금 21세기의 그리스도인들처럼 재림의 지체에 대해 깊은 좌절을 느꼈습니다. 이런 이유 때문에 그들은 요한복음 21장이 들려주는 이야기를 들어야 했습니다.

요한복음 21장, 좌절하는 성도에게 주는 교훈

원래 요한복음은 21장이 없이 20:30-31로 끝을 맺습니다. "예수
께서 제자들 앞에서 이 책에 기록되지 아니한 다른 표적도 많이
행하셨으나, 오직 이것을 기록함은 너희로 예수께서 하나님의 아
들 그리스도이심을 믿게 하려 함이요, 또 너희로 믿고 그 이름을
힘입어 생명을 얻게 하려 함이니라."

흠잡을 데가 없는 완전한 종결입니다. 더 이상 덧붙일 것이
없는 완벽한 끝맺음입니다. 요한복음 20장에서 우리는 아주 중
요한 일들에 대해 듣습니다. 예수님이 죽은 자들 가운데서 부활
하셨다는 사실, 예수님이 제자들에게 사명을 주시면서 "아버지께
서 나를 보내신 것같이 나도 너희를 보내노라. 너희가 누구의 죄
든지 사하면 사하여질 것이요, 누구의 죄든지 그대로 두면 그대
로 있으리라" 하고 말씀하셨다는 사실, 예수님이 제자들을 향하
여 자기의 영을 불어넣으셨다는 사실, 예수님이 숨을 불어넣으시
면서 "성령을 받으라!"고 하셨다는 사실들 말입니다.

자, 이 정도면 완벽하지 않습니까? 또 뭐가 더 필요하겠습니
까? 그럼에도, 요한복음은 한 장을 더 할애하여 베드로와 요한에
관한 이야기를 덧붙이고 있습니다. 왜 그럴까요? 왜 베드로와 요
한에 관한 이야기가 필요할까요? 복음은 예수님에 관한 것이 아
닙니까? 그런데 왜 베드로와 요한에 관한 이야기를 들어야 합니
까? 왜 밑도 끝도 없이 갑자기 베드로와 요한에 관한 이야기를

요한복음의 결론으로 삼았을까요?

당시 초대 교회는 기다렸던 예수님의 재림이 지체되자 심각한 좌절을 경험합니다. 분명히 그리스도께서 죽은 자 가운데서 부활하셨습니다. 분명히 그리스도께서 아버지께 올라가셨습니다. 그리고 1세기 말엽의 그리스도인들은 이렇게 생각하기 시작했습니다. "자, 모든 일이 다 끝났다. 하나님이 모든 일을 다 정리하셨어. 이제 그리스도께서 돌아오실 시간이 되었어" 하고 말입니다. 그들은 그리스도의 재림을 기대했던 것입니다. 그리스도께서 지상에서의 사역을 다 마치셨으니, 이제 남은 것은 그분이 영광스럽게 이 땅으로 귀환하시는 것이었습니다. 그들은 왕의 귀환을 기다린 것입니다.

그러나 그런 일은 일어나지 않았습니다. 왕의 귀환이 더디게 된 것입니다. 그분의 재림이 지체된 것입니다. 신앙 공동체 안이 술렁거리기 시작했습니다. 많은 그리스도인이 깊은 좌절감에 빠지게 되었습니다. 오신다고 하신 그분이 오시지 않기 때문입니다. 아무리 기다려도 그분이 다시 오실 기미가 보이지 않습니다. 그렇다면 그분의 오심이 지체되고 있음을 어떻게 설명해야 합니까?

그것을 설명하는 한 가지 방법이 있습니다. 오래 참으시는 하나님이 이 세상 모든 사람에게 회개하고 믿을 기회를 주신다는 것입니다. 사람들이 비아냥거리면서 "그래요? 그리스도께서 다시 오신다는 약속은 어떻게 된 거죠?" 하고 묻는다면 그리스도인들은 이렇게 대답할 수 있을 것입니다. "하나님께는 하루가 천 년

　　　　　　　　　　　　　　　生命의 복음

같고 천 년이 하루 같습니다. 여러분과 저는 느리다고 생각하지만, 하나님이 약속을 지키시지 않는 것이 아니라 우리를 향하여 오래 참고 계시다는 증거입니다. 우리 중 아무도 멸망하지 않고 모두 회개에 이르기를 원하신다는 말입니다. 그러나 주님의 날은 반드시 도래할 것입니다. 한밤중의 도둑처럼 갑자기 들이닥치실 것입니다. 예상치 못하는 시간에 오십니다."

초기 그리스도인들은 그리스도의 승천과 그리스도의 재림 사이의 기간이 하나님의 인내와 참으심의 때라고 믿었습니다. 초기 그리스도인들은 또한 하나님이 참으시는 이 기간이 그리 길지 않을 것이며, 따라서 그리스도의 귀환이 속히 이루어질 것이라고 믿었습니다.

어디에 초점을 맞출 것인가?

한 걸음 더 나아가, 사도 요한이 섬기고 있었던 신앙 공동체 안의 어떤 그리스도인들은 사도 요한이 죽기 전에 그리스도께서 재림하실 것이라고 믿었습니다. 이 사실을 우리는 요한복음 21:22-23에서 알 수 있습니다. 여기서 예수님은 베드로에게 "내가 올 때까지 그[요한]를 머물게 하고자 할지라도 네게 무슨 상관이냐? 너는 나를 따르라" 하고 말씀하십니다.

바로 이런 사실 때문에, 요한복음 21:23이 논평을 달았듯이, 이 제자(요한)는 죽지 않을 것이라는 소문이 형제들 사이에 퍼지기 시작한 것입니다. 그러나 예수님은 그가 죽지 않을 것이라고 말씀하신 게 아니라 그저 "내가 돌아올 때까지 그를 남겨 둔다고 할지라도 그것이 너와 무슨 상관이냐?"라고 하신 것입니다.

당시 예수님의 제자들이 하나둘 세상을 떠났습니다. 이제 사도 요한만 남게 되었습니다. 요한 역시 나이가 들어 점점 늙어가자, 요한이 섬겼던 신앙 공동체 안에서는 종종 "그래, 요한 사도님은 요즘 어떠셔? 건강이 어떠신지 궁금하네?"라는 말들이 떠돌았습니다. "건강이 좋지는 않은 것 같습니다. 이제는 너무 노쇠하셔서 걱정이지요. 오래 사실 것 같지는 않은데요"라는 대답도 들려왔습니다. 그러자 어디선가 "하나님을 찬양합니다. 이제 예수님이 곧 돌아오실 것입니다"라는 소리도 들렸습니다.

그리스도의 재림과 요한의 죽음을 연결시킨 것입니다. 요한의 건강과 힘이 점점 연약해지자 그리스도의 재림에 대한 희망이 점점 강하게 자라기 시작한 것입니다.

그러나 그리스도의 재림을 요한의 죽음과 연관시키는 일은 신앙의 초점을 흐리는 결과를 낳았습니다. 적극적인 '제자도'(discipleship)에서 소극적이고 수동적인 '기다림'으로 바뀌게 된 것입니다. 신앙의 모습이 적극적으로 예수님의 제자로서 사는 일에서 예수님의 재림을 기다리는 소극적인 자세로 바뀌게 되었다는 말입니다. 그들의 관심은 다음과 같은 말 속에 잘 표현되어 있었습니다. "그리스도께서 재림하시기 전에 사도 요한이 돌아가신다면 그리스도의 신앙 공동체에 어떤 일이 일어날까? 아마 공동체의 신앙이 약화될 거야. 아니면 조금 남아 있는 신앙마저도 다 잃어버리게 될지도 몰라."

이런 일들이 그 당시에 일어나게 된 것입니다. 자, 이제 우리는 왜 21장이 이미 종결된 요한복음에 첨부되었는지 이해하게 되었을 것입니다. 요한복음 21장이 첨부된 것은 요한이 죽기 전에 예수님이 재림하신다는 오해를 교정하기 위해서였습니다. 요한복음 21장이 첨부된 것은 그리스도인들이 신앙의 초점을 잘 맞추도록 돕기 위해서였습니다. 즉 요한의 죽음에 초점을 맞추지 말고, 살아 계신 그리스도께 초점을 맞추라는 것입니다.

비교하지 마십시오

요한복음 21장에서 모든 초점은 요한과 베드로입니다. 특별히 베드로에게 초점이 맞춰져 있습니다. 21장이 시작하는 시간대를 보십시오. 때는 이른 아침이었습니다. 날이 밝아오자 예수님은 해변에 서 계셨습니다. 배 안에는 베드로와 함께 다른 6명의 제자들이 있었지만, 예수님이 그들에게 가신 것은 전적으로 베드로 때문이었습니다.

아침 식사를 마친 후에 예수님이 베드로에게 물으셨습니다. "너는 이 모든 것보다 더 나를 사랑하느냐?" "너는 이 다른 제자들보다 더 나를 사랑하느냐?" "한때 너는 '이들이 다 주님을 버릴지라도 저는 주님을 배반하지 않을 것입니다'라고 했었지? 그래,

이제 너는 여기 있는 다른 제자들보다 더 나를 사랑하느냐?"

이 질문으로 예수님은 베드로의 자만과 교만을 들추어내고 계신 것입니다. 무엇이 교만입니까? 교만의 본질은 다른 사람과 비교하는 것입니다. 다른 사람과 비교할 때 비로소 교만해지기 때문입니다. '혼자 교만하다'는 말은 어불성설입니다. 누군가 비교할 대상이 있을 때 교만하거나 비굴해지는 것입니다. 교만하게 되면 그 자체를 즐기게 됩니다. 일종의 야비한 쾌감이지요. 어떤 즐거움입니까? 어떤 쾌감입니까? 어떤 뿌듯함입니까? 어떤 으스댐입니까? 어떤 잘난 체입니까? 다른 사람 위에 있다는 쾌감, 다른 사람보다 좀더 똑똑하고 잘났다는 즐거움, 다른 사람보다 좀더 학벌이 좋다는 기분 좋음, 다른 사람보다 좀더 잘 산다는 쾌감, 다른 사람보다 좀더 재능이 많다는 뿌듯함, 다른 사람보다 좀더 예쁘다는 만족감, 다른 사람보다 좀더 세련되었다는 즐거움, 다른 사람보다 좀더 헌신적이라는 우쭐댐, 다른 사람보다 좀더 괜찮은 그리스도인 같다는 생각이 아니겠습니까?

이런 것들이 여러분을 교만하게 만들 것입니다. 교만하면 다른 사람들을 내려다봅니다. 내려다보면 올려다볼 수 없습니다. 여러분이 다른 사람을 내려다보면, 여러분은 하나님을 올려다볼 수 없을 것입니다. 교만하면 하나님을 볼 수 없습니다. 그리스도를 볼 수 없습니다. 교만하면 위에 있는 것들에 마음을 둘 수 없습니다. 하나님의 오른편에 앉아 계신, 위에 계신 그리스도를 볼 수 없습니다.

낙타의 눈을 연상해보십시오. 항상 눈을 내리깔고 있습니다. 낙타가 위를 쳐다보는 것을 보셨습니까? 태생적으로 하늘을 쳐다볼 수 없는 눈을 갖고 있습니다. 교만은 낙타의 눈과 같습니다. 위에 계신 하나님을 볼 수 없습니다.

"요한의 아들 시몬아, 네가 이것들보다 더 나를 사랑하느냐?" 심장을 찌르는 듯한 말씀이었습니다. 세 번 예수님을 부인한 베드로에게 주님은 세 번 동일한 질문을 하셨습니다. 과거를 기억할 때만 새로운 미래를 볼 수 있는 눈이 열리기 때문입니다. 베드로가 대답합니다. "달리 할 말이 없습니다." "주님, 지금 제가 당신을 사랑하는 줄 당신이 아십니다!"

베드로의 대답은 "네. 주님, 제가 이것들보다 더 주님을 사랑합니다!"가 아니었습니다. 그는 더 이상 비교하지 않게 된 것입니다. 비교하는 마음이 사라졌습니다. 교만이 사라졌습니다. 그러자 무슨 일이 일어났습니까? 예수님이 베드로에게 사명을 주셨습니다. 다른 사람과의 문제가 아니라 예수 그리스도와의 관계가 새롭게 회복되고 확립되자, 비로소 예수님이 그에게 사명을 맡기신 것입니다. 예수님이 베드로에게 "내 양을 먹이라"라고 말씀하시고 다음과 같은 말씀을 덧붙이셨습니다. "네가 젊어서는 스스로 띠 띠고 원하는 곳으로 다녔거니와 늙어서는 네 팔을 벌리리니, 남이 네게 띠 띠우고 원하지 아니하는 곳으로 데려가리라"(18절)라고 하십니다. '팔을 벌리다'라는 말은 당시에 전문 용어로 사용된 문구입니다. 그 의미는 '십자가에 달리다'라는 뜻입니다. 예수님이 베드로에게 "네가 늙어서는 네 팔을 벌리게 될 것이다"라고 하신 것은 그가 순교의 죽음을 당하게 될 것을 말씀하신 것입니다.

이렇게 말씀하신 후에 예수님이 베드로에게 "나를 따르라!"고 하셨습니다. 그러자 무슨 일이 있었습니까? 베드로가 주위를 둘러보았습니다. 요한이 보였습니다. 갑자기 다른 사람과 비교하고 싶은 내적인 충동이 다시 고개를 들기 시작했습니다. 비교라고 불리는 추악한 머리가 다시 고개를 들기 시작한 것입니다.

"주님, 그런데 요한은 어떻게 되겠습니까?" "그의 팔도 펼쳐질 것입니까?" "그도 순교의 죽음을 죽게 됩니까?" "그도 원하지 않는 곳으로 가게 됩니까?" "아니면 그냥 늙어서 자연사하게 될 것입니까?" "손자까지 보는 장수의 축복을 받습니까?" "은퇴를 즐길 수 있을까요?"

"그렇다면 왜 그는 되고, 저는 안 되는 것입니까?" "왜 인생은 이렇게 불공평하게 나누어지는 것입니까?" "왜 한 사람은 잔혹하게 죽어야 되고, 다른 사람은 편안하게 여생을 살아야 합니까?"

베드로의 이런 질문에 대해 다음과 같이 대답하는 사람들이 있습니다. "베드로 씨, 사람은 자기가 뿌린 대로 거두는 법입니다. 당신은 좀 무지한 일을 했지 않소. 그러나 요한은 고상한 일을 했소. 당신은 예수님을 배반했지만, 요한은 예수님의 어머니를 봉양하였잖소. 심은 대로 거두는 법이오!"

그러나 이것은 말도 안 되는 이방인들의 재갈거림에 불과합니다! 그런 것이 아닙니다. 그렇게 말한다면 그것은 성금요일에

생명의 복음

예수님이 그 전날 밤에 베드로가 뿌린 것, 즉 베드로가 예수님을 부인한 것을 거두시지 않는 것처럼 말하는 것과 같습니다. 심은 대로 거두기 때문에 베드로가 순교의 죽음을 당하게 되는 것이 아닙니다.

다시금 베드로의 물음을 들어보십시오. "주님, 요한은 어떻게 되겠습니까? 왜 제가 십자가에 달려야 한다는 말입니까? 왜 요한은 오래 살아서 수명을 다 누린다는 말입니까? 이건 말도 안 됩니다. 불공평합니다!"

이에 대한 예수님의 대답이 무엇입니까? "베드로야, 내가 다시 돌아올 때까지 그[요한]를 남겨두어도 그것이 너와 무슨 상관이냐?" "베드로야, 그것은 네가 상관할 바 아니거든!"

달리 말하자면, 더 이상 다른 사람과 비교하지 말라는 말입니다. 그렇습니다. 일상적인 삶에서 우리가 만일 계속해서 다른 사람과 비교한다면, 악한 영들이 우리의 마음을 접수하게 될 것입니다. 악한 영들, 예를 들어 질투, 시기, 분노, 빈정댐, 조롱, 증오와 같은 악한 영들이 여러분의 마음을 접수하게 될 것입니다.

그 악한 영들이 여러분을 뱀으로, 호랑이로, 혹은 돼지로 혹은 하이에나로 탈바꿈하게 할 것입니다. 뱀이 되고 싶으십니까? 호랑이가 되고 싶으십니까? 돼지가 되고 싶으십니까? 아니면 하이에나가 되고 싶으십니까? 악한 영들이 여러분의 마음을 접수하도록 내놓으십시오. 교만은 악한 영들이 오는 지름길입니다. 교만이라 불리는 잘 포장된 길을 통해, 악한 영들은 아무런 저항도 받지 않고 여러분의 마음에 무혈입성할 것입니다.

"요한은 어떻게 되나요?"라는 베드로의 질문에 예수님은 몹시 기분이 상하셨습니다. 예수님은 지금 베드로가 곁길로 들어서고 있음을 아셨습니다. 예수님은 지금 베드로가 제자도에서 벗어나 다른 길로 들어서고 있음을 보고 계신 것입니다. 예수님은 지금 베드로가 '제자의 길'로 운전 중에 한눈팔다가 '비교의 길'로 들어서고 있음을 보신 것입니다.

"주님, 요한은 어떻게 되나요?" "왜 그가 아니고 하필이면 저라는 말입니까?" "왜 그가 아니고 저여야 합니까?" 베드로는 궁금했습니다. 예수님이 뭐라고 대답하십니까? "도대체 왜 네가 상관이야?" "다른 사람 말할 것 없거든! 너나 잘해!" "다른 사람에게 초점을 맞추지 마!" "그건 네 인생 낭비야!" "네 인생의 초점을 내게 맞춰!" "너는 나를 따르라!"

초점 맞추기

언젠가 어떤 사람이 예수님께 물었습니다. "주님, 적은 수의 사람들만이 구원받나요?" 예수님의 대답이 무엇입니까? "다른 사람과 비교하지 말라!" "좁은 길로 들어가려고 애쓰라!" "나를 따르라!" "다른 곳에 한눈팔지 말고 오직 나를 따르라!"

예수님이 승천하시기 바로 직전에 제자들이 예수님께 물었습니다. "주님, 이스라엘 왕국을 회복하실 때가 지금입니까?" 그

 생명의 복음

러자 예수님이 뭐라고 대답하셨습니까? "그건 네가 상관할 바가 아니거든!" "너희가 해야 할 일은 내 증인이 되는 것이야!" "너희가 해야 할 일은 나를 따르는 것이다!"

결국 그리스도인의 신앙생활은 초점의 문제입니다. 어디에 초점을 맞추고 사는가 하는 것입니다. 요한이 섬겼던 신앙 공동체 안에 있던 어떤 사람들은 삶의 초점이 흐려져 있었습니다. 그들의 관심사는 요한의 죽음이었고, 또한 예수님의 재림 시간에 관한 것이었습니다. 베드로의 안목도 흐릿했습니다. 그렇기 때문에 그는 자신과 요한을 비교했습니다. 예수님이 베드로와 우리에게 말씀하십니다. "나를 따르는 일에 네 신앙의 초점을 맞추라!"

"나를 따르라!" 이 말은 기독교의 전부를 집약해놓은 것입니다. 기독교는 조직이나 제도나 교리가 아니기 때문입니다. 기독교는 '길'(道, way)입니다. 기독교는 신념의 체계가 아닙니다. 기독교는 삶의 방식입니다. 기독교는 걸어가는 길입니다. 신앙은 예수님을 따라 걷는 것입니다.

예수님을 따라 병원으로 혹은 양로원으로 혹은 요양원으로, 학교로 혹은 도서관으로, 사업장으로 혹은 공장으로, 우정 속으로 혹은 결혼 속으로, 이렇게 우리를 부르시는 예수님의 음성이 들리는 곳으로 어디든지 걸어가는 것입니다.

1) 예를 들어, 목자와 양의 비유(10:1-6); 포도나무 비유(15:1-8).

2) 예닐곱 개의 표적은 다음과 같다. 첫 번째 표적: "가나에서의 결혼 잔치"(2:1-11); 두 번째 표적: "천부장의 아들을 고치심"(4:43-54); 세 번째 표적: "베데스다 연못가에서"(5:1-18); 네 번째 표적: "오천 명을 먹이심"(6:1-15); 다섯 번째 표적: "물위로 걸으심"(6:16-21); 여섯 번째 표적: "맹인을 고치심"(9:1-41); 일곱 번째 표적: "나사로를 살리심"(11:1-44). 참고로, "물위로 걸어가심"이 요한의 전문 용어인 "표적"에 해당하는지에 관해서는 논란의 여지가 있다.

3) 일곱 강론은 다음과 같다. 첫 번째 강론: "니고데모와의 대화"(3:1-21); 두 번째 강론: "사마리아 여인과의 대화"(4:1-42); 세 번째 강론: "아버지와 아들"(5:19-47); 네 번째 강론: "생명의 떡"(6:22-59); 다섯 번째 강론: "성전 강론과 수전절 강론"(7:14-52; 10:22-42); 여섯 번째 강론: "세상의 빛"(8:12-59); 일곱 번째 강론: "선한 목자"(10:1-21).

4) 요한 공동체에 관한 논의에 대해서는 김동수, 『요한복음의 교회론』(서울: 대한기독교서회, 2005), 37-58을 보라.

5) "시작된 종말론"이라는 표현은 안토니 후크마, 『개혁주의 종말론』, 류호준 역 (서울: CLC, 1986)에서 가져왔다.

6) 교회력에 관해서는 류호준, 『하늘 나그네의 사계: 교회력에 따른 문예 신학적 메시지 1』(서울: 킹덤북스, 2009)과 『순례자의 사계: 교회력에 따른 문예 신학적 메시지 2』(서울: 이레서원, 2009)를 보라.

7) 류호준, 『등불 들고 이스라엘을 찾으시는 하나님』(서울: 솔로몬, 2007), 253-

278에 나오는 '실천적인 무신론자'에 관한 신학 에세이를 보라.

8) John Calvin, *Institutes of the Christian Religion*, IV. xvii. 1.

9) 이에 대한 이야기를 류호준, 『일상을 걷는 영성』(서울: SFC, 2011), 153-161
에서 보라.

10) F. Dale Bruner & William Hordern, *The Holy Spirit: Shy Member of the
Trinity* (Minneapolis: Augsburg Pub. House, 1984).

11) Lesslie Newbigin, *The Good Shepherd: Meditations on Christian
Ministry in Today's World* (Grand Rapids: Eerdmans, 1977), 117.

12) Timothy Keller, *The Prodigal God: Recovering the Heart of the Christian
Faith* (New York: Dutton, 2008) = 티머시 켈러, 『마르지 않는 사랑의 샘』,
전성호 역(서울: 베가북스, 2011).

생명의 복음

류호준 교수의 요한복음 메시지

생명의 복음

Copyright ⓒ 류호준 2013

1쇄발행_ 2013년 10월 18일

지은이_ 류호준
펴낸이_ 김요한
펴낸곳_ 새물결플러스
편　집_ 정모세·정인철·최율리·유가일·한재구·박규준
디자인_ 이혜린
마케팅_ 이성진
총　무_ 김명화

홈페이지　www.hwpbooks.com
이 메 일　hwpbooks@hwpbooks.com
출판등록　2008년 8월 21일 제2008-24호
주소　(우) 158-718 서울특별시 양천구 목1동 923-14 현대드림타워 1401호
전화　02) 2652-3161
팩스　02) 2652-3191

ISBN　978-89-94752-52-5　　03230
책값은 뒤표지에 있습니다.

이 책에 사용된 '성경전서 개역개정판'의 저작권은 재단법인 대한성서공회에 있습니다.

이 책은 저작권법에 따라 보호받는 저작물이므로 저작권자와 출판사의 동의 없이
이 책의 전부 또는 일부 내용을 복제하거나 다른 용도로 사용할 수 없습니다.

이 도서의 국립중앙도서관 출판시도서목록(CIP)은 서지정보유통지원시스템 홈페이지
(http://seoji.nl.go.kr)와 국가자료공동목록시스템(http://www.nl.go.kr/kolisnet)에서
이용하실 수 있습니다(CIP제어번호: CIP2013020022).